教学关键问题解析丛书

基于核心素养的
高中思想政治教学关键问题解析

Jiyu Hexin Suyang de
Gaozhong Sixiang Zhengzhi Jiaoxue Guanjian Wenti Jiexi

孙 霞 陈险峰 编著

高等教育出版社·北京

内容提要

　　本书依据《普通高中思想政治课程标准（2017 年版 2020 年修订）》，紧密围绕学生核心素养培养编写。全书共分 4 个单元，梳理了 24 个高中思想政治教学关键问题，并对这些问题进行了分析，提出了可操作性的解决途径和教学案例。书中配有相应案例的数字化资源，读者可以扫描二维码观看。本书及配套的数字化资源全方位地呈现了基于核心素养的高中思想政治教学关键问题的课堂实践和教学指导，有助于教师提升教学能力，发展专业素养。

　　本书为高中思想政治教师的培训教材，供高中思想政治教学研修使用。本书可作为高中思想政治教师资格考试的参考书，也可作为高等院校相关专业师范生的学习参考书，还可供思想政治教学研究者参考使用。

图书在版编目（ＣＩＰ）数据

基于核心素养的高中思想政治教学关键问题解析 /
孙霞,陈险峰编著 . --北京：高等教育出版社,2023.3（2024.12重印）
　　ISBN 978-7-04-059954-1

　　Ⅰ.①基… 　Ⅱ.①孙… ②陈… 　Ⅲ.①政治课-高中
-教学参考资料 　Ⅳ.①G633.203

中国国家版本馆 CIP 数据核字(2023)第 028641 号

策划编辑　傅雪林		责任编辑　傅雪林		特约编辑　栾少宁		封面设计　王　鹏	
版式设计　马　云		责任校对　高　歌		责任印制　刘思涵			

出版发行	高等教育出版社	网　　址	http://www.hep.edu.cn
社　　址	北京市西城区德外大街 4 号		http://www.hep.com.cn
邮政编码	100120	网上订购	http://www.hepmall.com.cn
印　　刷	高教社（天津）印务有限公司		http://www.hepmall.com
开　　本	787 mm×1092 mm　1/16		http://www.hepmall.cn
印　　张	15.25		
字　　数	320 千字	版　　次	2023 年 3 月第 1 版
购书热线	010-58581118	印　　次	2024 年 12 月第 2 次印刷
咨询电话	400-810-0598	定　　价	45.00 元

本册编著者

主　编：孙　霞　陈险峰

编　委：郭用洪　王　波　王　娟　程　莉　陈　波

　　　　刘崇华　宾　艳　李云敏　史　俊　杜　薇

　　　　贾义文　雷丽娜　谭　娟　曾雯文　黄晓花

　　　　晏龙星　陈　倩　余玉萍　肖　尧

序

构建高质量育人体系，培育优秀人才，是国家落实立德树人根本任务的要求，是每个学生生命成长的需求，也是每位教师的责任。在这个日新月异、不断变化的时代，跨界和创新无处不在。教师要在传道、授业和解惑的基础上，主动提升自己的育人能力，做学生成长的引导者、支持者和陪伴者。教师要让学科教学承载更多的素养功能，在学科知识和技能的基础上，促进学生在学习中获得价值观念、沟通能力、合作能力、共情能力、坚毅品质和多角度思维等的发展；要重视学生创新能力的形成，用具有挑战性的学习任务、担当责任的社会活动，激发学生的好奇心、想象力和创新思维，鼓励学生勤于实践，善于合作，敢于质疑，勇于创新，帮助学生形成未来发展需要的正确价值观、必备品格和关键能力。

进入 21 世纪后，本轮基础教育课程改革已经走过二十余年。随着高中课程改革的深入推进，育人为本的理念深入人心，教师的教学理念发生了显著变化，理论水平和教学实践能力均获提升，教师在教学中积累了丰富的经验，取得了丰硕的成果。2017年底新版普通高中课程标准颁布，2019 年启用新教材，面对促进学科核心素养发展的新要求，基于学生学科核心素养的发展来观察课堂教学现状，还普遍存在一些困难。教师还难以很好地解决"为什么教""教什么""怎样教""教得怎么样"等教学基本问题，具体表现为：一是难以把握本学科的育人价值，对学科本质和核心素养理解不深；二是在进行教学设计时，难以精准确定教学目标，难以合理选择情境素材，将素材加工成挑战性任务的能力不足；三是在教学组织过程中，引导学生思考的深度不够，教学结构化水平不高，难以设计出高水平、结构合理的作业，难以命制核心素养导向的试题，等等。此外，部分教师还存在教学实施与设计思路相脱离、教学理念和行为相脱节的情况，还存在部分教学改革实践仍停留在理念层面，课堂教学主要凭经验而行之的现象。

为了有效解决上述问题，帮助教师有能力、有信心迎接挑战，开展基于课程标准的教学。2018 年，在"初中学科教学关键问题实践研究"项目的基础上，教师教育资源联盟（以下简称"联盟"）各成员单位相继开展了核心素养导向的高中新课程、新教材实施的研究及实践，启动了"高中学科教学关键问题提炼与解决"项目。围绕着新课程标准、新教材、新高考方案的要求，教研团队聚焦学生核心素养的发展，遵循高中教师日常教学工作的逻辑，找到影响教学设计与实施质量的关键因素，开展了系统的理论研究和实践探索。特别是开展了一系列案例研究和教学实践，探寻解决问题的思路和策略，并对成果进行了系统梳理，将其转化为教师教育资源建设。

在过去的四年里，教师教育资源联盟的部分成员单位组建了高中语文、数学、英语、物理、化学、生物学、政治、历史和地理共九个学科团队。在各成员单位的组织和支持下，每个学科团队都由本区域学科教研员牵头形成核心团队，成员为当地学科骨干教师和学科专家。本着坚持课标导向、素养导向、问题导向、实践导向、需求导向的原则，各个团队在研究的基础上，走进学校、深入课堂，以具体的课例研究为载体推进项目。联盟秘书处定期组织学科团队开展专题研讨，分享地区和学科经验，解决实际问题，并邀请专家以专题讲座的方式进行高位引领，以保障统筹协调各学科团队按照项目计划有序推进各项工作。

促进核心素养发展的学科教学关键问题是决定课程实施质量的核心问题。本着努力为一线教师提供教学改革方向引领、提供教学改革专业指导、提供教学资源支持的出发点，针对教师学科教学能力发展的障碍点、关键点和生长点，涵盖教学设计与实施的重要环节，指向教师专业能力提升，各团队从三个维度提炼核心素养导向的教学关键问题：一是课程标准，包括学科核心素养、课程结构、内容要求、学业要求、学业质量等；二是单元教学设计与实施的核心要素，包括确定素养导向的学习目标、凝练引领性学习主题、设计挑战性学习任务和持续性学习评价；三是教师教学专业知识，包括课程知识、教学知识、学科知识、学生知识和评价知识。

为进一步总结和推广基于核心素养的高中学科教学关键问题项目的成果，促进资源内容更具科学性、系统性和适用性，让资源利用价值实现最大化，在联盟成员单位和高等教育出版社的大力支持下，各学科团队开始进行书稿撰写及配套视频资源整理。

"教学关键问题解析丛书"依据普通高中学科课程标准（2017年版2020年修订），聚焦学生核心素养发展，呈现高中学科教学关键问题及解决方案。各册书对每一个教学关键问题进行问题表现及成因的深入分析，引导教师从现象思考本质。结合典型教学案例呈现教学关键问题的解决过程，提炼教学设计与实施的要点与策略，为教师提供具有可操作性的教学途径。

教育大计，教师为本。教师提升学科教学能力的关键在于学习，向专家和学者学习，向经验丰富的教师学习，向本校和其他学校的优秀教师学习。此外，基于自己和同伴教学实践的反思，有针对性地进行教学改进，是一条重要且有效的道路。本套丛书的出版回应了高中新课程新教材实施过程中教师的实践要求，丛书及配套资源全方位呈现了基于核心素养的高中学科教学关键问题的课堂实践和教学指导，为教师提供教学改进的专业支撑，为各地区教研、培训提供资源支持。本套丛书可用作高中教师的培训教材，供相关教研部门使用，也可作为高中教师资格考试的参考书和高等院校相关专业师范生的学习参考用书，还可供学科教学研究者参考使用。

我相信，这套丛书是一套具有"开放空间"的丛书，一定能帮助各地各学科一线教师打开一扇学生核心素养培养与发展的"门"，探索出一套学科核心素养培养的方法和策略，最终收获更加美好的未来！

让我们共同期待！

北京市海淀区教师进修学校校长 罗滨

2022年8月23日

前言

当前，我国基础教育课程改革进入新的历史时期。党的十八大及十八届三中全会明确提出要深化教育领域综合改革，落实立德树人根本任务。基础教育课程承载着党的教育方针和教育思想，是国家意志在教育领域的直接体现，在立德树人中发挥着关键作用。

为全面贯彻党的教育方针，着力建设和完善以学生发展核心素养为纲的基础教育课程体系，用习近平新时代中国特色社会主义思想铸魂育人，培养新时代中国特色社会主义事业建设者和接班人，2017年12月，教育部印发《普通高中思想政治课程标准（2017年版）》，凝练了高中思想政治学科核心素养，更新了教学内容，研制了学业质量标准，增强了对教材编写、教学、考试评价服务的指导性。根据新的课程标准，教育部组织编写了《普通高中教科书：思想政治》教材。

2018年9月召开的全国教育大会和2019年10月召开的十九届四中全会，对教育改革的体系建设和目标方向等有了新要求。为及时落实党中央国务院的精神，确保课程标准在高中思想政治教学和考试中发挥正确的引导作用，教育部于2020年6月发布了《普通高中思想政治课程标准（2017年版2020年修订）》（以下简称"新版课程标准"），进一步对思想政治课程进行完善，并特别强调，高中思想政治课程是落实立德树人根本任务的关键课程，课程的实施必须以课程标准为依据，以发展学生思想政治学科核心素养为目标，引领学生真学真懂真信真用马克思主义，使其成为社会主义合格建设者和可靠接班人。

随着基础教育课程改革的深入，高中思想政治教师的教学理念发生了显著变化，理论水平和教学实践水平均获提升。但是，从课程实施与课堂教学现状来看，还存在一些问题。首先，课程标准未能在教学中充分发挥指导作用，大多数教师还未完全领悟课程标准的精神，因此，教师对"为什么教""教什么""怎样教"等教学基本问题的认识不够深入。其次，一些教师对学科核心素养的理解和研究水平不够，在课堂教学中对学生思想政治学科核心素养的发展不够，仍固守经验教学，一言堂、死记硬背、机械训练等现象依然存在，自主、合作、探究性学习方式未能成为课堂常态。最后，教师们的困惑亟须解决。例如，如何以核心素养为导向和依据选择学习内容？如何设计教学过程和教学方法才能保证核心素养目标的落实？如何设计核心素养导向的评价标准和评价方法？等等。这些问题的存在，影响着培养学生学科核心素养目标的达成，进而影响高中思想政治学科在培育学生核心素养中应该起到的作用。

为解决上述问题，提高教师的专业素养和教学质量，培养学生学科核心素养，重庆市北碚区教师进修学院中学思想政治研训员孙霞以聚焦高中思想政治教师面对新课程和新教学时可能会遇到的教学关键问题的解决为突破口，组建专业团队，开展了一系列理论研究和实践探索，并对成果进行系统梳理，以期达成深入推进课程改革，提高课程实施质量和课程育人水平的目标。

一、高中思想政治教学关键问题内涵的界定

研究团队基于立德树人根本任务和新版课程标准，立足课堂教与学的改革推进，对高中思想政治教学关键问题的本质内涵进行界定，即：高中思想政治教学关键问题是指在高中思想政治教学过程中，对学生深入理解学科核心内容的价值和意义，培养学生形成正确价值观、必备品格和关键能力有着重要影响的教学问题。

二、高中思想政治教学关键问题的提炼

在提炼高中思想政治教学关键问题的过程中，研究团队主要从三个方面着手。其一，认真研读新版课程标准和《普通高中思想政治课程标准（2017年版2020年修订）解读》，特别是从课程理念、课程目标、课程内容、实施建议等重要论述中提炼学科教学关键问题。其二，基于高中思想政治新教材、大样本的课堂观察、学业检测、教研活动和教师培训活动，梳理师生在课堂教与学过程中普遍存在的难点和疑惑，提炼教学关键问题。其三，基于高中思想政治教师教学实践感知，通过学科研训QQ群、微信群发放问卷，面向部分省市高中思想政治教师调研和征集问题，从中提炼教学关键问题。研究团队着眼于学生思想政治学科核心素养的发展，从新课标、新教材、新课堂、新高考四个领域全方位梳理教师在新课程实施中所面对的各种问题，最终提炼出具有内在逻辑性、系统性和整体性的教学关键问题。

三、高中思想政治教学关键问题实践研究的意义

高中思想政治教学关键问题实践研究，既重视科学理论在解决教学关键问题上的专业指导和方向引领，同时更加致力于探寻解决教学关键问题的科学、管用、普遍的实践教学。本书对高中思想政治教学关键问题的提出和价值进行了理论分析与解读，并针对教学关键问题给出了具体的解决策略和方法，同时结合教学案例进行分析和评述，提出教学建议，配以相应的微课程视频资源，为高中思想政治教师深入理解课程标准，高质量开展基于课程标准的教学提供了理论和实践指导策略、文本教学案例资源、微课教学案例资源，为教师教研、培训提供资源支持，对落实立德树人根本任务，充分发挥高中思想政治课堂的铸魂育人功能，促进教师专业成长，培育学生核心素养具有重要的现实意义。

本书由孙霞主编，一线教师参编，是集体智慧的结晶。本书内容分为理解课程性质与基本理念、理解学科核心素养、基于学科核心素养的教与学和基于学科核心素养的学习评价四个部分。第一单元由郭用洪、王波、王娟、孙霞、程莉、陈波撰写，第二单元由刘崇华、宾艳、陈波、李云敏撰写，第三单元由史俊、杜薇、贾义文、刘崇华、雷丽娜、谭娟、陈险峰、曾雯文撰写，第四单元由黄晓花、晏龙星、陈倩、余玉萍、肖尧撰写。

当普通高中课程方案、课程标准已经正式颁布，教材体系已经初步建成的时候，最紧迫、最需要的当是把理念转化为行动，转化为教师在日常课堂上与学生互动和主导教学的具体行为。期待本书能够帮助更多的高中思想政治教师将新课程理念转化为

培养学生核心素养的实际行动。

　　由于水平有限，书中可能存在疏漏和错误，恳请读者、学者、专家不吝赐教，以便我们进一步修改完善。本书在编写过程中参考和借鉴了许多专家、学者的研究成果，在此表示衷心感谢！

孙　霞
2022 年 8 月

目录

单元 1　理解课程性质与基本理念

教学关键问题 1　如何正确把握思想政治课程性质之综合性？

习近平总书记在主持召开学校思想政治理论课教师座谈会上强调：思政课是落实立德树人根本任务的关键课程。如何更好地发挥思想政治课程在落实立德树人根本任务中的作用，深刻理解思想政治课程性质尤为重要。综合性是思想政治课程性质的重要组成部分，如何正确把握思想政治课程性质之综合性，如何在教学过程中体现课程性质之综合性，是广大一线思想政治教师迫切需要解决的关键问题。

问题分析

一、问题的提出

课程性质，是关于"这是一门什么课程"的问题，是课程本身所具有的与其他课程不同的特征，它关系到学科课程的定位和课堂教学的走向。课程性质对一门课程的重要性不言而喻，高中思想政治课程性质统领着高中思想政治课程的全局，决定着高中思想政治课程的方向，指挥着高中思想政治教学的行为。一线教师深刻理解高中思想政治课程性质，有利于更好地落实课程标准，培育与发展学生的学科核心素养，促进思想政治课程的教学与研究工作有效开展。

《普通高中思想政治课程标准（2017 年版 2020 年修订）》（以下简称新版课程标准）对高中思想政治课程性质的表述为：高中思想政治课程是落实立德树人根本任务的关键课程，以培育社会主义核心价值观为目的，是帮助学生确立正确的政治方向、提高思想政治学科核心素养、增强社会理解和参与能力的综合性、活动型学科课程。从中我们可以看出，综合性和活动型是高中思想政治课程性质的两个主要方面，广大教师在教学中普遍能够注意到学科内容的综合性，努力提高学生的学科核心素养，但是对高中思想政治课程的综合性的正确理解和把握往往存在以下不足。

1. 对教学内容模块间的知识串联不够紧密

根据新版课程标准，高中思想政治课程分为必修课程、选择性必修课程和选修课程三个部分。必修课程包括四个模块：模块 1 "中国特色社会主义"、模块 2 "经济与社会"、模块 3 "政治与法治"和模块 4 "哲学与文化"，选择性必修课程设置"当代国际政治与经济""法律与生活""逻辑与思维"三个模块，选修课程设置"财经与生活""法官与律师""历史上的哲学家"三个模块。课程内容十分丰富，知识涵盖十分广泛，涉及政治、经济、文化、哲学、法律等多方面的知识。部分教师在进行某一模块教学的过程中，过于关注本模块的知识，对模块与模块之间知识的关联性和内在逻辑性缺少有效把握，很容易出现模块之间知识串联不够紧密的问题。

2. 对不同阶段的思想政治课教学衔接不够有效

高中思想政治课程前承义务教育阶段的道德与法治课程，后接高等教育阶段的思想政治理论课。就课程内容而言，每个阶段的知识都有很多交叉部分，虽然交叉部分的知识侧重点不同，但是教师仍然可以遵循学生的认知规律设计课程内容，突出高中阶段的特点，综合培养学生的政治认同、科学精神、法治意识、公共参与等学科核心素养。部分教师在教学中没有关注到义务教育阶段道德与法治课程已经讲过的知识内容而进行重复性讲授；对高等教育阶段思想政治理论课所要求的一些必备基础知识，又因为不是高考重点，就略讲、少讲甚至不讲。这些都是因为不同阶段思想政治课程教学衔接不够有效所导致的问题，不利于正确把握高中思想政治课程的综合性。

3. 对跨学科教学内容的融合利用不够充分

高中思想政治课程内容丰富，涉及知识面广，在跨学科融合方面有着其他学科无法比拟的优势，但如何把其他学科的知识有机融合到高中思想政治教学中，却是一个值得深入研究的课题。在教学实践过程中，有的教师已经关注到一些学科与高中思想政治课程内容上的关联性，并在教学中做了很多有益的尝试。但这些尝试基本都是因某个课题而结合，为教学而联结，是典型的碎片化呈现，缺乏有效的学科融合理论与方法支撑。跨学科教学内容生硬、"四不像"地融合，不仅不能提高学生的综合能力，还会造成学生知识结构混乱。

二、问题的价值

综合性内容是培育学生核心素养的基本载体。脱离情境问题的知识，或者虚假的情境、次要的问题、零散的知识和僵化的答案，都不利于提高学生的综合素质。只有精当加工的真实情境、基本问题、必备知识、多样答案以及由此进行的深度学习，才能为学生成长提供充分有益的养料。[①] 作为落实立德树人根本任务的关键课程，高中思想政治课程的出发点和落脚点都是学生。因此，正确把握高中思想政治课程的综合性对提升学生的学科核心素养、衔接各阶段思想政治课程、深化新课程改革具有重要意义。

1. 有利于进一步提升学生的学科核心素养，促进学生全面发展

教育部于 2014 年 3 月印发的《关于全面深化课程改革　落实立德树人根本任务的意见》首次提出了核心素养概念。落实立德树人根本任务的重要路径是培育学生的核心素养。这是在新时代背景下对"培养什么人、怎样培养人、为谁培养人"这个根本问题的深入探究，明确了 21 世纪信息时代、知识社会、全球化时代的"新人"应具备的适应终身发展和社会发展需要的正确价值观、必备品格和关键能力。思想政治学科核心素养主要包括政治认同、科学精神、法治意识和公共参与。教师要准确把握思想政治学科核心素养各要素之间的相互关系，正确理解它们不是孤立

---

① 董旺森，莫维芬．构建综合性、活动型思政新课堂［J］．教学月刊·中学版（政治教学），2019（11）：6-9.

存在的，而是一个有机整体，在内容上相互交融，在逻辑上相互依存。同时，我们所面对的学生是全面发展的综合体，这就要求我们必须基于学生学科核心素养的培育去整合教学资源，选择具有综合性的教学内容。

2. 有利于进一步衔接各阶段的思想政治课程，加快思政课一体化建设

义务教育道德与法治课程具有政治性、思想性和综合性、实践性，高中思想政治课程是综合性、活动型学科课程，高校思想政治理论课程没有统一的课程标准，但是作为通识必修课程，就其内容而言也具有综合性。由此可见，立德树人、培育核心素养是思想政治课程共同的目标，各阶段的思想政治课程都有"综合性"特点，并且高中阶段的思想政治课与义务教育阶段和高等教育阶段的思想政治理论课有很多内容交叉重合。因此，对高中思想政治课程综合性的正确把握，有利于将各阶段思想政治课相同、相似主题的教学进行有效衔接，加快推进思政课一体化建设。

3. 有利于进一步深化新课程改革，增强高中思想政治课程育人的实效性

如果把以"双基"和"三维目标"为核心的课程改革喻为1.0、2.0时代，那么以"核心素养"为基础的课程改革就是3.0时代。这对于增强教师的育人意识，培养学生的社会责任感、创新精神和实践能力，完善评价制度等具有积极意义。正确把握高中思想政治课程的综合性，整合相关课程资源，有利于更深刻地贯彻执行新版课程标准，实现课程目标的科学化与具体化；有利于思想政治教师在教学中发挥创造性，培育学生发展核心素养，突出导向功能；有利于发挥学生的自主、合作、探究精神，改变流于形式的"假探究""假合作"，为学生适应未来世界和社会发展奠定坚实的基础，增强高中思想政治课程育人的实效性。

🖥 问题解决

一、整合高中思想政治课程内容，实现相关主题紧密串联

相对于《普通高中思想政治课程标准（实验）》（以下简称"实验版课程标准"），新版课程标准进一步优化了课程结构，将课程类别调整为必修课程、选择性必修课程和选修课程，如表1-1所示。

表1-1　高中思想政治课程结构

必修	选择性必修	选修
中国特色社会主义	当代国际政治与经济 法律与生活 逻辑与思维	财经与生活 法官与律师 历史上的哲学家
经济与社会		
政治与法治		
哲学与文化		

新版课程标准更新了教学内容，重视以学科大概念为核心。教师在具体的教学实践过程中，既可以打破课时、单元限制，进行大单元教学，也可以打破各个模块的限

制，以关键词进行课程内容整合，实现相关主题的紧密串联。

1. 整合模块内部课程内容，构思大单元教学设计

大单元教学设计要求打破教材固定章节和教学课时的束缚，抛开对细枝末节知识点的纠缠，着眼于正确价值观、关键能力和必备品格的培养。[①] 构思大单元教学设计，要求教师不仅对模块整体有宏观的认识，而且对模块内部知识之间的内在逻辑十分清晰，以学科大概念为核心来选取教学内容。

【案例】必修4《哲学与文化》第六课"实现人生的价值"教学片段

教师播放视频《马旭：涓滴见沧海》。

马旭是中国空降兵部队第一代女空降兵，服役时浴血沙场、精忠报国；年届50岁仍潜心科研，研制出"充气护踝"等专利，享有"军中居里夫人"美誉；60岁离休后，悬壶济世，为贫苦百姓义诊；人到暮年时，更是将毕生积蓄1000万元无偿捐献给家乡的教育事业，被誉为"新时代最可爱的人"。

马旭和老伴离休后，长期住在部队旁一个不起眼的小院，并开辟菜地种植蔬菜。两间低矮的砖房里，用了几十年的老家具上摆满了书报和学习资料。他们几乎不买衣服，不去商场，平时从节省一滴水、一粒米做起，有钱舍不得用，甚至被笑话为"最抠门的人"。然而，他们却把自己节约下的钱和两人获得的科研成果奖励凑成1000万元巨款，全部用于家乡的教育事业。

教师引导学生观看视频并思考：

（1）马旭老人为什么选择捐出全部积蓄？如果是你，你会怎么选择？

（2）你认为马旭老人的行为值得吗，为什么？

（3）马旭老人是如何实现人生价值的？

案例分析： 教材只是实现课程标准的一个重要载体，教师在教学实践中可以根据教学实际整合教学内容，以实现课程标准要求。本课对应新版课程标准的内容要求：2.1 解析价值观差异与冲突产生的社会根源，能够进行合理的价值判断和行为选择。2.2 理解价值观对人们行为的导向作用，探寻实现人生价值的条件和途径，践行社会主义核心价值观。

为了实现课程标准要求，教师围绕"价值观"这一大概念，整合了教材里"价值与价值观""价值判断与价值选择""价值创造与实现"三个主要内容，精心选择了感动中国人物马旭老人的先进事迹，并通过视频的形式展示出来，学生更容易集中注意力去感悟和思考。在这堂课中，教师通过一段视频和三个问题，把三课时的主要内容串联起来，引导学生一步一步地思考和解决三个问题，从而在生活中进行合理的价值判断和行为选择，探寻实现人生价值的条件和途径，践行社会主义核心价值观。

2. 整合模块之间课程内容，串联和深化拓展关联主题

根据前文对课程结构的分析，高中思想政治课程以中国特色社会主义为主线设计

---

① 王晓娜. 大单元设计下的教学关键问题凝练 [J]. 福建教育，2020（34）：35-38.

必修课程的整体框架，选择性必修课程与必修课程的实施相互配合、相互补充，选修课程又是对相关必修课程和选择性必修课程的进一步拓展。教师在教学实践中，可以具体分析课程不同模块之间的相关性，串联起不同模块间的知识，达到对主题内容深化拓展的目的。

【案例】必修2《经济与社会》第三课"我国的经济发展"第一框"坚持新发展理念"教学片段

议题：如何发展更高层次的开放型经济？

材料：改革开放以来，深圳经济发展的国际化程度日益提高，但金融危机让人们认识到特区经济很容易受到国际经济变化的影响，最令深圳人自豪的以加工出口为主的外向型经济也会变成危害自身发展的新问题。深圳发展潜藏着"浮萍经济"的危机，如何避免外向型经济变成一种"无根经济"，这是一个很大的挑战。

问题：运用经济全球化的相关知识，结合上述材料给深圳未来的经济发展指明方向。

教师先给出这段材料让学生分析，其目的是讲解经济全球化的相关知识，阐述全面开放新格局的形成过程及特点，帮助学生树立对对外开放政策的政治认同。接着给出一段时政材料：

据新华社消息，15个区域全面经济伙伴关系协定（Regional Comprehensive Economic Partnership，简称RCEP）的成员国于2020年11月15日正式签署该协定。签署仪式以视频方式进行。RCEP所含内容十分广泛，除了消除内部贸易壁垒、创造和完善自由的投资环境、扩大服务贸易以外，RCEP还将涉及知识产权保护、竞争政策等多个领域。

分析人士指出，RCEP自贸区的建成将为中国在新时期构建开放型经济新体制，形成以国内大循环为主体、国内国际双循环相互促进的新发展格局提供巨大助力。

案例分析：通过对RCEP自贸区这一时政热点的分析，来讲解开放发展理念所要解决的问题以及开放发展的作用和实践要求等主要知识点。由于之前已经讲解了经济全球化和对外开放格局的相关知识，因此学生在理解开放发展理念的时候相对容易一些。最终，通过整合必修2《经济与社会》"坚持新发展理念"和选择性必修1《当代国际政治与经济》"开放是当代中国鲜明的标识"两个模块的相关知识，实现了"阐释以人民为中心的发展思想和创新、协调、绿色、开放、共享的新发展理念"和"分析经济全球化的机遇和挑战，坚持正确义利观，阐释推动建设开放型世界经济的意义"两条课程标准要求。

二、衔接各阶段思想政治课程，探索思政课一体化建设的路径

要想把握高中思想政治课程的综合性，就必须明确高中思想政治课程在整个大中小学思想政治课体系中所处的阶段。教师要梳理学生在义务教育阶段已经学习过的道德与法治课程内容和大学阶段即将要学习的思想政治理论课程内容，综合利用高中前后两个阶段的课程资源，更好地实现课程标准的要求。

1. 衔接义务教育道德与法治课程内容，深化和提升学生的学科核心素养

高中思想政治课程不是孤立存在的，它是义务教育道德与法治课程的延续和补充。在教材的编写上，义务教育道德与法治课程和高中思想政治课程在内容上相互衔接，在逻辑上相互依存，教师应该把义务教育道德与法治课程和高中思想政治课程的内容作为一个综合体来研究和掌握，做好各阶段思想政治课程的有效衔接。

【案例】 必修1《中国特色社会主义》第四课"只有坚持和发展中国特色社会主义才能实现中华民族伟大复兴"第二框"实现中华民族伟大复兴的中国梦"教学片段

教师播放视频《厉害了，我的国》片段。

《厉害了，我的国》这部纪录片，在90分钟里全景展现了自党的十八大以来我国在新发展理念下取得的历史性成就：人类历史上最大的射电望远镜FAST、全球最大的海上钻井平台蓝鲸2号、磁悬浮列车、5G技术、全世界最大的基本医疗保障网、173项扶贫政策……创作者精巧地将这些里程碑般的成就细化成一个个平凡人的奋斗故事，以小见大，予人启迪。

教师引导学生思考：联系影片内容，谈谈我们该如何实现中国梦。

学生观看视频片段，分小组讨论，合作探究问题。

案例分析： 根据高中必修一教材，本框主要介绍了"中国梦的本质是国家富强、民族振兴、人民幸福""新时代中国共产党的历史使命""分两步走建成社会主义现代化强国"三个方面的内容，同时，根据课前对《道德与法治》九年级上册第四单元第八课第二框"共圆中国梦"的教材分析，发现两者有很多重合的内容，学生在九年级的学习中，已经对"中国梦的本质"和"'两步走'战略"有了初步了解，有了一定的知识基础。因此，本节课在环节设置上通过播放《厉害了，我的国》相关片段设计活动，让学生亲身体会中国梦的本质，明白在追逐中国梦的道路上离不开每一个中华儿女的奉献，进一步引导学生思考新时代中国共产党的历史使命，让学生体会中国共产党在用实际行动践行其初心与使命，从而激发学生的爱党、爱国情怀，使其坚定不移地走中国特色社会主义道路，最终让学生在追求梦想的道路上，自觉将个人梦与中国梦结合起来，为实现中华民族伟大复兴的中国梦贡献自己的青春年华。

2. 衔接大学思想政治课内容，筑牢学生成才的思想基础

习近平总书记强调："在大中小学循序渐进、螺旋上升地开设思想政治理论课非常必要，是培养一代又一代社会主义建设者和接班人的重要保障。"[①] 高中和大学思想政治课程在层次上体现为纵向关联、逐层递进的关系。因此，教师在把握高中思想政治课程内容时，应该了解大学思想政治课程内容，综合分析，找到思想政治课程从高中到大学有效衔接的着力点，更好地促进学生全面健康成长。

【案例】 必修4《哲学与文化》第一课"时代精神的精华"第三框"科学的世界观

---

① 习近平. 习近平谈治国理政：第3卷 ［M］. 北京：外文出版社，2020：329.

和方法论"教学片段

多媒体展示：

> 忧郁的眼睛里没有泪花，
>
> 他们坐在织机旁咬牙：
>
> 德意志，我们织你的裹尸布，
>
> 我们织进三重咒诅——
>
> 我们织，我们织！
>
> ……

教师以德国诗人海涅的《西里西亚织工之歌》第一段导入，引导学生思考：马克思主义哲学产生的必然性是什么？

学生回答过后，教师现场连线某大学马克思主义学院的思想政治教师，对马克思主义哲学产生的背景进行补充讲解。

现场连线：

从1825年起，欧洲连续爆发了三次大规模经济危机，工人被资本家疯狂压榨。他们每天要劳动16个小时甚至更长，工资却少得可怜。不甘被压迫的无产阶级同资产阶级展开了斗争，如法国里昂工人起义、英国工人宪章运动、德国西里西亚纺织工人起义等。但是，由于缺乏科学理论的指导和先进政党的领导，这些斗争最终都没能取得成功。时代在呼唤伟大的思想家。马克思、恩格斯适应时代的要求，参与斗争实践，总结革命经验，创立了无产阶级的科学理论——马克思主义。

马克思主义产生于19世纪40年代，主要由三个部分组成，即马克思主义哲学、政治经济学和科学社会主义。马克思主义哲学为整个马克思主义提供世界观和方法论基础。

随着资本主义社会矛盾进一步激化，以及工人运动的迅猛发展，马克思主义理论体系也在不断丰富和发展。马克思在不断地批判和论战中，完善着自己的理论体系。

案例分析："马克思主义哲学产生的必然性是什么"这个问题，既是高中思想政治课程必修4《哲学与文化》要解决的重点问题，也是大学思想政治课程《马克思主义基本原理概论》要求重点掌握的内容，这为二者的有效衔接提供了现实的可能性。通过高中和大学两个阶段教师的讲解，学生对马克思主义产生的时代背景有了全方位了解，有利于学生确立马克思主义坚定信念和树立共产主义远大理想。

三、融合利用跨学科课程内容，助推思想政治教育合力的形成

把握高中思想政治课程的综合性还应该融合利用跨学科课程内容，高中思想政治课程中的部分理论相对抽象，以相关交叉学科的案例导入，对各类学科资源进行整合和解读，对启迪学生的思维有着重要作用。教师特别要把握跨学科融合教学的学科性原则，不能本末倒置。跨学科内容要为思想政治课程教学服务，汇聚相关交叉学科资源优势为之所用，并且能够引导学生产生对跨学科融合教学下思想政治理论课的共鸣，从而促进思想政治理论课程教学入脑入心，全面提升思想政治课教育教学质量。

1. 融合利用人文学科内容，提升学生人文综合素养

众所周知，知识的生成和产生，从来不是割裂的。人类的知识具备链条式、网状

线的发展特点，新知识在旧知识基础上不断拓展和衍生，新知和旧知存在连接点，彼此间有着很强的关联，属于同一个系统而非零星分布。① 所以，人文学科之间存在天然的内在链接。思想政治与历史同属于人文学科，教师在把握思想政治课程综合性的时候，应该在实践层面加强对学生思想政治和历史相关知识与素养的培育，通过学科整合与应用进一步提升学生的综合素质。

高中思想政治与高中历史课程标准部分内容对比如表 1-2 所示。

表 1-2　高中思想政治与高中历史课程标准部分内容对比

对比	高中历史	高中思想政治
课程性质	普通高中历史课程，是在义务教育历史课程的基础上，进一步运用历史唯物主义观点，以社会形态从低级到高级发展为主线，展现历史演进的基本过程以及人类在历史上创造的文明成果，揭示人类历史发展的基本规律和大趋势，促进学生全面发展的一门基础课程	高中思想政治课程是落实立德树人根本任务的关键课程，以培育社会主义核心价值观为目的，是帮助学生确立正确的政治方向、提高思想政治学科核心素养、增强社会理解和参与能力的综合性、活动型学科课程
基本理念	1. 以立德树人为历史课程的根本任务。2. 坚持正确的思想导向和价值判断。3. 以培养和提高学生的历史学科核心素养为目标	1. 坚持正确的思想政治方向。2. 构建以培育思想政治学科核心素养为主导的活动型学科课程。3. 尊重学生身心发展规律，改进教学方式。4. 建立促进学生思想政治学科核心素养发展的评价机制
学科核心素养	1. 唯物史观　2. 时空观念　3. 史料实证　4. 历史解释　5. 家国情怀	1. 政治认同　2. 科学精神　3. 法治意识　4. 公共参与
课程目标	唯物史观：了解唯物史观的基本观点和方法，包括人类社会形态从低级到高级的发展、生产力和生产关系之间的辩证关系、经济基础和上层建筑之间的相互作用、人民群众在社会发展中的重要作用等，理解唯物史观是科学的历史观。 时空观念：能够将认识的对象置于具体的时空条件下进行考察。 史料实证：能够以实证精神对待历史与现实问题。 历史解释：能够认识历史解释的重要性，学会从历史表象中发现问题，对历史事物之间的因果关系作出解释；能够客观评价现实社会生活中的问题。 家国情怀：形成对祖国的认同感和正确的国家观；形成对中华民族的认同感和正确的民族观；认同社会主义核心价值观；树立中国特色社会主义道路自信、理论自信、制度自信和文化自信	政治认同：认同走中国特色社会主义道路是历史的必然；坚定中国特色社会主义道路自信、理论自信、制度自信、文化自信；最本质特征是中国共产党领导。 科学精神：用马克思主义基本立场、观点和方法，观察事物、分析问题、解决矛盾。 法治意识：理解法治是人类文明演进中逐步形成的先进国家治理方式；拥有法治使人共享尊严，让社会更和谐、生活更美好的认知和情感。 公共参与：具有集体主义精神

---

① 卜凯. 学科融合不是简单的跨学科教学 [J]. 当代家庭教育，2020（3）：42.

对比	高中历史	高中思想政治
课程结构	必修：中外历史纲要（中国古代史、中国近现代史、世界史）。 选择性必修：国家制度与社会治理；经济与社会生活；文化交流与传播。 选修：史学入门；史料研读。 注：历史课程的设计，既要注意与思想政治、语文、艺术（或音乐、美术）、地理、信息技术等课程的关联，又要有助于学生对其他课程的学习，力图使其与相关课程发挥整体作用，共同促进学生人文素养的发展	必修：中国特色社会主义；经济与社会；政治与法治；哲学与文化。 选择性必修：当代国际政治与经济；法律与生活；逻辑与思维
学业质量	1-1：能够理解唯物史观是科学的历史观。 2-5：能够发现历史上认同家乡、民族、国家的事例，知道中外优秀文化遗产的主要内容，认识社会主义核心价值观的历史依据，具有对祖国和人民的深情大爱。 4-1：能够史论结合、实事求是地论述历史与现实问题。 4-5：能够把握中华民族多元一体的发展趋势，以及世界历史发展的进步历程，形成正确的世界观、人生观、价值观和历史观；能够表现出对历史的反思，从历史中汲取经验教训，更全面、客观地认识历史和现实社会问题	1-3：表明法治是先进的国家治理方式。 2-2：辨析继承中华优秀传统文化、不同文化交流互鉴、践行与传播先进文化的行为。 3-2：运用历史唯物主义基本观点和方法，阐释社会发展的基本规律和趋势，用历史思维评价不同信息和观点，辨明事实真伪；用矛盾分析的方法权衡利弊，作出正确的价值判断和行为选择。 4-2：运用辩证唯物主义和历史唯物主义原理，揭示社会变革的原因，把握历史发展的阶段性特征，论述因势而谋、应势而动、顺势而为的意义
教学与评价建议	1. 全面理解历史学科核心素养，科学制订教学目标。2. 深入分析课程结构，合理整合教学内容。3. 树立指向学生历史学科核心素养的教学理念，有效设计教学过程。4. 准确把握学业质量水平，多维度进行学习评价。	1. 围绕议题，设计活动型学科课程的教学。2. 强化辨析，选择积极价值引领的学习路径。3. 优化案例，采用情境创设的综合性教学形式。4. 走出教室，迈入社会实践活动的大课堂

由表 1-2 可以看出，高中思想政治与高中历史关联度高，具有课程内容融合利用的基本条件；两个学科的核心素养培育具有一定的价值趋同性，即具有课程内容融合利用的目的性。

【案例】必修 3《政治与法治》第一课"历史和人民的选择"第一框"中华人民共和国成立前各种政治力量"教学片段

议题：中国共产党诞生的历史必然性。

材料：近代以来，为了挽救民族危亡，寻找救国救民的出路，各个阶级和政治力量纷纷登上历史舞台，结果是你方唱罢我登场，迅即成了过眼云烟；种种救国方案各显身手，但都化为泡影，没有找到救世良方。中国的出路到底在哪里？几经失败之后，人们把实现民族独立、国家富强的希望寄托到新兴的无产阶级及其政党的肩上。这就是中国共产党诞生的大背景，是历史必然性的依据所在。

请同学们分组合作探究中国共产党诞生的历史必然性。

案例分析：教师通过介绍中国共产党诞生的大背景，用相关史实进行论证，让学生明确，中国共产党诞生是历史的选择，人民的选择。争取民族独立、人民解放、国家富强的艰巨使命，落在了无产阶级及其政党的肩上。这是总结近代中国革命斗争的经验教训所得出的基本结论。本课的很多教学环节都与中国近现代史的知识相关，教学设计应力求思想政治与历史课程内容的融合利用。通过回顾中国共产党的诞生历程，全面理解没有中国共产党就没有新中国，这既体现了思想政治学科核心素养的政治认同，又体现了历史学科核心素养的史料实证、时空观念、家国情怀，在完成课程标准要求的同时涵养了学生的人文精神。

2. 融合利用自然科学内容，提升学生科学综合素养

跨学科教学除了融合利用人文学科内容外，还可以融合利用自然科学内容，这是培养学生学科核心素养的必然要求。实施本课程，宜采取"综合性"教学，既强调学习内容的跨学科性、广泛性，又强调问题指向的复杂性，还强调学习方式的多样化。[①]教师可以利用自然科学相关学科的教学内容和教学方法丰富高中思想政治课堂，如物理学知识可以作为"他山之石"。科学教育与人文教育的融合是 21 世纪的趋势。物理学知识融入思想政治课程教学可以优化智力，激励求学，提高素质，使教学步入"情""理"交融的轨道。[②]

【案例】必修 4《哲学与文化》第二单元"认识社会与价值选择"第四课"探索认识的奥秘"第二框"在实践中追求和发展真理"教学片段

环节一：请同学到讲台上做演示，将鼠标垫和 A4 纸在同一高度同时放下，其余同学观察思考。

教师：这个结果和亚里士多德的观点是一致的，亚里士多德认为物体的下落速度和它的重量成正比。但伽利略却提出了自己的观点，我们一起来听一下这个故事。

视频资源 1-1

学生听伽利略的探索故事，思考启示。

教师：亚里士多德是权威，他说的就是真理吗？真理受哪些因素的影响？

---

① 韩震，朱明光. 普通高中思想政治课程标准（2017 年版 2020 年修订）解读 [M]. 北京：高等教育出版社，2020：164.

② 温永强，赵云燕. 物理学科在高中思想政治课程教学中的渗透研究 [J]. 青年与社会，2015（12）：192.

学生回答问题。

教师：真理只有一个，真理面前人人平等；真理是客观的，真理的基本属性是客观性。

环节二：请同学再次到讲台上做演示，将 A4 纸揉成团，再使鼠标垫和 A4 纸在同一高度同时由静止下落，其余同学观察思考。

教师：为什么两次演示结果会不同？请说明理由。

学生回答自己对这个问题的认识。

教师：伽利略的观点成立的前提条件是什么？

学生观察后回答。

教师：真理是有条件的。1922 年，物理学家富佛斯在真空中进行物体下落实验，提出与伽利略相反的观点。（播放宇航员在月球上做自由落体实验的视频，展示中国科学家原子实验的报道）

学生观看视频并思考。

教师：真理是具体的。

环节三：教师展示自由落体研究的时间轴，引导学生思考人的认识经历了什么样的发展过程。学生用笔画出这个过程并进行简要说明。

学生合作讨论并画图。

教师：认识具有反复性、无限性、上升性，追求真理是一个永无止境的过程。

案例分析：在这节课中，教师带领学生一起探究物理学中"自由落体定律"的认识过程，结合物理演示实验的教学方法，让学生更深刻地理解追求真理是一个永无止境的过程，通过与物理学科的融合教学，提高学生的综合素质。

时代是思想之母，实践是理论之源。教师要想正确把握高中思想政治课程性质之综合性，除了整合学科内的课程内容外，还要在教学过程中与各阶段思想政治课程有效衔接，与时事政治教育相互补充，与高中其他学科教学和相关德育工作相互配合，更好地承担思想政治教育立德树人的任务，提升学生综合素质，促进学生全面发展。

新版课程标准明确提出：高中思想政治课程是落实立德树人根本任务的关键课程，以培育社会主义核心价值观为目的，是帮助学生确立正确的政治方向、提高思想政治学科核心素养、增强社会理解和参与能力的综合性、活动型学科课程。活动型学科课程的开展与实施关乎高中思想政治课教学实效，也关系到学生的学科核心素养培育。如何正确把握高中思想政治活动型学科课程的基本内涵与价值，如何有效开展活动型学科课程，是广大一线教师迫切需要探究的关键问题。

问题分析

一、问题的提出

活动型学科课程，就是要求牢牢把握课程实施的实践性，即通过一系列活动，将学科逻辑与实践逻辑、理论知识与生活关切紧密结合，实现"课程内容活动化""活动内容课程化"。

思想政治课程注重学科核心素养的培育，不仅要在学科内容传递和理论水平增强上下功夫，而且要注重实践行为能力和公共参与水平的提升，从而为国家和社会发展培养德智体美劳全面发展的建设者和接班人。广大教师在教学中要着眼于学生的真实生活，创设情境，设计课堂教学活动，提高教学趣味性，增强学生参与度，达到培育学生学科核心素养的目标。但是在活动设计的理解和把握上往往还存在以下不足。

1. 对活动型学科课程的本质缺少深刻理解

教师在开展思想政治教学过程中，虽然会重视活动设计与实施，但是未能准确把握活动型学科课程的本质。活动型学科课程强调以活动为载体，借助多样化的活动形式，结合学科内容，提升学生学科核心素养，培养学生学科思维与能力，达到育人效果。但是部分教师在具体教学中将活动设计作为最终目的，而不是将其作为方式手段，为了开展活动而教学，不注重教学内容的联结，也不注重教学目标达成和学科核心素养的培育。

2. 对活动设计与实施策略缺少有效把握

部分教师对活动型学科课程理解较浅，较少开展活动型学科课程，活动设计不够新颖，对活动实施把握不够精准，使得活动开展固化、异化、泛化。在一节课中，教师组织活动时拘泥于师生问答、小组讨论、课堂辩论、交流展示等既有形式，活动设计缺乏创新，学习重点不突出。有的教师还强加与学习无关的内容，只为增强参与度而设计活动，造成课堂教学过程中不分主次地处处搞活动，时时搞探究，枉费精力，耗费时间。

3. 教师素质有待加强

教师自身素质的培养十分重要。有些教师不善于主动接纳新事物，不善于主动学习新理念，不善于保持终身学习习惯，这在很大程度上影响了活动型学科课程的开展。在培养学科核心素养这一改革目标下，开展活动型学科课程教学是所有思想政治教师都必须具备的能力，但部分思想政治教师组织活动型学科课程教学的能力仍然需要进一步提升。构建高中思想政治课程活动型学科课程，教师不仅要在日常教学中增强自身的学科理解力和理论判断力，还要不断增加自己的知识储备，广泛涉猎各类知识，阅读课外书籍，了解学科前沿和时事热点，增加社会阅历，不断总结教学经验，进行教学反思。只有这样，教师才可能充分理解教材内容，形成学科知识逻辑，活学活教，彰显高中思想政治课教师的理性与智慧之光，保障活动型学科课程顺利开展。

4. 形式主义倾向严重

部分学校和教师没有深入理解课程目标，往往在教学方式上流于形式，为了活动而开展活动，尤其是在一些公开课上，采取"表演"方式，提前组织学生"排练"，并没有真正引导学生主动学习、主动思考探索，学生不能真正学到知识、培养能力，教师也仅仅是卖力地"表演"了一场，看似课堂气氛活跃，实际上教学没有发挥其应有的作用，这并不是真正的活动型学科课堂。

二、问题的价值

构建活动型学科课程需要结合学科教学内容进行活动设计，然后通过课堂教学，联结教学知识，传递价值情感，实现与社会活动的无缝对接，锻炼学生的实践能力，做到知行合一，理论与实践相结合。

1. 尊重学生主体地位，增强主动性

活动型学科课程的开展，改变了以往传统教学的灌输式教育忽略学生主体地位的情况，强调尊重学生身心发展和课程教学规律，采取生动有趣的活动议题和丰富多样的活动形式，有利于激发学生的探究兴趣，引导学生自主思考、自主学习、自主探究、自主创新，从而做出与自身实际相符的价值判断和价值选择，全面提升学生的综合素质，推动学生实现自由充分的发展。

2. 推动教师转变理念，增强创新性

构建活动型学科课程，可以推动教师与时俱进，转换传统教学方式，更新教学理念。教师通过创设活动设计与课堂情境，可以充分调动学生主动参与课堂的积极性，推动课堂教学有效生成，增强师生互动，完成教学目标，培育学科核心素养，促进教学相长，提升自身专业素质和教学实践能力。

3. 培育学科核心素养，增强实效性

开展活动型学科课程的主要目的是培育学生的思想政治学科核心素养。高中思想政治教师应通过目标、内容、实施及评价的探究，构建活动型学科课程脉络，在教学实践中深入推进活动型学科课程的开展，增强学生的生活理解和参与能力，培育学生的学科核心素养，增强高中思想政治课程的教学实效。

🔶 问题解决

一、基于学科内容设计活动

高中思想政治活动型学科课程就是通过一系列活动及其结构化设计，采取思维活动和社会实践活动等方式呈现学科内容。因此，不管采用何种活动形式，都要以学科内容为依托。

课堂活动是实现学科教学目标的主要方式和路径，而学科内容体现着教学目标，关系着教学目标的达成。因此，高中思想政治活动型学科课程构建，必须重视学科内容本身，基于教学内容设计贯穿教学过程的活动。但是，在具体教学过程中，部分教师将关注的重点放在"活动"上，一味追求热闹，却忽视了对知识的沉淀与思考，这是我们需要走出的误区。活动型学科课程既要求开展活动教学，又要求渗透学科内容。活动的设计与实施要有助于推动学科内容教学，做到"课程内容活动化"；通过一系列活动设计，生动呈现学科内容，做到"活动设计内容化"。这样的课堂才有深度、有高度、有力度，才能达到培育学科核心素养的目标。

【案例】必修1《中国特色社会主义》第一课第一框"原始社会的解体和阶级社会的演进"教学片段

"资本主义终将被社会主义所取代"主题辩论活动

教师基于本课学科内容——社会基本矛盾的运动决定社会发展进程，揭示生产力与生产关系的基本矛盾运动在资本主义社会表现为社会化大生产与生产资料资本主义私有制之间的矛盾，评析当代资本主义的发展困境，明确社会主义终将取代资本主义的历史趋势。情境创设如下：

视频资源2-1

阅读下列文字，思考并回答问题。

那是最美好的时代，那是最糟糕的时代；那是智慧的年头，那是愚昧的年头；那是信仰的时期，那是怀疑的时期；那是光明的季节，那是黑暗的季节；那是希望的春天，那是失望的冬天；我们全都在直奔天堂，我们全都在直奔相反的方向——简而言之，那时跟现在非常相像，某些最喧嚣的权威坚持要用形容词的最高级来形容它。说它好，是最高级的；说它不好，也是最高级的。

——（英）查尔斯·狄更斯《双城记》

请思考：这段话反映资本主义社会具有怎样的特点？

活动：自由辩论

正方：资本主义社会将会灭亡

反方：资本主义社会不会灭亡

学法指导：

1. 辩论准备：自学教材第7—10页的内容，收集辩论素材。

2. 自由辩论表达格式：我认为……，因为……。

3. 温馨提示：有理有据，你的辩论会更精彩！

课堂辩论流程：

1. 准备：选出 3 名辩手，结合教材第 7—10 页的内容和课堂学习（二）的学习资料，组织立论陈词。（3 分钟）

2. 双方一辩立论陈词（阐述本方观点，并说明理由）。（1 分钟）

正方
我方认为：_____
理由是：
1. _____
2. _____
3. _____
……

反方
我方认为：_____
理由是：
1. _____
2. _____
3. _____
……

双方二、三辩驳论对方观点，共 2 轮。（每次不超过 3 分钟）

其他同学可以补充发言。（2 分钟）

案例分析：高中思想政治课程是培育全体学生学科核心素养的活动型学科课程，学科核心素养是通过创设情境，分析问题，在参与活动的过程中逐步培育形成的。教师通过创设情境，设计并组织开展辩论活动，引导学生思考："资本主义社会是否会灭亡?"学生通过参与辩论，结合社会发展的客观规律，理解在历史上产生的东西也会在历史上归于消亡。资本主义社会是随着生产力发展，取代封建社会的结果，也会随着生产力的进一步发展和资本主义基本矛盾的激化而消亡。资本主义即使当前还有强大的生命力，也采取了一些措施缓和阶级矛盾，但不能从根本上改变社会化大生产与生产资料资本主义私有制之间的矛盾。结合教学重点内容，设计开展辩论活动，引导学生评析当前资本主义的发展困境，明确社会主义必将取代资本主义的历史趋势，突破教学重难点，坚定政治认同。

总之，高中思想政治活动型学科课程的构建，要采用多样化的方式设计活动。例如，通过体验式的小组合作、讨论、辩论、访谈、现场模拟，实践型的社会调查和现场报告，思辨型的问题探究等方式，提高学生参与度，充分发挥学生的主体作用。但同时也要明确学科课程所承载的学科知识与情感是其本质属性，活动只是推动学生把握这一本质属性的路径和手段，不能本末倒置。教师如果只将关注重心放在活动上，不体现学科内容，必将降低教学实效，得不偿失。因此，高中思想政治活动型学科课程中的活动设计必须基于学科内容，呈现学科知识，彰显学科价值，培育学科核心素养。

二、基于议题探究创设情境

议题是落实活动型学科课程的重要抓手，也是活动型学科课程让学生有话可说的关键。因此，要落实活动型学科课程，首要任务就是精选议题，为讨论的展开提供可靠的基础。[①] 新版课程标准也明确规定，要构建思想政治活动型学科课程，就要开展议题式教学，创设情境，优化案例，引导学生结合情境，探究议题，获得新知，落实学科核心素养。

近两年来，不少教授学者和一线教师经过探索，提出了许多创设议题的策略。议题是一节课的主线，开展议题式教学，首先要将既承载学科内容又具有思辨性的议题设置为一系列结构化的问题。然后紧扣当下热点问题、生活话题创设情境，将情境与议题融合，通过开展活动启发学生思维和想象，调动原有经验水平和知识基础，进行思辨，合作探究，获得新知。这一过程有助于实现师生良性互动与知识生成，落实学科核心素养培育。

【案例】必修 1《中国特色社会主义》第四课第一框"中国特色社会主义进入新时代"教学片段

本课程采用议题式教学，分环节探究。结合学生生活实际，以"我和我的家乡"为主线，探究总议题：如何认识和把握"新时代"。总议题包含三个子议题：（1）新时代是怎样的时代？（2）新时代的变与不变。（3）如何迈步新征程？

第一环节：看家乡之变，理解新时代。

探究子议题 1：新时代是怎样的时代？

设置情境 1：观看《第一眼看重庆》视频。重庆自直辖以来，在国家政策的大力支持和党中央的带领下，实现了飞速发展。尤其是党的十八大以来，重庆发展成果更是显著。重庆地区生产总值、城镇居民收入、农村居民收入持续增长，区域城乡协调性进一步增强，对外贸易不断增多，开行中欧班列（重庆）超过 500 趟次，实施创新发展战略，两江新区、高新区建设发展，带动高新技术产业、信息技术产业等创新产业不断发展，产业结构优化升级，经济发展提质增速。居民收入增加，生活水平进一步提升，铁路公路轻轨交通网不断完善，交通更加便捷……

设置活动 1：结合视频，联系生活，从多角度举例说明重庆市发展取得的新成就。

设置活动 2：观看视频，结合生活及之前的探究，参考课本第 43 页的内容，思考：新时代是怎样的时代？进入新时代有何意义？

第二环节：答家乡之问，把握新时代。

探究子议题 2：新时代的变与不变。

设置活动 3："描绘家乡蓝图"，展示《新时代市民美好生活》调查问卷结果。

第三环节：担家乡之责，共建新时代。

探究子议题 3：如何迈步新征程？

设置情境 2：习近平总书记对重庆提出"两地""两高"目标：即推动建设内陆开放高地，山清水秀美丽之地，在加快建设"两地"的基础上，努力推动高质量发展、

---

① 王庆荣，张作真. 例谈活动型学科课程的构建［J］. 中学政治教学参考，2020（27）：36-37.

创造高品质生活。

设置活动4：以"新时代，我和我的家乡"为主题，将家国目标和自身成长相结合，写下专属誓言，展现作为家国的一分子，如何担家乡之责，践行新时代发展要求。

> 我是＿＿＿＿＿＿，2035年，我将会成为一名＿＿＿＿＿＿，我现在要：
>
> ＿＿＿＿＿＿＿＿＿＿＿＿＿＿＿＿＿＿＿＿＿＿＿＿＿＿＿＿＿＿＿＿＿
>
> ＿＿＿＿＿＿＿＿＿＿＿＿＿＿＿＿＿＿＿＿＿＿＿＿＿＿＿＿＿＿＿＿＿
>
> （写出两条具体行动措施）
> 我对祖国和家乡的寄语是：
>
> ＿＿＿＿＿＿＿＿＿＿＿＿＿＿＿＿＿＿＿＿＿＿＿＿＿＿＿＿＿＿＿＿＿
>
> ＿＿＿＿＿＿＿＿＿＿＿＿＿＿＿＿＿＿＿＿＿＿＿＿＿＿＿＿＿＿＿＿＿

案例分析：经过长期努力，尤其是党的十八大以来，中国特色社会主义事业取得辉煌成就，人民群众的生活水平显著提高，中国特色社会主义进入了新时代。本课教学紧密结合生活实际，引导学生自主思考、合作探究议题：如何认识和把握"新时代"。基于此，用家乡变化与国家发展结合，以小见大，创设情境，引导学生从政治、经济等多个角度感悟、列举重庆（或国家）发展取得的新成就，并将家国梦和自身成长相结合，思考作为家国的一分子，如何担家乡之责，践行新时代发展要求。学生基于自身实际，分享誓言，教师进行情感升华，引发精神共鸣，培育学生担家乡之责，共建新时代的公共参与意识。

【案例】必修3《政治与法治》第二课第一框"始终坚持以人民为中心"教学设计

学习内容	中国共产党始终坚持以人民为中心				
育人目标	1. 了解中国共产党的性质。 2. 直面各种质疑、非议或诋毁，澄清基本事实，阐明中国共产党的宗旨，论证中国共产党是中国革命、建设和改革的领导核心				
教学过程					
教学环节	学习内容	教师活动		学生活动	学习评价	五育融合育人点提示
		情境创设	问题引导			
课题导入	感知中国共产党带领人民创造幸福生活	【视频】脱贫攻坚电视剧《山海情》片段	【总议题】中国共产党如何坚持以人民为中心？ 【问题】视频中中国共产党为人民做了哪些事情	观看视频，思考回答，交流分享，明确学习任务，打开课本	教师评价：能对情境内容产生共鸣，积极参与问题探究	【育德】感知中国共产党带领人民创造幸福生活

教学过程						

教学环节	学习内容	教师活动		学生活动	学习评价	五育融合育人点提示
		情境创设	问题引导			
学习新知 救亡图存，带领人民站起来	把握中国共产党的性质和宗旨	【图片】一条小船，诞生一个大党。红船精神的内涵	【子议题1】中国共产党是一支怎样的队伍？ 【问题1】从诞生之日起，中国共产党做出了哪些努力？ 【问题2】这些努力说明中国共产党是一个怎样的政党	获取信息，探究问题，思考回答，交流分享	教师评价：能调动已有认知经验，将图片信息用学科术语规范流畅地表达出来。了解中国共产党自诞生之日起所做的努力和取得的成就，感知中国共产党的性质和宗旨	【育德】认同中国共产党一直秉持着为人民服务的理念。 【育智】明确中国共产党是人民的政党，是中国工人阶级的先锋队，同时是中国人民和中华民族的先锋队
坚守初心，带领人民富起来	中国共产党以人民为中心的具体要求	【视频】电视剧《山海情》中西海固人民在党的领导下将飞沙走石的"干沙滩"建设成寸土寸金的"金沙滩"	【子议题2】中国共产党如何坚持以人民为中心？ 【问题1】中国共产党如何带领人民将飞沙走石的"干沙滩"建设成寸土寸金的"金沙滩"？ 【问题2】列举具体事例，说明中国共产党是如何坚持以人民为中心的	获取信息，阅读教材，思考探究，交流分享	教师评价：能列举具体事例，理论联系实际，阐明中国共产党的执政理念，理解中国共产党始终坚持以人民为中心的具体要求	【育美】感悟脱贫攻坚政策下的发展之美和西海固人民的奋斗之美。 【育德】认同中国共产党以人民为中心的根本立场和先进性。 【育智】阐明中国共产党以人民为中心的具体要求和执政理念
把握时代，带领国家强起来	中国共产党的执政理念	【小调查】人民对美好生活的向往调查问卷	【子议题3】结合小调查，探究中国共产党如何坚持立党为公、执政为民来满足人民对美好生活的向往	参与调查，分析调查数据，分组讨论，交流分享	教师评价和学生互评：能分析归纳问卷信息，阐明中国共产党坚持立党为公、执政为民，为满足人民对美好生活的向往所做出的努力	【育智】阐明中国共产党的执政理念——立党为公、执政为民的具体要求。 【育德】认同中国共产党始终将满足人民对美好生活的向往作为新时代的奋斗目标。 【育美】新时代人民追求更高质量更高水平的美好生活

教学环节	学习内容	教师活动		学生活动	学习评价	五育融合育人点提示
		情境创设	问题引导			
课堂反馈	配套练习	明确要求，巡视课堂	抽查、点拨、纠错、归纳	自主完成，分享思路，自我纠错	教师评价和学生自评：能提高对中国共产党坚持以人民为中心的政治认同、科学精神和公共参与等学科核心素养	【育智】巩固已学知识，及时补足知识盲区，提高学科认知能力与思维能力。【育德】加深对中国共产党坚持以人民为中心的政治认同
课堂小结	总结升华	在实现中华民族伟大复兴的航程中，人民的力量是船，党的领导就是帆，只有帆船一体，扬帆起航，才能到达远方，实现梦想	课堂小结，情感升华，布置课后作业	聆听感悟，记录课后作业	教师评价；能明确处理好党群关系对实现中华民族伟大复兴至关重要	【育德】加深对坚持中国共产党领导的政治认同度
课后作业	收集事例，论证中国共产党始终坚持以人民为中心，写一篇不少于 200 字的小论文提纲（建议完成相关配套练习）					
板书设计	始终坚持以人民为中心	中国共产党的性质和宗旨 ——（1）性质（2）宗旨（3）要求；中国共产党的执政理念 ——（1）含义（2）原因（3）要求				

教学过程

案例分析：高中思想政治课程开展要尊重学生身心发展规律，改进教学方式，提升教学效果。因此，教师要多用善用各种素材，转变教学方式，创设生动情境，使教学在师生互动、开放民主的氛围中进行。本课结合《山海情》这部以扶贫为题材的脱贫攻坚剧，调动学生兴趣，用喜闻乐见的方式、易于理解的语言讲好中国共产党坚强带领全国人民脱贫攻坚的故事，讲好中国特色社会主义制度优势的故事，讲好中国人民众志成城、全面建成小康社会的故事，生动展现中国制度、中国精神。学生基于所见所闻，引发共鸣，从而发自内心地坚定"四个自信"，理解"四个全面"，真正坚信中国共产党坚持立党为公，执政为民，为满足人民对美好生活的向往所做出的努力。

开展议题式教学时，首先，议题的选择和生成要契合学科内容，符合教学主题，具有思辨性和针对性。其次，要结合议题探究创设情境，选择具有生活化、典型化的案例，吸引学生探究兴趣，让学生仿佛"身临其境"，有感可发，有题可议，有话可说。最后，要根据学生的参与和表现情况进行及时有效的评价和总结。

三、基于核心素养进行有效评价

高中思想政治课程的目标是落实立德树人根本任务，提升学科核心素养，培养担当中华民族伟大复兴大任的时代新人。因此，高中思想政治活动型学科课程实施目的在于学科核心素养培育和价值引领，这就要求教师要创新评价体系，提升评价有效性。

传统评价方式的特点是重结论轻过程，重分数轻素质，重知识轻素养，注重教师的"教"和知识的灌输与传递，不重视学生的地位和作用，将学生视为被动的知识接收者。这种传统评价模式很难激发和唤醒学生的学习积极性和主动性，学生的学科核心素养也难以提升。因此，教师在进行教学评价时，应当基于核心素养，注重学生参与活动的过程与行为。[①] 一是根据核心素养要求，考查学生参与过程。即考查学生在参与活动时，活动目的是否明确，小组分工是否合理，参与活动是否主动。二是基于核心素养发展，考查学生参与态度。即考查学生是否具备合作精神、参与意识和责任意识。三是基于核心素养提升，考查学生参与效果。即学生在活动过程中是否发挥思辨能力，能否在参与过程中主动观察、深入探究、积极思考。结合教育教学实践，针对学生参与活动的表现制定的评价量表如表 2-1 所示。

表 2-1　学生活动表现评价量表

维度	等级
活动目标明确恰当	
小组成员分工具体明确	
积极参与相关资料的收集、整理	
积极主动地与小组成员配合	
小组观点表述清晰、完整	
认真聆听其他小组发言	
理解其他小组观点	

总之，构建高中思想政治活动型学科课程，应当基于学科核心素养，创新活动型学科课程评价机制，提高教学评价有效性，只有这样才能真正落实立德树人根本任务。

高中课程改革进入新时代，培育学科核心素养，实施活动型学科课程教学是高中

---

① 孙霞，陈纪霖. 核心素养视域下活动型学科课程构建维度 [J]. 中学政治教学参考，2021（5）：30-31.

思想政治课程实施的一大亮点。这就要求广大教师不断进行教学创新，探索多样化教学方式，推动学科活动与学科内容充分融合，使学科活动开展常态化、规范化、科学化，真正实现"课程内容活动化""活动内容课程化"，学生可通过课程活动来掌握学科知识与提升学科核心素养。① 总之，核心素养的培育是课程改革、教育改革、落实立德树人根本任务的关键点，高中思想政治课程作为高中阶段的一门极为重要的德育学科，具有重要情感导向和育人价值。高中思想政治课程活动型学科课堂的构建是思想政治学科核心素养教育改革发展的核心和关键，因此，高中思想政治课程通过活动型学科课堂教学来优化传统教学方式，是适应新版课程标准的重要创新。

---

① 曹雅琴. 高中思想政治活动型学科课程构建研究 [D]. 重庆：西南大学，2020.

如何理解课程基本理念之坚持正确的思想政治方向?

课程理念是课程标准的灵魂,是课程实施的先导和方向,是进行教学设计、组织课堂教学、开展教学评价的思想统率和目标指引。"坚持正确的思想政治方向"作为高中思想政治课程四大基本理念之首,更加突出了新一轮普通高中课程改革落实立德树人根本任务的导向作用,也是高中思想政治课程的中国特色社会主义标识。如何有效把握"坚持正确的思想政治方向"在教学中的落实,是广大高中思想政治教师必须要思考并解决的关键问题。

⚙ 问题分析

一、问题的提出

关于坚持正确的思想政治方向,新版课程标准做了如下要求:"本课程坚持理论与实践相结合的原则,对学生进行马克思主义基本理论教育,用习近平新时代中国特色社会主义思想铸魂育人,培养德智体美劳全面发展的社会主义建设者和接班人,使他们理解马克思主义中国化就是马克思主义基本原理同中国具体实际相结合的过程,习近平新时代中国特色社会主义思想是马克思主义中国化最新成果。

面对当前社会变革和实践创新中的新挑战、新问题,要用历史的眼光、国情的眼光、辩证的眼光、文化的眼光和国际的眼光,引领学生通过观察、辨析、反思和实践,真学真懂真信真用马克思主义,在人生成长的道路上把握正确的思想政治方向。"

理解和掌握新的课程理念,是新课程实施的首要任务。但是,高中思想政治课程教学对坚持正确的思想政治方向的理解和引领方法的掌握还存在一些问题。

1. 对引领学生坚持正确的思想政治方向的重要性认识不到位

引领学生坚持正确的思想政治方向的过程是知、情、意、行相统一的过程。部分高中思想政治教师教学观念滞后,把主要精力放在学生知识目标的达成上,没有充分认识到引领学生坚持正确的思想政治方向对落实立德树人根本任务的重要性与意义,将传授学科知识这一教学载体当成高中思想政治教学的价值追求,在教学中不会有意识地引领学生坚持正确的思想政治方向,远远偏离了坚持正确的思想政治方向的目标。

2. 在引领学生坚持正确的思想政治方向过程中所选取的教学素材不完善

高中思想政治教师选取的教学素材是引领学生坚持正确的思想政治方向的起点、工具和平台。但部分教师选取的教学素材与所授的坚持正确的思想政治方向的内容有时不匹配,有时与学生的现实生活存在较大差距,有时缺少可拓展和可操作的空间,导致教学素材不能有效地支持、服务于所授内容核心概念和方法的呈现，不能满足引领学生坚持正确的思想政治方向的需要。

3. 在引领学生坚持正确的思想政治方向过程中所运用的教学方式有待优化

在高中思想政治教学中，教师主要采取理论讲授法，在学科概念的讲解上花费的精力过多，从学生的实际生活出发比较少，理论知识与现实生活未能紧密结合，导致学生很难用历史的眼光、国情的眼光、辩证的眼光、文化的眼光和国际的眼光来审视当前社会变革和实践创新中的新挑战、新问题，使得学生的政治情感得不到适当的提升和引导，难以将思想政治学科知识内化为自身情感，并转化为外在行为，最终难以做到真学真懂真信真用马克思主义。

25

二、问题的价值

习近平总书记强调，青少年阶段是人生的"拔节孕穗期"，最需要精心引导和栽培。思想政治课程是落实立德树人根本任务的关键课程，引领学生坚持正确的思想政治方向对落实立德树人根本任务有着重要意义，关乎学生思想政治方向和政治道路的选择，关乎国家意识形态的安全和社会的稳定发展。

1. 高中生自身发展的需要

对于学生而言，高中阶段不仅是增长理论知识的重要时期，同时也是逐步开始接触政治生活，落实政治行为的关键阶段。但是处于此阶段的学生，个性张扬，世界观、人生观、价值观等尚不成熟，社会阅历浅，心理易受到外界多元文化及思想的影响，学生个体间所形成的对思想政治方向的把握逐步开始产生差异，且并不重视自身对思想政治方向的把握。因此，在此阶段通过思想政治教学引领学生把握正确的思想政治方向，不仅可以增强学生对培养自身认同感的重视，还有助于培养学生具有社会发展所必需的政治素养和关键能力。

2. 社会现实的需要

当今世界正经历百年未有之大变局，国际环境日趋复杂，大国博弈、地缘政治影响等不确定性因素明显增强，世界进入动荡变革期。[①] 在这样的社会现实情况下，如何旗帜鲜明地引领高中生坚定道路自信、理论自信、制度自信、文化自信，自觉拥护共产党的领导，引导他们树立共产主义远大理想和中国特色社会主义共同理想，将个人理想同国家的前途命运紧密结合起来，培养他们成为担当民族复兴大任的时代新人，是我国当前社会现实的迫切需要。

📇 问题解决

一、重要前提：更新教学观念，提升引领的自觉性

著名教育家徐特立曾说："教书不仅是传授知识，更重要的是教人，教育后一代成

张林山. 准确把握"十四五"时期的发展环境 [J]. 理论导报, 2020 (11): 14-16.

长为具有共产主义思想品质的人。"高中思想政治课具有强烈的意识形态属性，对学生进行社会主义意识形态教育是高中思想政治学科设置的根本要求与价值追求。教师是连接课程标准要求和学生培养过程的重要纽带，教师的素养和教学理念对教育教学产生重要影响。办好思想政治理论课关键在教师，关键在发挥教师的积极性、主动性、创造性。引领学生坚持正确的思想政治方向的关键也在教师。教师应该深入研究高中思想政治课程标准，明确课程标准的结构体系及其对引领学生坚持正确的思想政治方向提出的要求，深刻领悟高中思想政治课程性质与基本理念，改变自己原有的以知识灌输为主、忽视意识形态、唯知识论、唯分数论的教学观念，按照"德育为先，能力为重"的思想观念，充分发挥思想政治课在引领学生坚持正确的思想政治方向等方面的主渠道作用，积极主动地传播社会主义意识形态，吸引学生真学真懂真信真用马克思主义，引领学生在人生成长的道路上坚持正确的思想政治方向，助力思想政治课程完成立德树人根本任务。

二、重要抓手：优化教学策略，提高方向引领的有效性

"教学有法，教无定法，贵在得法。"教师在引领学生坚持正确的思想政治方向的过程中，可结合教学内容难易程度、学情和教学环境的差异性等不同情况，优化教学策略，让学生主动参与课堂教学，充分激发学生的情感，让学生作为学习的主体进行自我体验、反思、积淀和生成，自觉坚持正确的思想政治方向，从而提高方向引领的有效性。

1. 精选教学素材

新版课程标准要求，素材的选择与运用，既要贴近学生生活，又要反映当代社会进步的新发展和科技发展的新成果；既要有利于教师进行创造性教学，又要有益于学生潜能的发挥，满足不同类型学生发展的需求。

【案例】必修4《生活与哲学》"价值判断与价值选择"的教学素材

教学主题：青春逐星辰——价值判断与价值选择

材料："北斗女神"王淑芳的两次人生选择

20世纪90年代初，中国开始自建卫星导航系统。1995年，王淑芳大学一毕业就选择参军，成为参与北斗卫星导航系统建设的首批大学毕业生。她28岁担任北斗设计师，32岁担任主任设计师，既是两代北斗卫星导航系统建设方案的论证者，也是4项国家军用标准的执笔者。我国自主建设、独立运行的北斗卫星导航系统进入应用推广后，在交通运输、气象预报等领域应用前景广阔。2007年，王淑芳主动舍弃研发北斗卫星导航系统带来的各种荣誉，转业到交通运输领域，从零开始，开荒拓展，推进北斗卫星导航系统进入寻常百姓家。20多年来，王淑芳奋斗在北斗事业前线，她把自己的青春都献给了北斗。

案例分析：本案例中的学生在学习这框内容时，正值我国成功发射第41颗北斗导航卫星，学校动员学生观看2018年《榜样》专题节目。于是，教师选取"北斗女神"

王淑芳的两次人生选择作为教学素材。这则素材意蕴丰富，有可扩展的解释空间，能有效地支持、服务于价值判断与价值选择核心概念的呈现，拉近与学生的距离，让学生更加直观地感受到以"北斗女神"王淑芳为代表的我国科技工作者们满怀理想、脚踏实地，在竞争中敢为人先、为国争光、为民造福的坚定信念和勇于担当、创新奉献的精神品质，进而引导学生筑牢信仰之基、补足精神之钙、把稳思想之舵，把爱国情、强国志、报国行自觉融入血脉，促进学生厚植家国情怀，更加坚定努力成为担当民族复兴大任的时代新人的理想信念。

2. 序列化教学议题

新版课程标准明确提出，高中思想政治课程是帮助学生确立正确的政治方向的综合性、活动型学科课程。活动型学科课程的实施要使活动设计成为教学设计和承载学科内容的重要形式。其中之一是要对应结构化的学科内容，力求提供序列化的活动设计，并贯穿于教学全过程。这就对议题式教学设计提出了要求，即进行教学议题设计时应有明确的目标和清晰的线索，统筹议题涉及的主要内容和相关知识，并进行序列化处理。

【案例】必修4《生活与哲学》"价值判断与价值选择"教学设计

教学主题	教学流程	教师活动预设	学生活动预设	设计意图
青春逐星辰——价值判断与价值选择	议题1：人生面临选择（5分钟）	• 播放视频：《逐梦星空，芳华献北斗》 • 引导思考：王淑芳做出了什么人生选择？她为什么会这样选择呢？	• 边观看视频边思考和获取有效信息 • 与教师对话探究	引导学生感悟人生面临的选择，培养学生获取有效信息的能力
	议题2：人生如何选择（25分钟）	• 播放视频：《从天落地，俯首为民生》 • 引导思考1：王淑芳前后的选择为什么会不同？ • 引导思考2：为什么他们对此事的看法会不同？	• 观看视频 • 与教师对话探究	通过对话，引导学生感悟价值判断与价值选择的社会历史性和主体差异性，培养学生描述和论证问题的能力
		• 播放视频：《王淑芳的解释》 • 组织讨论：你是否认同王淑芳的这两次重大选择？请说明理由 • 提供讨论提示，搭建思维脚手架	• 观看视频 • 参与小组讨论 • 全班交流分享 • 与教师对话	引导学生探究理解认同做出正确价值判断和价值选择的标准，培养学生的政治认同和科学精神

教学主题	教学流程	教师活动预设	学生活动预设	设计意图
青春逐星辰——价值判断与价值选择	议题3：人生重在选择（10分钟）	● 组织活动：运用本节课所学知识，引导学生对自己未来美好人生的选择及理由进行思考（如理想的大学、职业、工作城市或其他） ● 提供活动提示，搭建思维脚手架	● 学生先思考 ● 小组内交流 ● 全班交流分享	引导学生理解践行价值判断与价值选择的标准，培养学生调动和运用知识的能力，培养学生的公共参与素养

案例分析： 本案例针对"价值判断与价值选择"这一课时，创设了北斗卫星导航系统在生活中的运用和"北斗女神"王淑芳的两次人生选择两个真实情境，并一例贯之，用"北斗女神"的感人故事贯穿整堂课。在"青春逐星辰——价值判断与价值选择"主题下，设置了三个有效的序列化议题：人生面临选择、人生如何选择、人生重在选择。议题逻辑清晰，环环相扣。采取"问题"方式呈现基本观点，既整合学科课程的具体内容，又引导价值判断；既具有开放性、引领性，又体现教学重点、针对学习难点。显而易见，教师善于把理论观点的阐述寓于社会生活和学生活动的主题之中，引导学生在体验社会生活及自身思维活动的过程中理解理论的真谛，在以事论理的过程中树立正确的价值观；善于以情激趣、以情学理、以情启思、以情导行，让学生在情境中讨论、分析、体验、感悟，自主构建知识、发展能力、内生素养。

3. 创设良好课堂导入

良好的开端等于成功的一半。巧妙地导入宛如话剧的"序幕"、乐曲的前奏，精美得体，简洁生动，风趣幽默，可以酝酿情绪，渗透主题，创设情境，激发学生思维灵感和探索热情。它像磁石，吸引着学生；它像酵母，启发着学生；它又像航标，指引着学生。[①]

视频资源 3-1

【案例】必修4《哲学与文化》"价值判断与价值选择"教学片段1

师：今天，我们先来做个小调查。你知道外卖员是怎么在较短时间内完成找饭店—找路—找客户这一流程的吗？

生：（齐答）手机导航。

师：没错，是手机导航。其实，手机导航背后还有个"大靠山"，那就是天上的卫星。大家猜一猜，点一次外卖需要动用几颗卫星呢？

生1：2颗！

生2：3颗！

---

① 周伟. 思想政治课课堂教学导入浅析［J］. 文教资料，2012（2）：151-152.

师：到底是几颗呢？请看答案。

播放视频《点外卖，调动了几颗卫星》。

师：手机的大靠山是卫星，而把中国的北斗卫星研制出来送上天的是一群满怀理想、脚踏实地，在竞争中敢为人先、为国争光、为民造福的"北斗人"，其中有一位被誉为"北斗女神"！

过渡：她，28 岁担任北斗设计师，32 岁担任主任设计师，是两代北斗卫星导航系统建设方案的论证者，也是 4 项国家军用标准的执笔者，是北斗研制团队顶尖人物之一。她叫王淑芳。今天老师就和大家一起来聊一聊她用青春追星北斗的故事。请同学们翻开教材第 99 页。

出示课题： 青春逐星辰——价值判断与价值选择

案例分析： 导入环节是课堂教学活动的起始环节，一个合格的导入要能够带活整堂课的教学活动，能够引领接下来的整堂课朝着教学目标顺利迈进。[①] 在上述案例中，教师通过创设贴近学生生活的新课导入，把学生课间散漫的心思"引"回课堂，让学生发现手机导航的"大靠山"——卫星给生活带来的便利，拉近课堂与学生生活的距离，同时自然点题，使学生轻松愉快地进入情境，对"北斗人"产生崇拜之情，进而学习榜样身上坚定信念、勇于担当、创新奉献的精神品质，筑牢理想信仰之基，坚持正确的思想政治方向。

4. 把握有效课堂设问

教师的提问是"教学的生命"，教师的"妙问"能有效点燃学生思维的火花，引导学生达成学习目标，增长智慧，练就勤于思考的思维品质和习惯。教师的有效课堂设问能激发学生的思维，帮助学生对教学内容进行内化，丰富学生对道德情感的体验，使课堂教学目标在不着痕迹的点拨与引导中得以实现，帮助学生养成深度思考的习惯和能力，循序渐进地提高学生的思维能力水平，从而推进学生核心素养的培育。

【案例】必修 4《哲学与文化》"价值判断与价值选择"教学片段 2

议题 1：人生面临选择

播放关于王淑芳两次重大人生选择的视频：《逐梦星空，芳华献北斗》和《从天落地，俯首为民生》。

课堂设问：（1）还在读大四的王淑芳做出了什么人生选择？她为什么会这样选择呢？（2）1995 年大学毕业时，王淑芳毅然选择参军研发北斗。2007 年北斗研发大获成功时，王淑芳选择转业到交通部推广北斗。王淑芳前后的选择为什么会不同？（3）为什么王淑芳和她的家人、朋友、部队领导对她选择转业到交通部推广北斗这件事的看法会不同呢？

学生活动： 观看视频，了解王淑芳两次重大人生选择的始末，获取有效信息，感

---

① 钱秋菊. 巧妙导入，实现思政课堂上的"先声夺人"[J]. 文理导航（上旬），2014（7）：70.

悟人生选择,思考问题,表达自己的观点,与老师、同学对话交流。

教师活动:点评学生从情景材料视频中获取的相关信息,提出引导性问题,并就学生的回答进行点拨、评价、追问、归类梳理、形成总结、引导升华。

案例分析:本案例中的北斗导航卫星发射和《榜样》节目是社会热点话题,教师基于鲜活的社会热点和具体人物的生活情境,创设了多个序列化的探究问题,并通过这些环环相扣的问题促使学生深入思考王淑芳做出两次重大人生选择背后的价值取向,感悟价值判断与价值选择的内涵及关系。在运用知识和采取正确态度评价王淑芳的两次人生选择的过程中,深刻理解价值判断与价值选择具有社会历史性和主体差异性的基本特征,培育了学生对报效祖国、服务人民价值判断与价值选择的政治认同,有助于学生将个人理想同国家的前途命运紧密结合起来,树立远大理想,增强学生自觉投身建设强大国家的紧迫感与责任感,培养学生的责任担当意识。

视频资源 3-2

5. 创设真正价值冲突

当今信息化环境下,学生接受信息的渠道明显增多,各种社会思想文化相互交织、相互渗透,影响着学生对思想政治方向的选择,对学生进行坚持正确的思想政治方向的引领重在引导学生直面各种社会思想文化的影响,理性面对现实生活中的不同观点。创设真实的有价值观冲突的课堂活动,可以让学生在自主辨识、分析的过程中,认识到相同处境下人们可能会做出不同选择,进而引导学生在价值冲突中深化理解这些选择背后的价值观念,在比较、鉴别中提高学生对社会主义核心价值观的认同和坚信。

【案例】必修4《哲学与文化》"价值判断与价值选择"教学片段3

议题2:人生如何选择

播放王淑芳面对家人、朋友、部队领导对自己转业到交通部的不理解做出解释的音频。"那么多行业,我之所以转业会选择交通行业是经过深思熟虑的。美国的GPS取得成功,很大程度上是因为它的应用推广做得好,带动了后台产业链来反补系统建设,实现了可持续发展。随着二代北斗卫星上天,我们的北斗导航技术已经十分成熟,追赶上了美国的GPS系统,这也意味着北斗本身的技术可创新空间不大了,但有一个领域与北斗密切相关,那就是北斗的推广应用。我后来经过调研发现,当时我国的交通运输行业拥有超过一千万辆营运车辆、几十万艘营运船舶,还有高速公路、航道港口等基础设施,是卫星导航的最大用户。我选择转业到交通领域,更重要的一点是想让更多的人享受到北斗带来的便利,毕竟建好北斗不是目的,用好北斗才是关键。"

课堂讨论:你是否认同王淑芳的这两次重大选择?并说明理由。

活动要求:每个小组推荐一名发言人,在全班交流分享。

活动时间:3分钟。

学生活动:收听情境材料音频,了解王淑芳做出第二次重大人生选择的理由,获取有效信息，思考问题，参与小组讨论，与老师、同学对话交流，表达自己的观点，全班交流分享。

教师活动：搭建思维脚手架，提供讨论提示。结合教材中的价值判断与价值选择标准，按下表的提示进行讨论与交流。学生分享，教师板书关键词，点评学生的展示，进行点拨、评价、追问、归类梳理、形成总结，引导学生探究、理解和认同做出正确价值判断与价值选择的标准。

讨论提示：结合教材中的价值判断与价值选择标准，按下表的提示进行讨论与交流：你是否认同王淑芳的这两次重大选择？并说明理由。

重大选择	是否认同	事实依据	理论依据
逐梦星空，研发北斗			
俯首为民，推广北斗			

案例分析：只有使学生亲历自主辨识、分析的过程，并做出判断，才能真正实现有效的价值引领。本案例中教师着眼于学生思想活动的独立性、选择性、多变性、差异性和高中阶段成长的特点，以小组为单位进行课堂讨论，通过课堂讨论"你是否认同王淑芳的这两次重大选择"，让学生发现自己选择与他人选择的不同，让学生陈述自己的选择及其理由，引导学生在交流中理解别人的观点。在各小组表达观点争执不下之时，引导学生结合学习过程进行反思，并在不同观点的比较中发现王淑芳这两次重大人生选择虽然有所不同，但不管是参军研发还是转业到交通部推广应用，她都不是站在局部或少数人的立场上，而是遵循社会发展的客观规律，把个人追星北斗的人生梦想与富国强军战略相结合，自觉站在最广大人民的立场上，把人民群众的根本利益作为最高的价值标准做出选择。学生由此可以更加深刻地感悟价值判断与价值选择标准的哲学智慧，并在自主辨析的思考中真实地感悟到马克思主义哲学的真理性，更加坚信马克思主义。这可以提高对学生坚持正确的思想政治方向引领的有效性。

6. 注重学生的课堂体验

教育家夸美纽斯认为，一切知识都是从感官开始的。这一主张要求把教学建立在实践活动和感觉活动的基础上，通过直观形象的教学活动使抽象知识具体化、形象化，让学生在亲身体验的活动中产生情感、获得知识、发展思维能力、坚持正确的思想政治方向。

【案例】必修4《哲学与文化》"价值判断与价值选择"教学片段4

议题3：人生重在选择

师：这两次正确的人生选择，不仅让王淑芳见证了北斗的诞生与成长，还将让她见证北斗的壮大与辉煌。北斗从无到有，从弱到强，凝聚了几代人的砥砺奋进和无数幕后英雄的智慧与汗水，他们是用青春追逐星辰的人，也是我们要用青春追逐的"星辰"，但青春时光是非常短暂的，稍纵即逝，我们每个同学都应该静下心来，好好思考与规划！

活动任务：运用本节课所学知识，对自己未来美好人生的选择及理由进行思考。（如理想的大学、职业、工作城市或其他）

请运用本课所学知识，按下表的提示选择自己的美好人生。

选择：大学、职业、工作城市或其他	理由：从个人角度、社会角度、两个标准角度

活动要求：在小组内交流，推荐代表在全班分享。

活动时间：3分钟。

小组展示：点评互动。

教师点评：总结引导升华。

案例分析：本案例中学生从课堂的真实情境再次回到现实世界，解决了"知"的层面后，教师通过设计社会生活中具体的、形象的、富有感情色彩的课堂体验活动，为学生提供了具体的感知对象，引导学生关注自己的人生选择，并落实为"行"的层面，学生自主地在情境活动中去体验、去感受、去运用，实现认知与情感体验过程的有机结合，达到抽象的领悟。这不仅能使学生加深对所学知识的理解和应用，有效地生成知识、培养能力，还可以引导学生领悟人生选择的道理和正确的价值取向，自觉地建构对马克思主义的认同。

三、重要途径：拓展教学空间，强化引领的实践性

知之真切笃实处即是行，行之明觉精察处即是知。学习政治理论的目的是为了更好地指导政治实践，参与政治生活。通过拓展教学空间，将思想性与说理性较强的教学内容与学生的生活实践相结合，引领学生观察、辨析、反思和实践，不仅可以使学生亲身感受到马克思主义的魅力，还能使学生真正做到"知行合一"，逐步成为一个能够承担社会责任的合格公民。

1. 设计研学活动，拓展线下教学空间

学科内容的教学与社会实践活动相结合，是活动型学科课程的显著特点。新版课程标准强调，要带领学生走出教室，迈入社会实践活动的大课堂。基于此，教师可以围绕中心议题，精心设计研学活动。例如，以"如何增强政府的公信力和执行力"为议题，探究建设职能科学、权责法定、执法严明、公开公正、廉洁高效、守法诚信的法治政府的意义。教师可以组织学生参观行政服务机构，了解政府部门的办事程序，考察政府履行职能的表现；也可以组织学生参加听证会等活动，感受政府做出决策的

过程。在学习民主监督政府的途径时，有的学生会对监督途径的可靠性表示怀疑，这时教师可以鼓励学生观察生活中政府人员的行为，行使自己的监督权力，通过拨打电话或者微信等方式向政府问询，以验证心中的疑虑。这可以让学生实际参与政治生活，体会政府是为人民服务的政府，增强对政府的认同感和信任感，从而自觉坚持正确的思想政治方向。

2. 共建时政资源共享平台，拓展线上教学空间

高中思想政治课程具有很强的时事性和政治性。基于此，在高中思想政治课程教学活动中，教师可以带领学生一起构建时政信息共享平台，拓展教学空间。这不仅能提升教学内容的时效性，还能促使学生把所学知识运用起来，增强学习的实践性。以创建时政资源微信公众号为例。首先，教师带领班级团支部和课代表利用微信软件，创建时政共享公众号，要求学生及时关注；其次，分小组安排学生自行查阅当周国内外时政信息，并进行筛选整理分析，轮流做好每周时政分享推送工作，推送内容可以是视频、图片、文字等；再次，教师选择适当的时机，把推送的时政资源引入每周的时政分享活动或课堂教学活动，或者将其作为测评练习的情境材料等；最后，教师要和学生一起对本月的时政资源分享推送进行总结表扬，增进学生的政治参与感和获得感，促使学生坚持正确的思想政治方向。

坚持正确的思想政治方向，体现了党的教育方针和立德树人根本任务，是对时代的回应。我们应当从体现德育课程的性质要求、表达课程改革的基本追求和反映高中阶段的教学特点等视角，深入理解和掌握高中思想政治课程理念之坚持正确的思想政治方向。唯有如此，才能更好地坚持社会主义教学方向，让社会主义核心价值观的培育和践行落到实处，培养出德智体美劳全面发展的社会主义建设者和接班人。

如何理解课程理念之建立促进学生思想政治学科核心素养发展的评价机制？

课程理念是把握课程标准所有要义的指南。高中思想政治课程的基本理念之建立促进学生思想政治学科核心素养发展的评价机制，是对课程评价方面的要求。科学合理的评价机制是落实思想政治学科核心素养培育工作的有效手段。因此，如何理解建立促进学生思想政治学科核心素养发展的评价机制是推进教育教学和课程改革的关键问题。

问题分析

一、问题的提出

新版课程标准指出，本课程紧紧围绕思想政治学科核心素养的形成与发展，建立激励学生不断进步的发展性评价机制。要注重学生学习、劳动和社会实践活动的行为表现，采用多种评价方式，综合评价学生的理论思维能力、政治认同度、价值判断力、法治素养和社会参与能力等，全面反映学生思想政治学科核心素养的发展状况。

这一基本理念指明了教师需要关注的几个问题：首先，评价的指向，教师应以建立激励学生不断进步的发展性评价机制为目的。思想政治学科核心素养评价应该是关注学生成长轨迹、促进学生持续进步的过程性评价。评价的目的是为学生的成长和发展提供助力和支持。其次，评价的对象是学生的学科核心素养发展水平，注重学生学习、劳动和社会实践活动的行为表现。再次，评价的方式是多种评价方式的综合运用。最后，评价的维度主要是学生的理论思维能力、政治认同度、价值判断力、法治素养和社会参与能力等。[1]

但是，实际的思想政治课程教学评价所采用的评价标准过于单一、评价方式不够多元化，没有充分发挥科学评价机制对学生学科核心素养培育的正确导向作用。主要表现在以下两个方面：

1. 仅凭"一张试卷定乾坤"的终结性评价，对学生的成长和发展缺乏助力和支持

长期以来，思想政治课程的考查方法多以试卷为主，学习成绩的评定也多以书面答题分数为主，忽略了对学生行为表现的评价。良好的教学评价关乎一个学生健全人格的发展，而不仅仅是对学生知识水平的评价。只用成绩评价专业知识并不能体现学生的发展水平，也不能塑造一个完整、完善的人格。这种"一张试卷定乾坤"的终结

---

① 梁侠，李晓东．新版课程标准解析与教学指导：高中思想政治［M］．北京：北京师范大学出版社，2019：9.

性评价，难以全面衡量一个学生的学习成绩和教师的教学效果，反而会导致知、行严重脱节，理论脱离实际。长此以往，就不可能很好地培养出德智体美劳全面发展的社会主义建设者和接班人。为改变这一局面，落实立德树人根本任务，我们就必须改革思想政治课程的评价机制，基于考查学生的学科核心素养发展水平建立评价机制。

高中思想政治学科核心素养，是学生通过学科学习而逐步形成的正确价值观、必备品格和关键能力，是对知识与技能、过程与方法、情感态度与价值观三维目标的整合。长期以来，"一张试卷定乾坤"的终结性评价忽视了人的高超逻辑和高尚动机，导致大多数教师将评价的重点放在学生的基本知识、基本技能等与考试密切相关的内容和学生的考试成绩上，并认为这种过程性评价在具体实施过程中难以操作，甚至会浪费教学时间和学生的学习时间，致使教师在教学中只注重知识传授，缺乏对学生成长过程的关注，忽视了思想政治课程的育人功能，很少对学生的学习态度、情感与价值观等其他方面的评价加以重视，导致学生死记硬背、海量刷题，成为"考试机器"，造成有相当一部分学生的学习成绩与思想实际严重背离的结果。这种只注重知识传授而忽视行为的教学既是违背思想政治课程教学内在要求的教学，又是得不偿失的教学。

从思想政治课程教学内在要求来看，知识是基础，能力是关键，正确价值观是核心，行为是归宿。高中思想政治课程的最终目标是帮助学生确立正确的政治方向、提高思想政治学科核心素养、增强社会理解和参与能力。凭借单一的终结性评价，简单以成绩来判断学生学习情况的优劣，不能促进学生持续进步，对学生的成长和发展缺乏助力和支持，是不能很好地实现课程目标的。

2. 仅凭成绩论英雄的单一评价方式，难以培养出多元能力的人才

美国哈佛大学发展心理学家加德纳提出了多元智能理论。他认为人除了言语语言智能、数理逻辑智能两种基本智能外，还有音乐韵律智能、视觉空间智能、身体运动智能、人际沟通智能、自我认知智能和自然观察智能等多元智能。每个人都拥有上述智能，只不过这些智能在每个人身上组合存在的方式和程度不同，故而每个人的智能都各有特色。智能作为一种心理潜能，总是与一定的文化背景相联系的，并多在自身的发展中逐渐内化或转化为个人经验或技能。智能的发展过程是不平衡的，有的智能较早表现出来，有的智能较晚表现出来，所以过早地确定学生的智能类型不利于其一生的全面发展。这一理论为我们改进学习评价方式提供了理论依据。

多元智能理论认为，每个学生都存在智能强项和智能弱项。在单一的评价方式下，学生可能要尽力在自己不擅长的学业领域中达到评价要求，在有些情况下不能发展自己的智能强项。既然学生的智能是多元的，那么思想政治课程的评价方式就不应该只是考试成绩这种单一评价方式。教师对学生在学习过程中的表现应进行横向和纵向的比较，将学生自评、学生互评和教师点评三者相结合；通过课堂观察、成长记录、个别交流、态度调查、辩论演讲等多种方式去发现学生的点滴进步；从学生的理论思维能力、政治认同度、价值判断力、法治素养和社会参与能力等维度去综合评价学生的表现。这样才能培养出具有多元能力的人才。

新一轮的基础课程改革指向培养学生发展核心素养，提出课程学习评价的核心是

培养全面发展的人。这就要求教学评价要帮助学生找到并提供成功的支撑，使每个学生都获得成功的机会；要让学生发现自己的优势领域和不足，尽可能使学生在多方面得到充分发展；要用发展的眼光看待学生，善于发现他们的智能潜力。这些建议都体现了以学生发展为本的学生观。这就要求教师必须坚持以学生终身、全面发展为正确的评价取向，达到课程标准的要求。

二、问题的价值

1. 为学生的成长提供助力和支持，促进学生持续全面发展

科学合理的评价机制是促进思想政治学科核心素养发展的重要途径。思想政治学科核心素养的评价机制应该是关注学生成长的轨迹、促进学生持续进步的过程性评价，评价的目的是为学生的成长提供助力和支持。第一，要注重对学生高阶思维能力的引领。例如，课程标准突出了要培养和增强学生社会理解和参与能力的要求，这就是高阶思维能力的具体表现，高阶思维能力作为学生成长成才的核心，是达成思想政治学科核心素养目标必需的能力。第二，要突破传统的对学科知识的识记、理解和应用的思维定式，进一步提高学生的理论思维能力、政治认同度、价值判断力、法治素养和社会参与能力，在课堂上为学生提供更多的发展空间和机会，逐渐促进学生学科核心素养的形成。第三，要注重学生情境化主题活动的参与，融合审美元素的素养评价导向，从多维关照、愤启悱发、前瞻指引、协商互补和关注成效等方面评价学生发展中审美能力的存在和隐性素养的显性表现。因此，课程标准指导下的思想政治学科核心素养的评价改革，通过不断更新评价方式，拓宽评价维度，构建激励学生不断进步的发展性评价机制，以促进学生的持续全面发展。

2. 为教学提供有效反馈，提升思想政治课程教学质量

《基础教育课程改革纲要（试行）》指出："强调教师对自己教学行为的分析与反思，建立以教师自评为主，校长、教师、学生、家长共同参与的评价制度，使教师从多种渠道获得信息，不断提高教学水平。"

思想政治学科核心素养评价机制不仅包含对学生综合素养科学合理的评价机制，同时也包含着教师教学的反馈机制。高中思想政治教学要坚持以学科核心素养的形成、培育和发展为路线图，重点关注学生综合运用跨学科的思想方法和探究技能，创造性解决复杂的或是具有不确定性的现实问题的能力，而不仅仅只是去评价学生对碎片化的学科知识的掌握情况。

思想政治学科核心素养评价机制要求对教师的教学评价具有多元主体性，即除了教师自评外还需要同行、领导、专家和家长等主体参与评价；在评价方式上要求即时评价与阶段性评价、定性评价与定量评价、过程性评价与终结性评价相结合，以便及时准确地发现学生核心素养培育工作中的薄弱环节；同时要兼顾考核思想政治教师的职业操守和育人方法等道德品质，全面具体地评价思想政治教师的综合素质和能力，调动教师的教学积极性和创造性，促进教师专业发展和教学质量全面提高。

![icon] 问题解决

在核心素养的背景下，教师应坚持以培育学生核心素养为教学评价指导思想，结合学科核心素养的本质特点，评价学生对个人、他人或集体有价值的学业成就。为了使教学评价真正成为促进学生发展、提高教学质量的手段，我们需要从以下几个方面开展研究与实践。

一、以发展学生思想政治学科核心素养为评价目标

评价目标是学生通过学习所要达到的预期成果，体现着课程目标的价值追求。高中思想政治课程目标是通过本课程学习，学生能够具有思想政治学科核心素养。这就意味着在评价开始前就要明确要培养的学科核心素养，并合理确定每一个学科核心素养的构成维度（表4-1）。

表4-1　思想政治学科核心素养的子维度①

思想政治学科核心素养	子维度
政治认同	道路自信
	理论自信
	制度自信
	价值观自信
科学精神	理性地解释事物
	作出理性的价值判断
	作出理性的行为选择
法治意识	规则
	程序
	权利义务
公共参与	公德
	公益
	社会责任

基于思想政治学科核心素养的评价目标，引导教学更加关注育人目的，更加注重培养学生核心素养，更加强调提高学生综合运用知识解决实际问题的能力。

---

① 朱明光. 普通高中课程标准（2017年版2020年修订）教师指导：思想政治［M］. 上海：上海教育出版社，2020：260-261.

【案例】 必修 4《哲学与文化》"弘扬中华民族精神"教学片段

任务 1：观看视频《十战全胜！中国女排夺 2019 女排世界杯冠军》，其中最能打动你的是什么？

评价目标 1：树立民族自豪感和自信心。

任务 2：观看视频《习总书记定位伟大民族精神的新内涵》，谈谈弘扬伟大民族精神的意义。

视频资源 4-1

评价目标 2：坚定理论自信和道路自信。

任务 3：在 PPT 上用图片和文字展现中华民族从古到今的发明创造。特别指出，2020 年，我国研制出了新型冠状病毒核酸检测试剂盒、分离病毒毒株、研制疫苗等。感悟应如何弘扬中华民族精神。

评价目标：认同中华民族精神，增强民族自尊心和自信心。

二、以学业质量标准为依据，实现教、学、评一体化

学业质量标准是搭建教学与考评的桥梁，是教师进行考试评价的重要依据。学业质量标准明确界定了学生在完成思想政治课程学习或某一模块学习之后应该具备的思想政治学科核心素养以及在这些素养上应该达到的表现水平。新版课程标准将"学业质量水平"划分为四个层级，在"附录"部分对思想政治学科核心素养水平进行了划分。各素养水平采取"四级水平划分"的处理方式，从总体上呈现了学生在面对四种由低到高的情境问题时需要达到的素养水平。思想政治学科核心素养水平能够体现出学生素养的熟练程度，是教师推断与判断学生素养目标达成情况的评价依据，学业质量水平则为教师提供了差异化评价的具体实现路径，二者相结合能够使思想政治学科中的一些隐性知识、蕴含态度层面的内容"可评可测"。

依据不同水平学业成就的关键表现构成评价学业质量的标准。学业质量标准为帮助教师和学生把握教与学的深度和广度，为阶段性评价、学业水平考试和升学考试命题提供重要依据，促进教、学、考有机衔接，形成育人合力。

课程标准指出，学业水平考试坚持以学生的思想政治学科核心素养发展水平为考查对象，考查学生能否综合运用相关学科内容，参与社会实际生活，在真实情境中提出问题、分析问题和解决问题；重点关注能否坚持正确的思想政治方向，形成正确的世界观、人生观、价值观，是否展现出了适应当代社会发展和终身发展所需要的、必备的思想政治学科核心素养。

根据学业水平考试的要求，思想政治学业水平考试的命题必须以思想政治学科核心素养为中心，准确把握思想政治学科核心素养的命题框架：以学科任务导向为标志，由关键行为表现、学科任务、评价情境和学科内容等四个基本维度构成，目的在于有效测试思想政治学科核心素养的真实发展水平。因此，实现教、学、评一体化必须完成以下几点：

1. 恰当选择学科任务，任务指向要明确

命题应该基于思想政治学科性质和育人价值，界定基本的学科任务类别，如描述

与分类、解释与论证、预测与选择、辨析与评价等，并逐一分析影响其任务难度的基本因素，既要根据不同学科核心素养要素的测试目标，恰当选择学科任务类型，又要综合各种学科任务中的关键行为表现，判断某个学科核心素养要素的表现水平。明确学生完成的具体任务的含义和指向，不能引起歧义，以提高推断学科核心素养发展水平的准确性。

2. 创设评价情境，情境设置要结构化

命题应该对源于真实生活的情境进行有针对性的建构，保留关键性的事实与特征，剔除无关紧要的细枝末节，创设信息支持充分的评价情境，使每个学生在该情境中均愿意真实地表现自己的素养发展水平。

3. 确保试题的科学性、公平性和难度适宜

在各种考试评价的命题中，教师需要依据学业质量标准考虑不同的层级差异。基于对学生能力和素养的考查，分别制定不同水平的测试题目，以实现教、学、评一体化设计。例如，试题创设的情境应该是高中生能够理解的，要兼顾地区和城乡差异，要尽量避免使用学生不熟悉的术语，要充分考虑试题难度分布和区分度，等等。

4. 针对不同的教学活动，遵循相应的评价要求

本课程主要教学活动的评价建议包括：活动型课程、辨析式学习、综合性教学、社会实践活动的评价要求。

（1）活动型课程的评价要求

评价学科核心素养的行为表现，一般采用求同取向与求异取向相结合的思路，这是一种有统一标准、无标准答案的评价。评价时，应以基本观点为统一标准，在此前提下，采用多种活动方式，鼓励学生运用相关学科知识和技能，基于不同经验、运用不同视角、利用不同素材，表达不同见解，提出相关问题解决方案。既评价达成观点的过程，也评价实现教学设计的效果。例如，根据学生在活动中的表现制作评价表，既评价学习情况，又引导活动过程。可从活动目标、分工配合、信息收集、观点表达、主题认知等与活动过程相关的维度对学生的表现进行等级评价。小组合作探究活动评价表如表4-2所示。

表4-2　小组合作探究活动评价表

维度	等级
活动贴近生活，活动目标明确	
学生分工明确，相互配合	
积极参与资料的收集整理，信息收集精确、充分	
流利表达小组的观点，并能为主要观点提供例证	
对探究活动主题的认识深刻、观点独到	

（2）辨析式学习的评价要求

评价辨析式学习有如下要点：切实把握过程与结论的关系，既关注过程，又不忽略结论；有效掌控导向性与开放性的关系，价值取向需要合理的引导；恰当处理思想内涵与辨析形式的关系，遵循意义优先、兼顾形式的原则。例如，对学生在结论与论据之间的因果论证，结合思维的逻辑性、表达的准确性等方面做出判定。我们可以从勇于表达自己的观点，善于倾听、尊重他人的观点，准确地表达自己的观点，通过辩论进行反思等维度进行等级评价。课堂辩论活动评价表如表4-3所示。

表4-3　课堂辩论活动评价表

维度	等级
勇于表达自己的观点	
善于倾听、尊重他人的观点	
准确地表达自己的观点	
通过辩论进行反思	

（3）综合性教学的评价要求

实施综合性教学评价重点考查学生整合知识、理论联系实际、分析和解决问题的能力。综合性评价的过程也是反思和评估情境创设和案例选取是否得当、是否高效的过程，教师可据此进一步优化情境、案例，不断提高教学效率和效果。

【案例】"政治权利与义务：参与政治生活的基础"教学片段

教师借助中国抗疫的时代背景，创设了如下情境，使得学生对国家抗疫的力度、决心有强烈的政治认同。学生通过参与情境环节，了解和分清公民的政治权利与义务有哪些，是否符合法律法规，从而完成政治认同、公共参与和法治意识这几个学科核心素养的培育。

视频资源4-2

情境1：湖北省某镇发给村里500只N95防疫口罩，村主任胡某将其中100只据为己用，村民小双很愤怒，觉得当初选错了村干部，浪费了自己的权利和宝贵的选票。

小双的朋友周正说：我们可以检举他，监督权可是咱们的基本民主权利……政府赋予咱公民那么多的权利，咱们的政治权利也在不断扩大……

问题1：这里涉及了公民的基本政治权利——检举权和监督权，哪些人拥有这两项权利呢？

情境2：小双的姐姐是某直播平台的一名主播，她将村主任胡某截留口罩的失职渎职行为制作成视频放到网上，如实阐述这一事件，以期引起有关部门的重视。

问题2：小双的姐姐把视频放到网上，她有这项权利吗？

情境3：小双的朋友小李知道此事后，说道：告他们！用你手里的监督权到有关部门检举村委会主任！

问题3：小李可以用手里的监督权去检举村委会主任吗？

案例分析：上述情境包含着丰富的、可发掘的学科知识，教师可在设问上保持开放的视角。所有上述问题的论证，都有赖于相关学科知识的支撑，贯通多学科的视角，更有助于在提升学生公共参与素养的同时，培养科学精神、法治意识素养。

（4）社会实践活动的评价要求

社会实践活动的评价可以议题为纽带，以活动任务为依托，不仅要评价有关学科内容的学习效果，而且要评价学生在社会实践活动中表现出来的情感、态度、能力；以学生的自我记录、自我小结为主，兼顾同学、教师、家人、社区工作人员等的评价。评价的关注点是学科核心素养能否得到提升，具体要看学习目标是否明确，活动设计是否合理，活动组织是否恰当，活动资源是否充分利用，学生的主体性、创造性是否得到充分发挥，学生的交往能力是否得到增强，学生是否有获得感、成就感。

社会调查类评价活动，可从调查方案的设计、现场调查、问卷调查、访谈、查阅报刊书籍、上网检索、资料搜集、保存清单、调研报告、现场答辩等维度进行等级评价。

三、构建科学、多元化、激励性评价机制

1. 坚持过程性评价和终结性评价、定性评价和定量评价相结合

课程标准指出，评价要将过程性评价与终结性评价相结合，着重评估学生解决情境化问题的过程和结果，反映学生所表现出来的思想政治学科核心素养发展水平。

过程性评价是一种以促进学生发展为目的的发展性评价。高中阶段在肯定评价的鉴定与选拔功能的同时，要在评价中注重促进学生发展的目标。过程性评价是对人本身发展的关注，其目的是通过诊断学生的学业情况，发现他们的兴趣和潜能，反馈学生发展的需求和建议，发挥评价的教育功能。过程性评价作为一种对日常学习过程的评价，主要通过完整记录和全面收集在学习计划、活动记载、操作过程、课堂听讲、家庭作业、学习总结等过程中的证据，及时对学生的学习质量水平做出评价，兼顾了量化评价和质性评价，在本质上是一种价值判断，包含着好与不好、是与不是的判断和指导。过程性评价的目的在于通过分析、诊断来改善课程设计，完善教学过程，从而促进学生持续全面发展。它侧重学生自身的纵向比较。

终结性评价是在教育活动结束后，通常采用测验的方式对学生的学习效果进行的量化评价。终结性评价的目的在于证明学生实现课程目标的程度，从而区分学生的优劣。它侧重学生之间的横向比较。

评价应是过程性评价与终结性评价、定量评价与定性评价的有机统一，只有这样才能科学地开展评价，促进学生全面发展，激发学生的创造性。过程促成结果的实现，结果作为终极目标要求和指导着过程，二者相互联系、相辅相成、不断转化。这两种评价都是十分必要的，需要同时兼顾，但应该加强过程性评价。

在定量评价和定性评价上，客观上需要两者结合，取长补短，但应更加重视定性评价。教师应对学生的日常行为表现给予鼓励、表扬等积极评价，采用激励性的评语，

在充分肯定学生进步和发展的同时，还应指出学生在哪些方面具有潜能和不足。如表 4-4 所示。

表 4-4　高中思想政治课程评价方案及说明①

总体评价方案		
评价方式	过程性评价、终结性评价；模块评价、学业评价	
赋分权重	模块评价：过程性评价占 50%，终结性评价占 50%	
	学业评价与模块评价各占 50%	
过程性评价说明		
评价指标	赋分	评价内容
自主学习	10 分	1. 自主梳理核心概念，归纳理论观点 2. 科学系统地构建知识体系，有良好的学习方法和学科核心素养 3. 认真进行自我检测，进行反思整理
提出问题	10 分	1. 教材、书籍阅读中提出的真问题 2. 自主学习中提出的有价值问题 3. 自我检测中发现的疑惑问题 4. 课堂中能提出有价值的问题并引发其他同学思考和讨论，给同学以启示
合作交流	10 分	1. 课堂发言积极，能明确阐述表达自己的观点和思想，获得师生好评 2. 在演讲、评论、辩论等活动中组织能力强，表现突出 3. 在小组合作与讨论中能起到很好的组织与引导作用
学习反馈	20 分	1. 学习反馈认真仔细 2. 有订正，有反思

2. 构建多元化的评价体系

（1）评价主体的多元化

学生的智能是多元化的，其呈现也是多元化的，学生在学校生活中的表现只是其中的一个方面，他们还有社会生活、家庭生活等诸多方面的智能表现。教师只能看到学生在学校的表现，而疏于关注他们在其他场合的表现，学生因总想在教师面前留下好印象而不展现真实的自己，因此学生的表现在某种程度上缺乏真实性。为此，评价的主体应该多元化，包括学生、教师、学校、家长和社会等多元主体。例如，家长可以对子女在家庭活动中的表现进行评价，社会人员可以对学生参加社会实践和社会活

---

① 梁侠，李晓东. 新版课程标准解析与教学指导：高中思想政治［M］. 北京：北京师范大学出版社，2019：307.

动的表现进行评价，同时学生也可以进行自我评价和相互评价，只有这样，教师才能全面、客观地评价学生，才有利于学生全面发展和健康成长。

第一，要确立学生作为评价主体的地位。学生通过参与评价标准和评价方案的制定，可以强化责任担当；学生通过自评与互评，可以提升竞争与合作意识。例如，表4-5是学生参与设计并用于自评的课堂学习表现自我评价表。第二，要注重提高教师自身的评价能力和素养。在我国的教育评价中，教师一直是主要的评价主体，作为评价改革的实践者、参与者和创新者，在对学生学习评价的同时，也要对自己的教学进行反思和自评。第三，发挥家长评价在学生成长中的促进作用。通过家长对学生在思想、认识和行为的关注与评价，发挥家长评价对学生的积极引导和教育功能。第四，发挥社会评价的作用。社会评价是相关社会人员（如居委会工作人员等）对学生在参与社会活动过程中所表现出的社会责任感、人际交往能力等的评价，可以促进学生的全面发展。

表4-5　课堂学习表现自我评价表

维度	学习表现	等级
学习状态	1. 精力集中，情绪饱满 2. 学习兴趣高，主动性强 3. 积极参与学习，体验学习过程	
学习活动	1. 思维积极，讨论热烈，发言踊跃 2. 学习自主程度、合作效率高，探究有深度	
学习效果	核心素养得到提升，达成学习目标	

（2）评价方式的多元化

多元智能理论告诉我们，一个人的智能体现在多个方面，而每个人的优势智能又不尽相同，所以必须采用更多的方式来客观、全面地评价学生。基于核心素养的评价鼓励探索和实施多样化的评价方法，评价方式越丰富，使用越恰当，评价就越真实、越有效。运用表现性评价、成长记录档案袋评价、项目评价、考试成绩评价等多种方式，可以及时观察学生的行为表现并分析其潜在的思想动态。教师既要关注学生的考试分数，更要关注学生学习的动机、行为习惯、意志品质、行为表现等，并根据实际情况加以正确引导，突出评价的过程性，建立激励学生持续发展的评价机制。

表现性评价比传统测试更能真实地评价学生应用知识、进行决策、交流与合作等解决问题的能力。其突出特点之一，就是学生要创造性地解决真实情境中的问题，而不是死记硬背答案。例如，为了更好地评价和了解学生的思想脉络，教师可以在每堂课开始之前，开展时政评论，就近期发生的国际、国内重大时政热点问题、敏感问题或社会新闻请学生发表看法，这不仅有助于培养学生理论联系实际、分析和解决问题的能力，还能从中综合评价学生的理论思维能力、政治认同度、价值判断力、法治素养和社会参与能力。学生参与议题式学习过程评价量表如表4-6所示。

表 4-6　学生参与议题式学习过程评价量表

维度	行为表现	等级
思维状态	1. 是否经历了自主辨识、分析的过程 2. 是否能有理有据地表达和解释解决问题的方案并迁移到新情境中，解释现实生活中存在的社会现象	
学习态度	是否积极参与教师和同学的对话，自主发现、提出并解决问题	
合作能力	是否能专注倾听同学发言和教师的反馈观点并且完成自己承担的任务	

　　成长记录档案袋评价是一种个性化评价，有利于激发学生的创造性，培养创新型人才。成长记录档案袋评价的内容灵活多样，包括学生的小论文、社会实践调研报告、作业、照片、作品、证书、考试成绩、他人的评价等各种文本、图片、音频、视频等。

视频资源 4-3

　　项目评价是促进项目式学习的重要手段。教师按照不同的项目将学生分成若干小组，由学生自主设计活动方案，围绕真实的社会问题进行活动。项目化是议题式教学的一种能力输出和素养提升的高阶路径，能够在"议中学"的基础上形成"产品"。例如，在必修 1《中国特色社会主义》第三课第二框"中国特色社会主义的创立、发展和完善"的教学中，江苏省震泽中学的孙杰老师围绕总议题"中国特色社会主义为什么能发展中国？"设计了"续写《春天的故事》"这个教学环节，以《春天的故事》歌词为议题情境，让学生小组商议、合作撰写、交流展示，完成学科任务"如何续写《春天的故事》"，引导学生立足中国特色社会主义的伟大实践，认同中国特色社会主义，坚定"四个自信"，坚定理想信念，培育学科核心素养，落实立德树人根本任务。续写歌词项目既顺应了学生群体喜欢听歌、唱歌的兴趣爱好，也贴近了学生群体进行项目化学习的"最近发展区"。小组合作续写《春天的故事》歌词项目学习，既可评价学生的合作能力，也可评价学生的表达、沟通、写作等综合素养。[①]

　　考试成绩评价仍然是一种有效的评价方式。在考试的方法上可以做到形式多样，给学生独立思考和实践操作的时间和空间，激励学生用自己擅长的表现方式把自己的学习体验与认识呈现出来。例如，可以让学生命制试题、开卷考试、辩论、课题研究、情境测验、实践操作等。测试结果不一定是单一的分数，可采取等级评价。教师要运用灵活多样的、以激励为主的方式对考试测评结果进行评价反馈，使评价真正成为促进学生发展的有效手段。

　　总之，只有综合运用多种评价方式，才能保证评价的真实、准确和全面。

3. 基于教学目标的要求，设计学生学习评价标准

　　基于学科核心素养的评价目的是引导学生把握正确的思想政治方向，融通社会科学综合性知识，改进社会实践行为，获得相关的基础知识与能力、情感态度与价值观。

---

① 沈雪春，顾爱勤. 议题式课堂教学设计：中国特色社会主义、经济与社会［M］. 西安：陕西师范大学出版总社，2020：79-81.

如前所述，在教学实践中，教师应结合教学实际，采用多元化的指向学科核心素养的过程性评价方式，对课堂观察、教师提问、角色模拟、讨论交流展示、练习测试、社会实践等日常教学活动进行全方位评价，多角度地了解和评价学生。而教学活动就是完成一个个学科任务的过程，是达成教学目标的过程。教学评价是通过完成教学活动来实现的。因此，教学评价要对应教学目标的要求，深入探讨学科核心素养与本课学习内容、情境、任务活动之间的关系，对学生解决情境化问题的过程和结果做出评价，着力引导学生在加强学理探索中更科学、自觉地坚持正确的政治立场和政治方向，成为有责任、能担当的社会主义建设者和接班人。

【案例】基于教学目标的学生学习评价

课题：必修2《经济与社会》第一课"我国的生产资料所有制"第一框"公有制为主体　多种所有制经济共同发展"

教学目标：能够结合前面的学习，通过实例分析、感悟分享，归纳出各种所有制共同发展的重要意义，增强对中国特色社会主义制度的特点和优点的理解与认同，树立理论自信和制度自信。①

基于教学目标的学习评价量表如表4-7所示。

表4-7　基于教学目标的学习评价量表

基于教学目标的评价标准	等级
对各种所有制的归纳梳理是否全面、准确	
所举证的案例与要论证的观点是否吻合	
是否能体现出对我国基本经济制度的认同及自信	

综上所述，在新版课程标准指导下，思想政治教师需要将眼光看得更加长远，既要理解理论联系实际的要求，也要在实际的课堂教学中落实立德树人根本任务，积极探索与完善基于学科核心素养发展的教学评价机制，确立更为科学、合理的评价体系，促进学生持续和全面发展，同时要评价反思自己的教学过程，不断提升自己的教学水平，以便达到良好的教学效果。

---

①　沈炯靓. 基于核心素养的高中思想政治教学［M］. 重庆：西南师范大学出版社，2021：131.

新版课程标准在课程性质中明确指出：高中思想政治课程是落实立德树人根本任务的关键课程，以培育社会主义核心价值观为目的，是帮助学生确立正确的政治方向、提高思想政治学科核心素养、增强社会理解和参与能力的综合性、活动型学科课程。在思想政治教学过程中，基于课程标准和教材凝练学科大概念，以学科大概念为核心，建构基于学科大概念的知识内容，创设基于学科大概念的教学情境，设计基于学科大概念的教学活动，是当前议题式整体教学的有效途径，也是思想政治教学中的关键问题。

📖 问题分析

一、问题的提出

新版课程标准更新了教学内容，特别强调：进一步精选了学科内容，重视以学科大概念为核心，使课程内容结构化，以主题为引领，使课程内容情境化，促进学科核心素养的落实。在教学实施评价建议部分，提出要对应结构化的学科内容，力求提供序列化的活动设计，并贯穿于教学全过程。学科大概念教学是落实学科核心素养的重要抓手，如何理解以学科大概念为核心的整体教学就成为教师们亟须解决的教学关键问题。在目前的教学实践中，教师对学科大概念教学还存在一些误区。

第一，不少教师认为只要完成了基础概念的理解与掌握，大概念自然而然就会形成。这种说法显然否定了大概念教学的价值。基础概念如果不能经由学生的深层次加工与思考，那么仍将是碎片化的知识点。学生只有掌握基础概念之间的内在联系，并使其形成系统的整体，才有形成大概念的可能。

第二，许多教师认为学生必须在熟悉的情境下学习才能更快地掌握基础概念的内涵，并通过强调基础概念的重要性来进行有意义的知识迁移。然而，如果教师在大概念的形成中未能培养学生养成良好的思维习惯，那么在练习中学生自然会屡屡碰壁，学生的学习积极性也会受到打击。反之，如果学生在构建大概念时就尝试在各种情境下对知识进行不断迁移，那么其思维能力自然可以得以提升，学生在练习中碰壁的次数也会减少。

第三，有的教师将基础知识的准确掌握等同于追求基本原理的掌握。大概念教学是通过学习者与一定的情境、活动的对话展开的。对话是开放的、多元的，目的不仅在于对相关知识的理解，还在于思考知识背后所隐含的内容。一旦教师将基础知识真理化了，也就束缚住了学生创造知识的无限可能。

第四，在教学中，教师为了达到预期的教学效果，往往会预设大量基础性事实。因为这些事实可以让学生迅速说出一些显而易见的答案，从而满足课堂进程的需要。由于获得答案的过程并没有留给学生太多思维空间与乐趣，因此往往会导致学习的挑战感、发现的愉悦感荡然无存。虽然教师提高了课堂效率，但学生却在不自觉间成了按照指令行事的"提线木偶"，学生独立解决问题的能力以及科学猜想的能力自然无法形成。

事实上，只要有适宜的情境、议题、活动，学生在与教师的对话中就可以自己得出相关的大概念。这样大概念教学就不再是对教材中事实知识的模仿性重述，而是让学生基于论据自己论证得出"合理化"推论。由于学生的认知基础、论证角度、情感倾向等具有变化性，因此构建的大概念必然存在一定的不可预期性。大概念教学是体验性教学，丰富的体验必然伴随着丰富的变化。大概念就是要在各种变化中才会得以澄清，否则必然是抽象而无用的概念。

二、问题的价值

大概念也称大观念、核心观念、核心概念等，依据所适用的范围不同，大概念有学科大概念和跨学科大概念之分。所谓学科大概念，是指能反映学科的本质，居于学科的中心地位，具有较为广泛的适用性和解释力的原理、思想和方法。大概念一般具有逻辑结构性和情境迁移性两个特征。逻辑结构性是指大概念并不是散乱知识点的堆砌，而是一系列序列化内容的整合。例如，必修1《中国特色社会主义》就是采用历史性叙述来建构知识之间的逻辑联系的。情境迁移性是指大概念可以应用到其他情境中，即学生能理解过去发生的具体事实或原理，并用于熟悉新的事物。一般原理可理解为就事论事，而大概念则可以从"张三通过选举成为人大代表"这个概念迁移到"我国公民都有选举权和被选举权"。大概念教学是指整合相关知识，挖掘隐藏于知识之间的纵横联系的一种教学模式。作为教学范式的大概念教学，主要是基于各个教学子系统的关联整体推进教学的角度来把握的。

1. 大概念引领下的整体教学能够促进学生对学科必备知识的理解深度化

传统的知识点教学要求学生对每一个知识点进行全面理解。但是知识点的内容都是非常细致的，教师在教学过程中很有可能会陷入对细枝末节的纠结，不仅难以发挥良好的教育效果，还会增大学生的学习压力。大概念引领下的整体教学站在宏观角度，整合相关知识点，建构起学科必备知识之间的内在联系，形成完整的知识体系，有助于学生了解学科和深化对学科必备知识的理解。

2. 大概念教学能够促进学生学科关键能力的提升

知识点教学主要是将知识点的要素作为主要承载单位，并且将知识点划分得非常细致，最终导致某些社会问题被分解成碎片化的知识点，使得学生的思维模式一般都只停留在表层，学生更加倾向于去解决与知识相关的选择题，对于复杂情境问题的解决会感到非常困难，并且也没有办法解决自己真实遇到的一些问题。大概念引领下的整体教学能够整合相关知识点，让学生进行深度思维活动，对社会问题进行深度理解，并根据自身对于问题的理解将某一些知识内容抽象化，真正地内化于心，以便在面对实际问题时能够找到合适的解答。这有助于培养学生的高阶思维与核心素养，提升学生的学科关键能力。

3. 大概念引领下的整体教学能够促进学生正确价值观和必备品格的形成

要想实现学生对价值观的认同，首先就要使学生认同学科观点。高中生已经具备了一定的认知能力，对社会上的一些现象和存在的问题都有了自己的见解，但是他们仍然存在一些疑惑。在知识点教学中，教师告诉学生的是某一些知识内容，并没有及时解答学生头脑中的疑惑。如果学生的疑惑不能被解答，那么学生就很难真正认同自己所学习的知识内容，也没有办法满足自身的根本需要。大概念引领下的整体教学能够帮助学生理解学科的核心观点，深度挖掘知识内容背后的含义，并从这些含义中去接受观点和思想，从而促进学生正确价值观和必备品格的形成。

🖨 问题解决

新版课程标准指出：学科核心素养强调对学科内容的整体理解和把握。这说明学科核心素养的形成离不开学科知识，并且这种学科知识不是零散的、碎片化的，而是系统的、结构化的。因为大量零散的事实性知识对学生学习而言是不充分的，对学科内容的深入理解将会把事实性信息转变为有用的知识……考虑到更大范围的知识迁移，我们需要的素养是把信息整合到一个概念框架中。这里的"概念框架"就是大概念。因此，指向学科核心素养的教学，要求我们必须明确地基于课程标准和教材凝练学科大概念，围绕大概念来选择、组织学科知识，引导学生探求"显性"知识符号背后蕴含的学科思想、学科观念、学科方法和价值意义，构建起便于迁移、调用的结构化的学科内容，从而为学科核心素养的培育夯实基础。

一、基于课程标准和教材凝练学科大概念

大概念在学科当中处于非常关键的地位，对于学科教学来说起着提纲挈领的作用。学科大概念的教学思路在培养学生学科核心素养方面具有非常重要的作用，是当下教学改革的重要方向。教师应将知识点教学转化为大概念教学，让教学过程不再仅仅依托于一般的知识点内容，而是要让学生去掌握学科中所表达的核心观点。所以大概念引领下的教学过程的一个非常重要的环节就是对学科大概念进行凝练。基于课程标准和教材凝练学科大概念，一是要认真研读课程标准，明确学科总体目标与内容，以及课程标准中对不同内容的具体要求，从而明确大概念引领下的教学的核心任务。二是要认真研读教材。凝练学科大概念时需结合教材文本，研读教材中的导语、探究与分享、正文、辅助文等，勾画高频词句和核心概念词，并进行归类整理，从中找出与课程标准的课程目标相契合的大概念。

以凝练必修 3《政治与法治》第三单元"全面依法治国"的大概念为例。首先，研读课程标准。课程标准对这一主题的具体要求是：简述我国法治建设的成就；明确

全面推进依法治国的总目标是建设中国特色社会主义法治体系，建设社会主义法治国家；搜集材料，阐述科学立法、严格执法、公正司法、全民守法的基本要求；列举事例，阐明建设法治国家、法治政府、法治社会的意义。其次，研读教材。教材在回顾我国法治建设成就、理解马克思主义法治理论的基本观点的基础上，引导学生理解全面推进依法治国的总目标和原则，明确在总目标统领下的重点任务，坚持法治国家、法治政府、法治社会一体化建设，实现科学立法、严格执法、公正司法、全民守法。结合以上分析，凝练出本单元具有统摄性的基本问题为：如何坚持全面依法治国？这一问题清晰地指向学科大概念，由此确定本单元大概念为全面依法治国。

需要注意的是，学科大概念不是由各种知识点构成的，而是以核心观点为主线。在对大概念进行凝练的过程中，要结合一定的顺序进行分解，具体采用什么样的分解方式需要根据实际情况决定。通过凝练学科大概念，学生所获得的知识内容都是整体存在的，知识内容在大概念的前提下有了更加深刻的意义。学生在课堂中通过学习大概念，掌握的不是某一知识点如何记忆，而是对知识点背后的内涵进行理解。知识点的内容为学生学习大概念提供了坚实的基础，而每一个大概念都有着自己相对应的知识点。但是大概念之下的学习和单纯的知识点学习存在明显差别，知识点在大概念教学中发挥的是服务作用，不仅能让学生记住某些知识，还能让学生对知识点有更加深刻的理解，对事情发生的本质有更加深刻的认识。

二、基于学科大概念建构结构化的教学内容

围绕学科大概念建构结构化的教学内容，是提升学生"整合知识、理论联系实际、分析和解决问题的能力"的内在要求。因此，怎样围绕大概念对教学内容进行结构化建构，便成为大概念教学面临的基础问题。

朱明光老师认为，大概念或大观念既是统整学科内容的核心，又是细化学科内容的依归，更是整合和建构教学内容的方法论基础。可见，在大概念教学中，围绕学科大概念去选择和建构教学内容，既有利于促进学生理解和掌握"上位"的普遍性大概念和"下位"的具体概念，又有利于调动学生在大概念的解释、统整和拓展中运用学科内容应对真实世界的各种生活情境和未知问题，并从中形成富有结构化、逻辑性、系统性的知识。换言之，学科大概念有助于课堂教学在"内容活动化"中实现"活动内容化"。因此，大概念整体教学应站在学科课程及模块特征的高度，在坚持正确政治方向的前提下，通过明确学习容量、设计课堂结构等环节，进一步推动教学目标确定、情境任务创设、议题活动开展等以结构化的形式向学生呈现。

表5-1以统编版思想政治必修教材为例，对基于学科大概念建构的教学内容做一个简单的梳理。

表5-1　必修教材教学内容梳理

必修教材	学科大概念	教学内容
必修1	生产力与生产关系的矛盾运动	不同社会形态的本质特征
		衡量社会进步的主要标志
		社会发展的基本规律

必修教材	学科大概念	教学内容
必修 1	中国特色社会主义的科学真理性和历史必然性	只有社会主义才能救中国
		只有中国特色社会主义才能发展中国
		只有坚持和发展中国特色社会主义才能实现中华民族伟大复兴
必修 2	生产资料所有制与经济体制	公有制经济、非公有制经济
		市场调节、市场体系、市场缺陷、政府经济职能
	经济发展与社会进步	新发展理念、现代化经济体系
		分配制度、社会保障
必修 3	中国共产党的领导	执政地位的确立
		党的先进性
		领导方式、执政方式、党的建设
	人民当家作主	国家性质
		根本政治制度
		基本政治制度
	全面依法治国	治国理政的基本方式
		法治中国建设
		依法治国的基本要求
必修 4	马克思主义物质观	世界是物质的
		物质是运动的
		运动是有规律的
	唯物辩证法	联系观
		发展观
		矛盾观
	认识论	实践与认识的辩证关系
		真理观
	历史唯物主义	社会存在与社会意识
		群众观
		价值观
	中华优秀传统文化	文化的内涵与功能
		中华优秀传统文化的内容与特点、当代价值
		民族精神

必修教材	学科大概念	教学内容
必修4	外来文化	文化的民族性与多样性
		文化交流与文化交融
		正确对待外来文化
	中国特色社会主义文化	革命文化与先进文化
		文化发展的路径
		文化强国与文化自信

需要说明的是，学科大概念的确立不是唯一的，站在不同的维度会有不同的学科大概念。例如，结合中美贸易战这个社会热点，设计经济全球化的相关专题，更好地帮助学生理解全球化时代"你中有我、我中有你"的密切关系，建构与设计"合作共赢才是出路""构建人类命运共同体"等大概念，甚至可以打破学科模块限制建构相应的学科大概念。

三、基于学科大概念创设学科情境

新版课程标准指出：思想政治学科核心素养就是看学生能否运用学科内容应对各种复杂社会生活情境的问题和挑战。学科内容也只有与具体的问题情境相融合，才能体现出它的素养意义，反映学生真实的价值观、品格和能力。因此，指向学科核心素养的教学，还要重视创设学科情境，为学生综合而系统地运用学科知识和技能提供平台。

新版课程标准倡导采用情境创设的综合教学形式，力求凭借相关情境的创设，提供综合的观点，提升学生的综合能力。这就要求创设的学科情境必须经过优化，要有助于呈现并运用相关学科的核心概念和方法，并且其内在意涵具有丰富的、现实的、可扩展的解释空间。这里的"核心概念和方法""可扩展的解释空间"都与大概念息息相关。只有基于大概念创设的学科情境，才能触发大概念的联结机制和提供综合的观点，最终使问题获得合理解决，实现提升学生综合能力的目标。

大概念不是孤立存在的，而是基于事实抽象出来的，一个大概念往往有几个基本问题在起支撑作用。因此，在教学实践中，基于大概念创设学科情境，应该以大概念为主线，遵循"一例到底"的理念创设情境内容，并使其内在蕴含基本问题。

【案例】必修1《中国特色社会主义》综合探究一

本部分教学内容蕴含的学科大概念是"人类社会发展历史进程的统一性和多样性"，支撑它的基本问题有"如何理解人类社会发展的一般进程""如何看待世界各地历史发展的不同轨迹""中国历史发展进程和道路是统一性与多样性的统一"，基于上述问题创设的结构化情境如下：

情境 1：历史循环论

"历史循环"是一种古老的观念。中国战国末期的邹衍曾提出"五德终始"说，用当时流行的"五行"解释历史的变迁和王朝的更换。他认为历史是所谓"五德"的相继更替、周而复始的循环。

18 世纪意大利思想家维科认为历史的变化经过三个阶段：神的时代、英雄时代和凡人时代。神的时代是原始时代，是人类的童年时期；英雄时代是贵族统治时代，是人类的青年时期；凡人时代是资本主义时代，是人类的成年时期。凡人时代是历史发展的顶峰，历史变化经历了这个阶段以后，就会重新恢复到原始时代，如此周而复始，循环不已。

后来的一些资产阶级学者也宣扬"资本主义社会是人类历史上最好的社会，历史的继续只能是从这个顶点倒退到原始时代"的观点。

情境 2：不同国家的发展轨迹

印度是一个发展中的资本主义联邦制共和国，总统是国家元首，但其职责是象征性的，实权由总理掌握。印度的行政权力由以总理为首的部长会议（即印度的内阁）行使。议会多数党向总统提名总理人选，由总统任命总理，然后再由总理向总统提名副总理及其他内阁成员。

葡萄牙是一个发达的资本主义国家，是一个议院制共和国。全国分 18 个区和 2 个自治区。葡萄牙实行半总统制，权力机关包括总统、议会、内阁政府，总统依照议会决定任免政府首脑。

尼泊尔蓝毗尼是佛教创始人释迦牟尼的诞生地。古尼泊尔境内有很多国家，1768年，沙阿王朝崛起并统一全国。2008 年，尼泊尔废除君主制，改国号为尼泊尔联邦民主共和国。

情境 3：中国特色社会主义

1982 年 9 月，伟大领袖邓小平同志在中国共产党第十二次全国代表大会的开幕词中提出了"建设有中国特色的社会主义"的重大命题。理论提出至今，我国社会有了长足的发展，各项建设也取得了巨大成就。实践证明，中国特色社会主义道路是一条适合我国国情的正确道路，我们还将继续坚持和发展中国特色社会主义。

2019 年 10 月，党的十九届四中全会指出，我们既不走封闭僵化的老路，也不走改旗易帜的邪路，而是要坚定不移走中国特色社会主义道路。这条道路已成为国家发展之路、民族振兴之路、人民幸福之路。

案例分析：对于上述学科情境和学科任务，教师可以引导学生围绕"如何理解人类社会发展的一般进程""如何看待世界各地历史发展的不同轨迹""中国历史发展进程和道路是统一性与多样性的统一"这三个基本问题进行思考，并使学生从中认识到：历史循环论看到了人类社会是不断发展变化的，但是没有看到人类社会变化的总趋势是前进的、上升的；不同国家发展轨迹的不同说明人类社会发展的一般进程是由各国、各地区、各民族历史的多样性决定的；中国历史发展进程和道路是人类历史发展统一性与多样性的统一。可见，围绕大概念"人类社会发展历史进程的统一性和多样性"创设的这一学科情境，能为学生综合而系统地运用学科知识和技能提供载体，促进政治认同素养的培育。

四、基于学科大概念设计学科活动

新版课程标准把高中思想政治课程定性为综合性、活动型学科课程，强调活动型学科课程的实施要使活动设计成为教学设计和承载学科内容的重要形式，并且活动设计应有明确的目标和清晰的线索。这里所说的"明确的目标"和"清晰的线索"，显然是指向学科核心素养和大概念的，而不是指向零散的、碎片化的知识。学科核心素养的培育不是一蹴而就的，往往需要经过一段时间的学习和参与一系列的学科活动才能形成。因此，指向学科核心素养的教学，要基于大概念设计学科活动并进行序列化处理。活动型学科课程是思想政治课"专享"的"标识性概念"，设计学科活动时既可遵循"认识—实践—践行"的思路进行序列化安排，也可遵循"实践—认识—践行"的思路进行序列化安排。

【案例】必修 2《经济与社会》综合探究一：加快完善社会主义市场经济体制

情境 1：网约车实行市场调节价

视频资源 5-1

2019 年，交通运输部、国家发展改革委公布《关于深化道路运输价格改革的意见》。根据该意见，自 2020 年起，对网络预约出租汽车（简称网约车）实行市场调节价，但网约车平台公司应主动公开定价机制和动态加价机制。意见明确了网约车的价格机制，并要求各地健全网约车运价形成机制。对于巡游出租汽车价格实行政府定价或者政府指导价管理的，各地要按照相关文件要求，加快健全运价形成机制，建立完善运价动态调整机制，并定期评估完善。

议题 1：有人认为网约车价格由市场定会损害消费者利益，对此，你怎么看？请说明理由。

情境 2：2020 年 4 月，随着国内疫情防控形势持续好转，以及中央及地方政府一系列利好政策的推出，汽车行业产销继续保持回暖趋势。其中，整车企业生产经营已基本恢复，产量已达到去年同期水平。汽车总体市场逐步恢复，一方面得益于防疫形势向好和相关促消费政策推动；另一方面则是受企业补库存的拉动。

从行业发展态势看，当前，虽然国内疫情防控形势向好，但境外疫情扩散蔓延势头并没有得到有效遏制，疫情还有很大不确定性。一方面，国内宏观经济恢复增长还需要一个过程，出口依赖型企业更是艰难，导致大宗消费需求动能不足；另一方面，海外工厂停产将导致国内汽车行业部分零部件供应风险加大。因此，行业上下应重点关注海外疫情防控的形势变化，提前做好相应准备，以降低国际疫情对国内汽车行业带来的负面影响。

议题 2：疫情背景下的车企应如何突破重围？

情境 3：购车补贴政策

汽车是国民经济的战略性、支柱性产业，汽车消费在社会消费品零售总额中占比高，增长空间大，带动效益强，是消费结构升级的主要内容。受多重因素影响，2018年以来，汽车销量下降，新冠肺炎疫情暴发对汽车消费产生了更大的消极影响。

党中央、国务院多次强调，要积极稳定汽车等传统大宗消费。2018年以来，党中央、国务院出台了一系列稳定汽车消费的政策措施，促进消费结构优化升级。一些地方和政府认真贯彻落实，陆续出台了购车补贴等促销措施。

议题3：购车补贴政策看起来对消费者和车企都是一项利好政策。这项政策是否可以在整个汽车行业一直持续下去？为什么？

案例分析：针对上述基于社会主义市场经济体制而创设的结构化学科情境，我们可以引导学生围绕"市场机制有效""微观主体有活力""宏观调控有度"这三个基本问题对情境内容进行解构："网约车实行市场调节价"这一情境内容主要对应"市场机制有效"这一基本问题。"疫情背景下的车企应如何突破重围？"这一情境内容主要对应"微观主体有活力"这一基本问题。"购车补贴政策"这一情境内容主要对应"宏观调控有度"这一基本问题。

通过解构情境，并结合议题进行探究，学生能建构起加快完善社会主义市场经济体制的知识体系。一方面，需要坚持和完善我国社会主义初级阶段的基本经济制度，发挥社会主义制度的优越性；另一方面，需要着力构建市场机制有效、微观主体有活力、宏观调控有度的经济体制。这种序列化的学科思维探究活动能真正让学生的思维在参与活动时得到锻炼，进而促进学生学科核心素养的发展。

大概念教学为教师提供了一个有效的方式来组织教学单元的内容。教师围绕大概念组织教学时，可以更容易地从必要的内容中分离出不必要的细节，设计合适有趣的活动，并将其组成一个整体。因此，指向学科核心素养的教学，要求我们利用大概念帮助学生实现对事实性知识和表层符号形式的超越，引导学生探求显性知识和符号背后蕴含的学科思想、学科观念、学科方法和价值意义，以便更好地促进学科核心素养的落实。

单元 2　理解学科核心素养

高中课程改革进入新时代，聚焦学科核心素养是课程实施最显著的特点和变化。政治认同作为高中思想政治学科核心素养之首，关乎学生的成长方向和理想信念的确立，也是科学精神、法治意识和公共参与有中国特色的共同标识。如何准确理解政治认同的基本内涵和作用，如何有效把握政治认同培育的教学实施策略，成为广大一线教师迫切需要解决的关键问题。

问题分析

一、问题的提出

新版课程标准从四个方面对政治认同进行了表述：对领导力量的认同——拥护中国共产党的领导；对根本道路和制度的认同——坚持和发展中国特色社会主义；对国家、民族、文化的认同——认同中华人民共和国、中华民族、中华文化；对价值观的认同——弘扬和践行社会主义核心价值观。

高中思想政治是落实立德树人根本任务的关键课程，广大教师在教学中普遍把意识形态教育置于首要地位，致力于帮助学生确立正确的政治方向，但是在政治认同的理解和把握上还存在以下不足：

1. 将政治认同理解为脱离学科内容的情感、态度与价值观

《普通高中思想政治课程标准（实验）》已施行近二十年，包括政治认同在内的学科核心素养是在新版课程标准中提出的，部分教师尚未转变教学观念，仍习惯运用三维目标来组织教学，因此只简单地将政治认同解读为学科内容之外的一种情感、态度与价值观。学科素养固然不等同于学科内容，但是将两者完全脱离未免有失偏颇。脱离学科内容的政治认同素养，将缺少根据，容易假大空。

2. 对政治认同素养指向的教学内容缺少系统把握

教材虽然包含着丰富的政治认同教育资源，但其分布零散，呈现方式不系统，使得教师容易忽视对这些资源的有效利用。[①] 更有甚者，误以为政治认同素养只指向特定的课程模块，缺乏从教材中系统把握政治认同教育资源的能力。

3. 对政治认同的教学实施策略缺少有效把握

部分教师尚未转变教学方式，对学生进行硬性灌输，导致学生难以在情感上真正

---

① 李岚，刘彦喆. 思想政治课政治认同教育相关性研究 [J]. 思想政治课教学，2018（1）：90-94.

认同，或者高唱赞歌，导致学生难以做到真懂真学真信真用。

二、问题的价值

青少年的政治认同是他们创造幸福生活的精神支柱、价值追求和道德准则；只有发展政治认同素养，才能牢固树立中国特色社会主义理想信念，厚植爱国主义情怀，成为社会主义合格建设者和可靠接班人。新版课程标准从学生个人成长和国家、社会发展需要两方面表述了政治认同素养的价值。

1. 符合高中生的心理特征和成长需要

高中阶段是人的理想信念、价值观、道德情操、情感认同培育的关键阶段。在这一阶段，学生的心智尚未成熟定型，意味着其思想可塑性强，同时也意味着其可能在复杂多变的世界发生思想偏离。因此，加强培育高中生的政治认同素养，积极引导他们成长为有信仰的中国公民，使其在任何情况下都能坚持正确的政治方向，做出恰切的政治判断和选择，有利于为学生的可持续发展奠基。

2. 符合国家和社会发展需要

全面建设社会主义现代化强国，人才是关键。而高中生是我国的"预备役"人才，是实现中华民族伟大复兴中国梦的主力军，影响着中国未来走向。在这个多元的信息化社会，多种文化思潮相互激荡，各种意识形态相互交锋，如何旗帜鲜明地培育高中生的政治认同素养，积极引导他们深刻认同我国的政治领导力量，正确理解我国的政治道路、政治制度和意识形态等，增强其中国特色社会主义道路自信、理论自信、制度自信、文化自信，不仅是当前高中思想政治课程改革的时代使命，更是我国新时代人才培养的基本诉求。

📂 问题解决

一、以学科教学内容为载体，增强政治认同培育的学理性

学科知识的积累，是造就学科素养的条件；学科素养的形成，是学科知识积淀的结果。[①] 思想政治学科核心素养统摄相关学科内容，相关学科内容支撑思想政治学科核心素养。政治认同作为思想政治学科核心素养之一，其培育需要特定的学科内容作为载体。只有丰富学生的政治理论知识，其政治判断才有理性依据。那么，在教学中如何构建基于政治认同的知识体系呢？

学业要求是学科内容与学科核心素养的桥梁，它可以帮助教师立足"内容"，看到"素养"。与政治认同相关的学科内容如表6-1所示。需要说明的是，政治认同的教学资源在统编版教材中分布非常广泛，表6-1只是对必修教材做了一个重点梳理。

思想政治学科核心素养需要所有课程模块共同培育，教师在上复习课时，可以打

---

① 韩震，朱明光. 普通高中思想政治课程标准（2017年版2020年修订）解读［M］. 北京：高等教育出版社，2020：35.

破模块限制，以政党、国家、民族、政府、制度、价值观等为关键词进行整合。关于制度的教学内容梳理如图 6-1 所示。

表 6-1　基于政治认同的学科内容

模块	学业要求	学科内容
必修 1	懂得中国特色社会主义是科学社会主义的成功实践，是中国近代历史的必然选择；理解坚持和发展中国特色社会主义，是实现中华民族伟大复兴中国梦的必由之路；展现中国特色社会主义道路自信、理论自信、制度自信、文化自信；坚定中国特色社会主义共同理想，树立共产主义远大理想	科学社会主义的理论与实践；只有社会主义才能救中国；只有中国特色社会主义才能发展中国；只有坚持和发展中国特色社会主义，才能实现中华民族的伟大复兴
必修 2	了解社会主义基本经济制度的优越性；理解坚持社会主义市场经济和深化经济体制改革的意义；明确加快建设现代化经济体系的必要性；树立以人民为中心的发展思想	生产资料所有制；分配制度；社会主义市场经济体制；现代化经济体系；以人民为中心的发展思想和五大发展理念；劳动的价值
必修 3	了解中国共产党的性质、宗旨和指导思想，明确党的执政地位是历史和人民的选择；阐释中国特色社会主义政治制度的基本内容、鲜明特点和主要优势；懂得走中国特色社会主义政治发展道路，必须坚持党的领导、人民当家作主、依法治国有机统一，理解推进国家治理体系和治理能力现代化的重要性	中国共产党的有关知识；人民民主专政；人民代表大会制度；民族区域自治制度；中国共产党领导的多党合作和政治协商制度；基层群众自治制度
必修 4	实事求是、与时俱进地观察和分析经济、政治、文化、社会、生态等现象，在生活中作出科学的价值判断和行为选择；继承中华优秀传统文化和革命文化，发展社会主义先进文化，尊重世界文化多样性，增强中国特色社会主义文化的自觉和自信；基本形成正确的世界观、人生观、价值观	社会历史的主体；价值与价值观，价值判断与价值选择，价值创造与价值实现；继承发展中华优秀传统文化；文化的民族性与多样性；发展中国特色社会主义文化

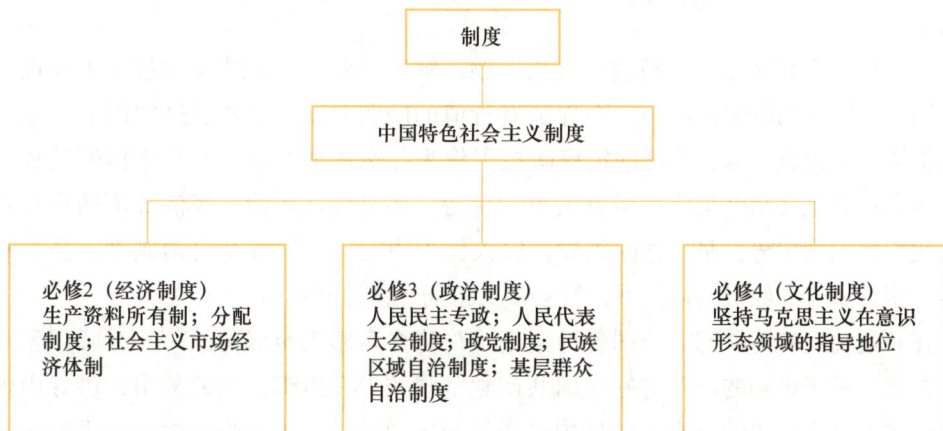

图 6-1　关于制度的教学内容梳理

二、以教学情境为"孵化器"，增强政治认同培育的感染力

情境，即人们身处的、真实的、有情节的境地或境遇。政治认同素养是人在特定情境中综合运用知识、技能和态度解决问题的高级能力与人性能力，其形成与发展只能在包含智力、情感和道德的真实情境中。倘若离开真实情境，知识、技能可能会熟练，核心素养断不会发展。在政治认同素养的培育中，教师要善于创设情境。情境创设可以是国家叙事，可以契合时代主题，也可以贴近学生生活。

1. 讲好中国故事，认同中国道路和中国制度

习近平总书记在党的十九大报告中指出："讲好中国故事，展现真实、立体、全面的中国，提高国家文化软实力。"政治认同首先是国家认同，培育政治认同素养，必须讲好中国故事。

【案例】必修1《中国特色社会主义》"中国特色社会主义道路、理论、制度、文化"教学片段

教师基于中国抗击新冠肺炎疫情中的行动，创设如下情境：

2020年初，新冠肺炎疫情突然而至，中国遭遇的是一场前所未有的阻击战。在复杂艰巨的防控任务面前，党中央指挥若定，统一部署：封城，大面积停工停产，停止大规模聚集活动。

以公立医院、国有企业为代表的"国家队"在抗疫斗争中充分发挥主力军作用：涉疫地区需要什么，全国就统筹协调什么；涉疫地区紧缺什么，全国就生产运输什么。

全国迅速建立联防联控机制，城市社区和农村基层组织进入全天候工作状态。

军民携手共进，对口支援，共克时艰，中华大地打响了疫情防控总体战。

在医务工作者和全国人民的共同努力下，我国疫情得到有效控制，复工复产稳步推进。第三季度，我国GDP同比增长4.9%，成为全球唯一实现正增长的国家！

教师引导学生思考：我国的抗疫防控工作为什么能如此高效？

学科核心素养是在分析情境、提出问题、解决问题、交流结果的过程中表现出来的，因此，真正的教学情境一定会伴随有价值的问题驱动。教师通过中国的抗疫行动创设情境，并设置问题：我国的抗疫防控工作为什么能如此高效？学生体悟情境，不仅能体会社会主义制度集中力量办大事的优势，还可以从政治、经济等不同视角具体分析我们的制度优势：坚持党的领导；以人民为中心；基层群众自治制度；公有制为主体，多种所有制经济共同发展；社会主义市场经济体制……

在新冠肺炎疫情期间，全国各地涌现出许许多多感人至深的故事。教师用乐于接受的方式、易于理解的语言讲好中国共产党坚强领导和组织抗疫的故事，讲好中国特色社会主义制度优势的故事，讲好中国人民众志成城、携手战疫的故事，讲好中国与国际社会守望相助、共克时艰的故事，可以生动诠释中国制度、中国精神，展现中国

作为负责任大国的担当，讲出新时代的中国力量和中国形象。学生基于亲身经历，引发共鸣，从而发自内心地真正认同中国特色社会主义道路，增强道路自信、制度自信、理论自信、文化自信。

2. 契合时代主题，弘扬时代精神

时代是思想之母，实践是理论之源。教师创设情境时，应紧跟时政热点，体现国家意志，弘扬时代精神，展现政治文明。

【案例】必修 4《哲学与文化》"价值判断与价值选择"教学片段

2020 年是脱贫攻坚的决胜之年，教师选取黄文秀的事例做导入。

黄文秀，北京师范大学法学硕士，放弃在大城市工作的机会，回到家乡革命老区百色，毅然选择到贫困村担任第一书记，把双脚扎进泥土，为村民脱贫殚精竭虑，直至付出年轻的生命。

"有些人从山里走了，就不再回来，你从城里回来，却再没有离开。"借助感动中国十大人物的颁奖词，教师抛出问题：你怎么看待这两个选择？如果你是黄文秀，毕业之际，你会做出何种选择？

只有通过真实鲜活的、学生熟悉的、具有时代感的案例情境，让学生从中去感悟，我们的政治认同素养培育才有源头活水，才能生机勃勃。

3. 贴近学生生活，激发学生兴趣

政治认同需要教师的匠心设计，需要教师将政治认同的教学目标设计与学生的生活密切关联起来。只有做到这一点，才能以"软"的方式达到"硬"的目的，以春风化雨的浸润，代替强输硬灌的说教。[①]

【案例】必修 1《中国特色社会主义》"伟大的改革开放"教学片段

重庆人对"棒棒"非常熟悉。授课教师以闻名全国的山城棒棒冉光辉的生活变迁为话题，引导学生首先体验冉光辉"初入城市，寻求梦想"，通过思考"冉光辉为什么来城市打工？""冉光辉为什么没有南下广东打工，而是扎根重庆？"等问题，把握改革开放的进程；接下来感受冉光辉"成为市民、见证变迁"的生活，探究改革开放的意义；最后通过"给棒棒语言画像"活动，让学生体悟"棒棒精神"，进而升华到"改革开放的精神"。

再好的理论，如果高高在上、不接地气，忽视学生的接受度和理解力，进行简单粗暴的灌输教育，都会效果甚微。[②] 在上述案例中，教师通过创设贴近学生生活的真实情境，引导学生感悟改革开放的变迁，认同改革开放的成就，坚信改革开放的政策，践行改革开放的精神。

---

① 李晓东，陈曲．政治认同及其教学实施 [J]．中学政治教学参考，2018（7）：6-8.
② 陈式华．论思想政治学科"政治认同"核心素养的培育 [J]．中国德育，2017（7）：67-70.

三、以思维引导为路径，增强政治认同培育的有效性

1. 实事求是，符合学生心理特点

高中阶段的学生青春年少，相信"诗和远方"，对政治和社会现象还停留在表层认知。他们处在青春叛逆期，勇于质疑，敢于批判。基于此，要让学生对我们国家的道路、制度、理论、价值观真懂真信，必须贴合学生实际。

（1）用事实说话。针对部分学生误以为"美国大选是全民选举"这一情况，教师可以用2020年美国总统选举过程进行知识扫盲：美国的选举制度其实是间接选举。

2020年，美国共和党与民主党的激烈斗争让疫情政治化，美国一系列政治制度弊病大大影响了美国政府抗击疫情的效力，是造成疫情持续蔓延的重要因素。教师可以摆事实、作对比，让学生体会中国特色社会主义制度的最大优势是中国共产党领导。

（2）正确处理正面素材与反面素材的关系。如果我们的课堂选用的都是正面素材，逆反心理较重的学生必然会觉得我们在一味"唱高调"，政治认同素养的培育效果将会适得其反。社会在发展过程中确实会出现这样那样的问题，我们在课堂上不能回避，可以公正、客观、实事求是地将问题展示出来，最重要的是引导学生理性看待当前的曲折和困难，坚信社会主义制度会不断完善。

同时，反面素材的使用要注意把握好度。以正面素材为主，反面素材为辅。正反素材都要有，但不能搞均衡论，更不能以反面素材为主。"正主反辅"既能还原真实复杂的世界，又能让学生把握住矛盾的主要方面，为其树立正确的价值观奠基。①

【案例】必修3《政治与法治》"人民代表大会：我国的国家权力机关"教学片段

渝中区人大代表、重庆第二十九中学汪洋老师为高一学生上了一堂特别的思政课——人大代表讲述履职故事。

课堂上，汪洋老师从"人大的地位""人大代表选举的流程""人大代表的权利与义务""人大代表如何履职"等方面给同学们进行了详细讲解。

汪洋老师以自己的履职过程为例，告诉同学们，人大代表是人民选举出来的，必须对人民负责，接受人民监督。作为教育界的人大代表，她密切关注学生的心声，关心学生的健康安全。她告诉同学们，在区人大会议上，她就学校周边环境问题向渝中区人大提出多份议案，受到相关部门的高度重视，目前在多方的共同努力下，校园周边环境已显著改善，比如路边乱停乱放车辆减少、无证摊贩减少、学校后校门设置了斑马线等。

学生通过面对面与人大代表进行交流对话，感受反映身边问题的过程；通过人大代表的呼吁和提案得到解决，切实体会到人民是国家的主人。如果教学设计以震惊全国的反面事例"衡阳破坏选举案"导入，学生会产生什么样的印象呢？教师在处理反

① 王敏. 指向政治认同的教学实施策略研究［J］. 中学政治教学参考，2019（4）：13-15.

面素材的时候，一是要注意借助正面的素材让学生把情感激发出来，把价值观立起来；二是要注意讲完反面素材后，讲一讲之后的处理或者发展，以便让学生以发展的眼光看待我们国家政治生活中还需完善的地方。

2. 由感性到理性，遵循认知规律

在思想政治课教学中培育高中生的政治认同，不仅要帮助学生获得必要的政治认知，还要注重培养学生的政治情感，端正学生的政治态度，引导学生力所能及地进行政治参与。[①] 这个教育过程通常要遵循学生的认知规律，由感性到理性，内化于心，进而外化于行。

【案例】必修 1《中国特色社会主义》"中国特色社会主义道路、理论、制度、文化"教学片段

教学环节一：以防治新冠肺炎疫情话题导入，通过展示全球"抗疫成绩单"，树立中国自信。

视频资源 6-1

教学环节二：从道路、理论、制度、文化四个视角分析抗疫之路，探源中国自信。

视角 1（理论）：观看视频《第一位》。在疫情防控的每个阶段，习近平总书记都及时作出一系列重要指示、批示和讲话，始终把人民群众的生命安全和身体健康放在第一位，把疫情防控作为头等大事和最重要的工作来抓，凸显了理论的引领性。

问题 1：人民性是马克思主义最鲜明的品格。在"为民"理念上，中国有哪些特色表达？

视角 2（制度）：多媒体呈现抗疫的事迹材料。世界卫生组织总干事谭德塞评价我国的抗疫行为时说道：中方行动速度之快、规模之大，世所罕见，展现出中国速度、中国规模、中国效率，我们对此表示高度赞赏。这是中国制度的优势。

问题 2：我国的抗疫防控工作为什么能如此高效？

视角 3（道路）：抗疫之路是一条中国特色社会主义道路。

视角 4（文化）：通过"给抗疫英雄点赞"，感受抗疫精神。通过"溯源历史，定格相似画面"活动，总结中国特色社会主义文化源于中国传统文化，熔铸于革命文化和社会主义先进文化。

问题 3：中国抗疫取得了成功，其他国家复制中国经验了吗？

多媒体展示中美抗疫图片，学生小结：闲庭信步 PK 方寸大乱→道路自信；人民利益 PK 政客利益→理论自信；人民战争 PK 各自为阵→制度自信；举国同心 PK 个人自由→文化自信。

教学环节三：让学生选择具有中国特色的主题和内容，以文字、图片或视频方式向祖国表白，续写中国自信。

案例分析：本案例中教师通过展示"全球抗疫成绩单"，激发学生情感共鸣，树立

---

① 李岚，唐翠萍. 优化情境创设　培育政治认同［J］. 中学政治教学参考，2017（34）：13-15.

中国自信；通过设计观看视频《第一位》、感悟抗疫事迹、给抗疫英雄点赞等序列化活动，引导学生从四个视角进行理性分析，探源中国自信，从而坚定中国自信。最后引导学生践行理性认识，续写中国自信。教师在整个教学中遵循由感性认识到理性认识，由实践到认识再到实践的认知规律，培育学生对中国特色社会主义道路、理论、制度、文化的认同。

3. 强化辨析，凸显思维张力

在当前信息社会，青少年的思想和价值观趋于多元，传统的单一说教和榜样示范对学生的说服力慢慢减弱，让学生经历自主辨析思考，有利于他们形成稳定的价值判断和价值选择。在范例分析中展示观点，在价值冲突中识别观点，在比较鉴别中确认观点，在探究活动中引申观点，都是教师引导学生坚信价值标准的方式。[1]

"你怎么看待这两个选择？如果你是黄文秀，毕业之际，你会做出何种选择？"这样的情境问题具有一定的开放性。学生独立思考，形成自己的观点。有的同学回答，走出大山，不再回去；有的同学回答，回到家乡，那是生我养我的地方，要让乡亲们富起来。答案具有争议，但正因如此，课堂才有了思维张力。学生可以进一步交流讨论，形成相对客观的观点。教师的任务是进行正确引导：人生价值是自我价值和社会价值的统一，但归根结底是由社会价值决定的。教师只要把握这一导向，就可以让学生充分表达，自由讨论。实践证明，教师在学生思维偏离、精神偏轨、理解肤浅、困惑不解时，能够给予精当点拨和引导，让学生自主地辨识，正确地判断，动情地表述，深刻地体悟，实现有效的价值引领。

四、以生活践行为归宿，增强政治认同培育的实操性

知者行之始，行者知之成。引导学生了解社会，参与公共生活，是思想政治课的应然追求，也是培育学科核心素养的重要内容。政治认同素养培育在强调学生真知、确信的基础上，还应注重锻炼学生的践行能力，将这种核心素养渗透到学生的生活当中，使他们真正做到"知行合一"，逐步成为一个能够承担社会责任的合格公民。

【案例】必修3《政治与法治》"基层群众自治制度"的社会实践作业

以"创建文明城区，××社区在行动"为主题，调研学生生活的社区在文明城区建设、复评中的举动。教师先组织学生设计方案（上报校方）、准备资料（给家长的通知书、给社区的介绍信），然后学生以学习小组为单位，确定本组的调查方向，在做好充分的心理准备后展开调查。根据社区居委会工作人员的反馈与学生的调查报告来看，实践效果不错。学生深入社区，实地察看了社区的宣传栏，零距离采访了居委会干部、访谈社区邻居，不仅对居委会的性质和功能、社区工作的运行程序有了全新领悟，而且懂得了居民是如何参与基层民主自治的。更重要的是，部分学生在之后自觉参与了

① 韩震，朱明光. 普通高中思想政治课程标准（2017年版2020年修订）解读［M］. 北京：高等教育出版社，2020：44.

"礼让斑马线"文明劝导活动，引导人车礼让，过往行人不闯红灯、不横穿马路、不攀爬栏杆，帮助老人过马路，拾捡岗位周围的垃圾等，为推进和谐社区、文明渝中的建设贡献了自己的一份力量，很好地践行了公益精神，实践能力大大增强，同时对社会主义核心价值观的认同感大大提升。

真懂真信，最后真用笃行。回归学生生活世界的践行，是政治认同素养培育的最终指向。新版课程标准背景下，教师应整合多方资源，让学生更多参与社会实践。在这一过程中，学生展示自己的政治观点，与他人进行交流协作，有利于对公民身份、国家、民族、政党、政府等产生积极的政治认同，完成知识的整合内化与行为外化。

作为在高中教育阶段落实立德树人根本任务的关键课程，高中思想政治课程重任在肩。我们应以"培养一代又一代拥护中国共产党领导和我国社会主义制度、立志为中国特色社会主义奋斗终身的有用人才"为终极目标，研究新课标和新教材，整合教学内容，探讨教学策略，提升政治认同培育的学理性、感染力、有效性和实操性，使学生的政治认同素养内化于心、外化于行。

　　新版课程标准提出的高中思想政治学科核心素养集中体现着本学科的育人价值，主要包括政治认同、科学精神、法治意识和公共参与。其中，科学精神是思想政治学科核心素养的关键内容，体现了学生正确认识和参与社会的能力和态度，也显示人自身自由发展的文明程度，体现了中国特色哲学社会科学的有关原理和方法，贯穿于思想政治学科所有相关课程模块，是达成政治认同、形成法治意识和实现公共参与的基本条件。如何准确理解科学精神的基本内涵和作用，如何有效把握科学精神培育的教学实施策略，是广大一线教师迫切需要解决的关键问题。

⚙ 问题分析

一、问题的提出

　　新版课程标准从四个方面对科学精神素养进行了表述：

　　理性思维：用马克思主义基本立场、观点和方法，观察事物、分析问题、解决矛盾。

　　实证精神：解放思想、实事求是，对经济、政治、文化、社会和生态文明建设的实践，作出科学的解释、正确的判断和合理的选择。

　　辩证思维：感悟人生智慧，过有意义的生活。

　　创新精神：以开拓进取的精神和高度的责任感促进社会和谐及人类社会的进步。这其中，既有品格的塑造，也有行为的引导。

　　鉴于高中思想政治课程性质和学科特点，科学精神作为高中思想政治学科核心素养，不同于一般意义上的科学精神，其特殊语意是指：在认识世界和改造世界的过程中表现出来的一种精神取向，即坚持马克思主义的科学世界观和方法论，能够对个人成长、社会进步、国家发展和人类文明作出正确的价值判断和行为选择。在高中思想政治教学中培育科学精神，集中体现为使学生"有思想"，这意味着教师的教学观和学生的学习观需要全方位更新。但广大教师在教学中对科学精神的理解和把握还存在以下不足：

1. 对科学精神的认识不全面

　　一些教师对科学精神的认识比较片面，没有把科学精神素养的四个方面（理性思维、实证精神、辩证思维和创新精神）看作一个有机的统一体，而仅仅认为其中一个或某几个方面就是科学精神，没有从整体上系统把握科学精神素养的内涵。同时，在实际教学中，一些教师没有把自己的课堂教学看作对学生科学精神的施教活动和培育过程，将学科教学与科学精神素养分离开来，对科学精神素养的外延把握不够。

2. 对科学精神素养指向的教学内容缺少系统把握

高中思想政治教材中科学精神素养的内容和教育资源丰富却分散，使得教师容易忽视对这些资源的有效利用，更有甚者，误以为科学精神素养只指向特定的课程模块。

3. 对科学精神素养的教学实施策略缺少有效把握

受专业素养的局限性以及传统教学理念的影响，部分教师的教学观仍未转化，仍然只注重传授理论知识，忽略理论和实践相结合，让学生很少有质疑相关理论问题的机会，甚至对一些相对棘手的问题，进行模糊化回答或有意识地忽略，这些都会打击学生独立思考的热情，使他们缺乏质疑精神和科学精神，从而影响课堂的实效性。

4. 教师自身的科学素质具有局限性

教师的教学能力是上好课的前提条件，教师自身的科学素质也是培育学生科学精神的前提条件。虽然教师经过专业学习，具备一定的教学能力和科学素质，但是教师的教学素质和能力应该是不断发展的，这样才能更好地适应教学改革的步伐。教师只有不断学习科学知识，掌握科学方法，端正科学态度，提高自身科学素质，才能有效培育学生的科学精神素养。

二、问题的价值

培养青少年的科学精神，有助于他们形成正确价值取向和道德定力，提高辩证思维能力，立足基本国情，拓宽国际视野，在实践创新中增长才干。新版课程标准从个人成长、社会进步、国家发展和人类文明四个方面表述了科学精神素养的价值。

1. 培育科学精神有利于高中生健康成长

高中阶段是学生形成正确的世界观、人生观、价值观的关键时期。据相关心理研究表明，学生进入高中阶段之后，他们的思维不断成熟，已具有一定的科学思维水平，但因其心智还没有完全成熟，以及处于特殊的青春敏感期，个体的社会化还尚未完成，必然会生发出有关思想道德的疑惑，这就使得加强基于马克思主义科学精神的价值引领和理性指导十分迫切且有必要。思想政治课程是社会主义公民素质教育课程。培养学生正确的价值取向，是立德树人根本任务的具体体现，是高中思想政治课程的主导目标。在高中思想政治课程教学中，培育青少年的科学精神素养，有助于让学生形成和坚守正确的价值取向，增强道德定力，在实践和创新中增长才干，成为有思想、有立场、有理智、有信仰、守规则、有担当的中国公民。具备科学精神的人，既能在个人成长方面做出正确的价值判断和行为选择，又能为社会进步、国家发展、人类文明做出正确的价值判断和行为选择。当个人成长和社会进步、国家发展、人类文明不一致甚至矛盾时，具有科学精神的人能把个人成长和社会进步、国家发展、人类文明统一起来，在为社会进步、国家发展和人类文明的奋斗中实现个人发展。[①]

---

① 陈式华. 弘科学精神，树时代新人［J］. 思想政治课研究，2019（1）：118-121.

英国教育家斯宾塞说过："教育为未来生活之准备。"在高中这个性格形成的关键时期，培育高中生的科学精神可以引导他们正确处理各种关系，培养他们宽容豁达的品质，使生活富有价值和意义；有利于学生形成正确的世界观、人生观和价值观，懂得实事求是，用理性思维看待社会生活中的复杂事件，既不随波逐流，也不盲目跟风，形成自己独有的见解；有利于学生在学习中进行合理质疑，分享自己的想法，大胆探索，勇于创新，培养自己严谨科学的处世态度。科学精神涵盖了人们认识和改造世界的过程中所表露出来的辩证思维、自主反思、理性批判等思维特征和行为特性。这些能力指标都指向学生的未来生活和个人成长，有助于学生实现人生价值。

2. 培育科学精神有利于社会的全面进步

首先，社会的发展关键在于人的发展，每个人都是社会中的独立个体，是创造历史的力量。而人的发展关键在于提升自己的科学文化水平和思想道德素质，因此，科学精神是每个人都应具备的素养之一。一个人只有具备科学素养，才能创造属于自己的价值。人是社会关系的总和，每个人的科学精神素养都得到提高，社会必然和谐。其次，社会全面和谐发展是人类追求的重要目标，科技在带来物质文明的同时，也带来了许多隐患，能源紧张和环境污染也迫使人类慎重思考社会进步和科技发展之间的关系。科学家在创新发明的时候，是否理性面对巨大的物质利益，是否理性看待其他科学家的质疑，这一切都源于是否恪守内心的科学精神。因此，培育科学精神是推动社会全面进步的主要途径。

3. 培育科学精神有利于国家的繁荣富强

实现中华民族伟大复兴是中华民族近代以来最伟大的梦想。要实现中国梦，就是要实现国家富强、民族振兴、人民幸福。培育科学精神可以间接推动实现国家繁荣富强和人民幸福，对实现中国梦具有重要意义。

首先，培育学生的科学精神素养有利于促进学生在多元的社会生活中学会尊重他人、信任他人，在与他人的交往中遵循平等、互惠原则，即使是在意见分歧和利益冲突面前也能够诉诸理性，通过协商、沟通、辩论和谈判等理性方式有效地解决问题，从而促进人与人之间和谐相处。其次，培育学生的科学精神素养可以使学生学会从唯物论的角度出发分析学习和生活中遇到的各种复杂问题，做到一切从实际出发，正确地看待并处理好人与自然的关系，与自然和谐相处。由此可见，培育科学精神可以间接促进人与人、人与自然以及人与社会和谐共生，有助于构建一个稳定和谐的社会环境，使人们安居乐业，实现人民幸福。

实践证明，科技兴则民族兴，科技强则国家强。科学技术既是促进社会生产力发展的重要动力，也是实现国家富强的关键因素，因此，要实现国家富强，提高综合国力，不仅需要大力发展经济，还必须重视发展教育事业，培养科技人才，推动科学技术持续发展进步。培育学生的科学精神素养，不仅可以增强学生对祖国、对社会主义的热爱和认同，使学生从思想上形成实现中国梦的共识，自觉树立积极建设祖国，实现中国梦的意识，还可以增强学生的创新意识和实践能力。实践创新对于发展科学技术具有重要意义，是引领科学技术发展的灵魂，所以培育学生的科学精神素养可以为国家培养创新型人才，推动国家的科学技术发展，推动实现国家富强、民族振兴、人民幸福的中国梦。

🖨 问题解决

科学精神素养不是先天自然生成的，而是需要经过后天培养的，是在课程教学和生活历练中，通过学习集聚、引领提升、活动内化、实践感悟的过程逐渐生成的。就高中思想政治课而言，培育科学精神素养的主要途径和方法包括以下几方面：

一、努力提升思想政治教师的科学素养和业务水平

没有哪个地方的学校体系质量会超越教师的质量。① 教师是课程教学的设计者、组织者、导演者，对科学精神素养的培育起关键、主导作用。教育对象的复杂性和教育内容的发展性，使得教师的教育活动不能完全因循既有的经验或模式，必须进行持续的自我更新和发展，教师的精神境界和精神取向、价值判断和行为选择、科学素养和业务水平等直接影响着学生科学精神素养的培育水平。在课程教学走向学科核心素养的新时代背景下，思想政治教师更要不断提升自己的学科素养和业务能力。

首先，要努力提升马克思主义理论素养。科学精神集中表现为"有思想"，即具有源于科学理论的思想。因此，思想政治教师必须认真学习马克思主义理论，特别是认真学习和贯彻习近平新时代中国特色社会主义思想。在此基础上，深刻洞察新时代中国经济、政治、文化、社会和生态文明建设等方面的最新变化和发展规律，并运用马克思主义的立场、观点、方法去思考和分析问题，从而去引导、感染、带动学生。

其次，要努力提升爱岗敬业的思想境界。对思想政治教师而言，科学精神不仅限于专业素养范畴，也是师德素养的重要内容。具体来说，高中思想政治教师自身要有对马克思主义的坚定信仰，要有服务人民、报效祖国的立场，要有践行社会主义核心价值观的自觉和自信，以身示范、率先垂范，才有可能在世界观、人生观、价值观方面去感染、教育和引导学生，才能真正把学生的科学精神培育起来。因此，只有真正做到爱岗敬业，教师才能在学科教学中获得沉浸体验，感悟到科学知识的价值，体会到获得真理的欢乐，这是教师学科素养的重要体现。而教师对学科知识的深爱与研究，会极大地影响学生的学习兴趣，促使学生积极转变学习态度，激发学习动机。使学生对科学知识感兴趣，恰恰是培育其科学精神素养的关键一步。

最后，要努力提升创新素养和创新精神。新时代教师的创新素养主要包括：对学科教学热点、前沿问题具有好奇心、挑战心和敏锐性；以创新型教师塑造创新型学生，尊重学生学习创新中的主体地位；营造激励学生创新的宽松氛围，鼓励学生敢于并善于独立思考、大胆质疑、勇于探究；把教学过程视为创新过程，激发学生的创新欲望

① 施莱歇尔. 超越 PISA：如何建构 21 世纪学校体系 [M]. 徐瑾劼，译. 上海：上海教育出版社，2018：59.

和创新潜能。

总之，一个优秀的教师必须学识渊博，就像永不干涸的新鲜的、生动的清泉，供给学生取之不尽的源头活水，这样的教师才是科学的象征、智慧的化身。

二、吃透课程内容是基础条件

科学精神核心素养的培育，是通过课程内容的课堂教学来完成和实现的。课程体系内涵的学习领域和科学知识，是培育科学精神的基本载体。其中，必修课程的四个模块则是主要载体，选择性必修课程和选修课程属于扩展载体。教师必须吃透课程内容，才能将知识内化为能力和素养，外化为具有科学精神的行为表现和活动。关于科学精神的教学内容如表 7-1 所示。

表 7-1　关于科学精神的教学内容

模块	学业要求	教学内容
必修 1	能够结合社会实践活动，了解人类社会发展的一般过程和基本规律；确信社会主义终将代替资本主义是不可抗拒的历史趋势；理解坚持和发展中国特色社会主义，是实现中华民族伟大复兴中国梦的必由之路；展现中国特色社会主义道路自信、理论自信、制度自信、文化自信	人类社会发展的趋势和各国各民族选择的道路是统一性和多样性的表现；衡量的标准是生产关系是否适合生产力；我国选择的社会主义发展道路是正确的、科学的，是符合我国历史和国情的，社会主义制度是历史实践和人民探索的必然结果和必然选择，是与人类社会发展趋势相统一的；社会主义制度和中国特色社会主义发展方向是历史实践证明的正确的制度和方向
必修 2	能够对我国社会主义初级阶段基本经济制度与市场经济的运行以及我国经济发展与社会进步有深刻的认识，树立参与现代市场经济活动的规则意识、诚信意识、公平竞争意识和互利共赢意识，在市场经济这股夹杂着一些西方不良诱惑的大浪潮中保持理性	生产资料所有制；分配制度；社会主义市场经济体制；现代化经济体系；我国社会主要矛盾的转变；以人民为中心的发展思想和新发展理念
必修 3	了解中国共产党的性质、宗旨和指导思想，明确党的执政地位是历史和人民的选择；阐释中国特色社会主义政治制度的基本内容、鲜明特点和主要优势；懂得走中国特色社会主义发展道路，必须坚持党的领导、人民当家作主、依法治国的有机统一	中国共产党的有关知识；人民民主专政；人民代表大会制度；民族区域自治制度；中国共产党领导的多党合作和政治协商制度；基层群众自治制度
必修 4	能够结合社会实践活动，运用辩证唯物主义和历史唯物主义的观点认识自然界；实事求是、与时俱进地观察和分析经济、政治、文化、社会、生态等现象，在生活中作出科学的价值判断和行为选择；增强中国特色社会主义文化的自觉和自信	实践的相关知识；世界的统一性在于它的物质性；发展观；矛盾分析法；价值观差异与冲突产生的社会根源，进行合理的价值判断和行为选择；辩证地看待传统文化；文化交流互鉴的意义；辨识各种文化现象，展示中国特色社会主义文化自信

首先，要吃透新版课程标准的精神和要求。根据前面关于科学精神的分析，主要是准确把握高中思想政治课程的性质规定，切实贯彻落实高中思想政治课程的基本理念，科学定位高中思想政治课程的教学目标，真正做到思路清、方向明、不跑偏、不迷航。

其次，要厘清关于科学精神的结构体系、内在逻辑和布局规律。搞清楚必修、选择性必修、选修这些不同课程中，哪些模块与科学精神培育相关，每个模块各自的权重如何；弄明白必修课程的不同模块中，哪些单元是关于科学精神的集中表述，哪些是融入性散布，它们之间的逻辑关系又是怎样的；同时还要考虑，课程正文和辅助文、探究活动该怎么协调一致发挥最大的功能和作用。只有这样才能分清主次，突出重点，在兼顾全面性的同时提高科学精神培育的针对性和实效性。

最后，要仔细揣摩关于科学精神培育的实施建议。例如，怎么在理解科学精神独特价值的基础上，贯彻落实好意义优先的原则；科学精神培育的辨析式路径该怎么设计；科学精神培育效果的过程性、生成性、发展性评价标准怎么设立、怎么操作等。同时还要考虑怎么把课程标准的一般性、普遍性要求与学生的具体情况相结合，并创造性地加以实施。

总之，教师在学科知识和技能教学过程中，在课前预习、课中学习、课后复习等各个环节上，都应善于提炼、发掘每节课程内容所包含的理性思维、批判质疑、勇于探究等科学精神的构成元素，充分彰显思想政治课的认知功能、导向功能、启迪功能和涵养功能，并及时融会贯通，久久为功，积土成山，这是做好科学精神素养培育最基本的抓手。

三、活动型课程建构是落实路径

学科核心素养实际上就是一种把所学的知识和技能迁移到真实生活情境的能力和品格。[①] 活动型课程突出强调活动的开展，以素养为主导，促进价值生成。活动教学是思想政治教育者为达到一定的教育目的，有意识地开展各种活动，寓教育内容于活动之中，使受教育者在活动中受到教育。[②] 活动型课程的关键在于创设适宜的教学情境。教学情境的建立就是在课堂上运用各种方式和手段呈现真实生活情境，可以说教学情境是把知识与技能转化为素养的桥梁，是思想政治课堂沟通现实生活的桥梁。由此可以看出，教学情境的建立是培育学科核心素养的重要条件。对于培育科学精神素养来讲，在课堂中建立的教学情境应尽量贴近学生的生活，要有真实性且是学生感兴趣的点，与学生能够产生共鸣，最好能使他们处于一种"纠结"状态，从而在不断学习、讨论、辨析、反思中滋养科学精神。

1. 创设诱思情境，改变学生思考无能现状

受唯分数论的应试教育影响，学生表现出过于信任标准答案，遇到问题总是希望在书本上找到准确的答案，不愿自己思考或是害怕自己的思考发生错误。这就要求教

---

① 李杰，苗红梅. 情境·思辨·对话 [J]. 思想政治课教学，2018（4）：22-25.
② 陈万柏，张耀灿. 思想政治教育学原理 [M]. 3 版. 北京：高等教育出版社，2015：284.

师创建的情境能够与高中生的认知规律相符合且由浅入深，运用问题链的形式创造条件一步步地进行诱导，让学生的思维动起来。诱思情境的创设主要体现一个"诱"字，教师创设的情境要最大限度地给予学生吸引力，激发学生的热情，使学生心甘情愿地跟着老师"走"。

【案例】 必修2《经济与社会》第二课第一框"使市场在资源配置中起决定性作用"教学片段

情境1： 厂家有一批钢材，A组（代表家电生产商）说：我想买这批钢材生产家电。B组（代表房地产商）说：我想买这批钢材建造房子。C组（代表汽车生产商）说：我想买这批钢材生产汽车。D组（代表中铁集团）说：我想买这批钢材建铁路。面对这些情况，厂家很为难，不知道该把钢材卖给谁了。

探究：

1. （假设）厂家只生产出这一批钢材但大家都想要，这反映出什么样的矛盾？

2. 你认为应该用什么方式来配置这批钢材（资源）？每种方式又有什么样的利弊？

情境2： （可用网络视频资源）糟糕！大楼着火了！马上有人拨打119火警电话。（提问：打通电话后怎么说？）着火了，快来救火啊！（提问：需要问消防队救火的价格吗？）

探究：

1. 市场调节资源有很多优势，但是所有的事物都由市场调节可以吗？

2. 有什么样的方法能使调节资源的方式更加合理？

通过设计两个环环相扣的情境，从开始就站在学生的认知起点上。这个简单的情境目的是调动学生的浅层思维，使其得出资源的有限性和人类需求的无限性的矛盾是进行资源配置的原因。接着让学生思考如何进行资源配置，得出市场配置的优越性。情境二是在情境一的基础上进一步诱导学生深度思考，仅仅用市场配置资源合理吗？市场也会有失灵的时候，有些东西不能由市场进行资源配置，从而得出真理性结论：要将政府宏观调控与市场调节结合起来。这样的情境设置在保护学生参与热情的基础上使问题由浅入深，这是情境创设之所以能够成功地"诱思"的原因。

2. 建立冲突情境，直面心理失衡场景

在日常生活中，我们经常会遇到"左右为难"的事情，如"老人跌倒扶还是不扶"的问题，如若不扶，不符合我国长期以来助人为乐的优良美德，但扶的话又害怕被对方诬陷。当学生的道德认知发生冲突时，教师可适当对学生进行积极引导，使其了解更高层次的道德判断形式，形成正确的道德观念。[1] 在课堂上，思想政治教师有意识地为学生制造一些认知冲突，让学生在冲突两难中产生质疑和争辩，形成反思。这

---

[1] 杨林. "道德两难故事法"在中学思想政治课程中的运用 [J]. 课程教育研究, 2019 (32): 80, 83.

单元2 理解学科核心素养

不仅能够更好地促进学生追求真善美，而且能促进学生形成正确的价值取向，进而坚守和践行正确价值观。学生在课堂上面对冲突环境会采取不同的处理办法，从而产生相应的结果，渐渐地也会养成冷静思考的习惯，在生活中面对类似的情况也会保持理性，三思而后行。

【案例】必修3《政治与法治》第二单元"人民当家作主"教学片段

情境：某小区因为停车位紧张，物管单方面对车位租金涨价。小区业主小美觉得这种行为是不合理的，想了以下几种解决办法：

（1）在小区业主群里发表一些她个人认为不作为的物管工作人员的负面评价，并在群里联合几个小区业主去物管办公室闹事。

（2）一直拖着，干脆连物管费以及涨价的车位租金都不交。

（3）自认倒霉，先交了涨价的车位租金，等着别人举报。

（4）在微博上宣扬此事并抨击小区物管以及街道办公室。

（5）向小区所属的居委会或者上一级行政机关反映此事，并要求解决。

探究：你觉得怎么做是正确的选择？

案例分析：情境探究中设置的情境把现实中有可能发生的事情和可能产生的矛盾带入课堂，学生将自己想象成主人公来考虑解决问题的方法，感受怎么样才是最合理的。同学们经过思考和辩论，最后可以深刻体会到：公民遇到不合理的情况应该采取一定的方式维护自己的合法权益，但是作为一名合格的公民，要理性表达和参与，通过合法手段和法定程序维护自己的合法权益。学生在课堂上，不仅学习了知识，也体会到了作为国家主人的责任感。

3. 以社会实践活动为第二课堂，帮助学生外化科学精神素养

学生是否真的将科学精神内化于心并能外显于行需要在社会的大课堂中进行检验。新版课程标准规定了高中思想政治课程的性质，其中明确提出了思想政治课是一门活动型学科课程，所以教师应尽可能多地提供一些思想政治课外活动。思想政治课外活动是指在思想政治教师有目的、有计划的组织和指导下，学生自觉参加的各种课外教育、教学活动，如参观访问、职业体验、社区调研等。思想政治课外活动可以帮助学生走进真正的社会生活中，通过认真踏实的探究，增进对社会的了解，体验知识产生的过程，在探索中享受乐趣，激发创造性思维的灵感，学会彼此间协同合作，培育求真的品格，从而使科学精神素养真正深入学生的内心。

【案例】必修3《政治与法治》第一课"历史和人民的选择"教学片段

议题：为什么中国共产党执政是历史和人民的选择？

（1）可开展红色旅游，如前往红岩革命纪念馆、重庆歌乐山烈士陵园等红色教育

基地参观，在参观过程中，听讲解员讲红色历史，了解新中国的来之不易，以及新中国成立以来一步一步谋取中华民族伟大复兴的艰辛历程。

（2）可以开展"感悟初心"的讲座和访谈，请一些身边的老共产党员为同学们讲述党的历史，讲述在战火不断的年代中国共产党是如何作为的，是如何带领人民群众实现独立自主、建立新中国的，又是如何一步步从吃不饱穿不暖的贫穷年代走向繁荣富强的，使学生从老一辈无产阶级革命者的初心中汲取力量。

活动设计：

步骤一：提前联系红色景点，或者老共产党员，取得他们的理解和支持。

步骤二：分组活动，明确每个小组的任务，要求学生根据具体教学内容，明确本小组参观访问的目的，设计本小组的参观访问方案。

步骤三：搜集资料，在参观访问中认真聆听，并做好记录，对有疑问的地方及时提问。

步骤四：小组对每个成员的报告进行归纳和总结，整理形成本小组的总结。

步骤五：在课堂上进行交流、分享。

案例分析： 采用参观访问和讲座访谈的社会实践形式，学生能通过自己看到的、听到的、感受到的事实理解为什么中国共产党必然胜利，为什么历史和人民愿意选择中国共产党，从而明确中国共产党执政的必然性，滋养科学精神素养。学生通过这种实践活动自主得到的认识比教师直接讲授的更有意义，更能渗透人心。学生的科学精神素养也在实践前的准备、实践中的思考和实践后的反思中一步步提升。

法治意识是高中思想政治学科核心素养的四大要素之一，是当代中国公民依法行使权利、履行义务、捍卫尊严的必备品格，是实现公共参与的必要前提，也是科学精神和政治认同的必然要求。依法治国，建设社会主义法治国家，离不开中学生法治意识的提高。思想政治课程是以立德树人为根本任务，帮助学生确立正确思想政治方向、增强社会理解和参与能力、提高法律和道德修养的公民教育课程。在全面依法治国的时代背景下，如何引导学生充分认识法治意识的内涵和重要性，加强中学生的法治教育，提高其法治意识，是广大一线教师教学中的关键问题。

⚙ 问题分析

一、问题的提出

法治意识是社会意识的重要组成部分，是公民对法治认知、崇尚与遵循的思想观念和价值取向。我国公民的法治意识就是自觉尊法学法守法用法，自觉参加社会主义法治国家建设。其主要表现为人们对法治的理性认知和情感认同。法治意识由程序意识、规则意识、权利意识、义务意识、平等意识、公正意识等要素构成。[①]

为落实党的十八届四中全会提出的"将法治教育纳入国民教育体系"的要求，教育部、司法部、全国普法办于 2016 年 6 月联合印发了《青少年法治教育大纲》，明确提出"要高度重视青少年法治教育工作"。2020 年中共中央印发的《法治社会建设实施纲要（2020—2025 年）》也强调：加强青少年法治教育，全面落实《青少年法治教育大纲》，把法治教育纳入国民教育体系。但在教育教学中教师对法治素养的理解和把握还存在一些不足。

1. 对法治意识培养不重视

在新版课程标准中，思想政治必修 3 由原来的《政治生活》更名为《政治与法治》，这是继 2016 年中小学《思想品德》教材统一更名为《道德与法治》后，法治教育在中小学教育中的进一步深化落实，也是我国在法治教育进程中的一大进步。但在一线教育实践中，由于受应试教育客观大环境的影响，一些教师即使认为法治教育很重要，也只能服从、让位于学生的高考，并未将法治教育放在一个重要的位置上，从而导致教学中涉及法治教育的知识明显不足，忽视了对学生法治意识的培养。

---

① 韩震，朱明光. 普通高中思想政治课程标准（2017 年版 2020 年修订）解读［M］. 北京：高等教育出版社，2020：58-59.

2. 法治意识培养内容不足

虽然统编版高中思想政治教材大幅度增加了法治教育的相关内容，但是相对于中国特色社会主义法治体系，教材中的内容显然无法满足需要。对此，教师就需要联系生活实际加以补充。但是纵观各级各类学校，法治意识培养课程数量偏少，教学实践也因为开展次数过少而呈现出零散性特点。繁忙的教学任务甚至会挤占法治意识培养的相关课程，进一步造成培养法治意识的教学实践无法开展。由于无法保证安全等问题，学校较少组织法治教育实践活动。

3. 法治意识培养教育流于形式，实效性不强

目前，由于传统教学方法效果有限、课时不足等因素的影响，法治意识培养的实效性令人担忧。在课堂教学中，多数教师为了完成教学进度，只进行由点到面的知识讲解，并未加以深度研究分析。教学内容既不能吸引学生的注意力，也无法提起教师的兴趣，造成教学效果不佳，知识深度不足，学生对知识背后体现的素养认可度降低，对法治意识教育课堂的认可度颇为低下，法治意识培养不能取得很好的效果，最终导致学生法治素养不高。

4. 师资力量专业程度不高

教师是传播知识的关键因素，教师只有不断提高法治意识，才能促进学生法治意识提高，才能确保法治意识教育得到有效落实。在教育实践中，思想政治教师大多学的是思想政治专业，缺乏相关的法律专业知识，导致授课内容存在一定的局限性。教学效果非常容易受教师受教育水平的影响，这就导致教师在法治教育方面总体素质不高，无法满足学生对法治教育的需求。

二、问题的价值

1. 有利于学生提升法治意识，养成遵纪守法的习惯

加强法治教学不仅是对学生进行法律知识的传授，更要以法律教学为载体，帮助学生形成正确的宪法意识、责任意识、权利意识、规则意识，以及正确的价值观，养成遵纪守法的习惯。教师可以通过教学活动，提高学生的法治意识，帮助其在掌握法律知识的基础上，把课堂中形成的法治意识自觉运用到日常生活中，提高学生分析问题、明辨是非的能力，使学生学会在日常生活中正确处理人际关系和合理处置矛盾冲突的方法，学会用法治知识去指导自己的行为，用法律知识维护自己的合法权益。

2. 有利于构建法治社会，促进社会和谐

全民守法是法治建设的基础工程。构建法治社会，必须树立宪法法律至上、法律面前人人平等的法治理念，培育全社会法治信仰，增强法治宣传教育的针对性和实效性，引导全体人民做社会主义法治的忠实崇尚者、自觉遵守者、坚定捍卫者，使法治成为社会共识和基本原则。青少年是国家的未来、民族的希望，提高学生法治意识，增强学生法治素质，是响应国家号召、顺应时代发展的必然要求。引导、带动全社会对法律的普遍遵守和执行，增强全社会对法治精神的信仰和法律权威的认同，有助于全体人民将法治精神内化为遵纪守法的自觉观念，外化为依法办事的自觉行为，有利

于形成全社会学法、信法、用法的氛围，进而增进社会共识，促进社会和谐。

3. 有利于推进法治教育实效，建立法治国家

党的十九大报告指出，全面依法治国是中国特色社会主义的本质要求和重要保障。中学生法治教育是否能够落到实处，决定了我国是否能够建成法治国家。在依法治国的大背景下，加强中学生法治意识教育，有助于法治中国大目标的实现。在现实生活中，高中生受侵害、未成年人犯罪的案例呈上升趋势，证明高中生仍然无法做到用法律手段维护自己的合法权益。广大思想政治教师要做到使法治意识成为一种价值引领，在思想政治课堂中，以润物细无声的方式，引导学生将尊法学法守法用法的小目标与建设社会主义法治国家的大目标相结合，推动核心素养目标和我国法治国家建设的实现。

📇 问题解决

法治意识的理解与培育需要广大一线教师立足法治文本，选择适当情境，设置思辨议题，注重议题活动体验与关注社会活动相结合。其设计与实施基于法治知识，锻炼法治思维，指向法治素养，养成法治习惯，培养法治情感，是实现思想政治学科独特育人价值的有效途径，有利于在课堂教学中解决法治意识培育这一教学关键问题。

一、立足教材文本，宣扬法治知识

教材是教师实施课堂教学的重要文本和学生进行学习的主要载体。统编版高中思想政治教材非常关注学生法治意识的培育，把"法治"明确表示出来并放在必修3中，把原本的《政治生活》变成《政治与法治》，而且把原本作为选修课程之一的"生活中的法律常识"变成选择性必修的《法律与生活》。增设选修《法官与律师》，第三单元专门讲授"依法治国"的相关知识。教材的其他部分也增加了许多法治知识并多次强调宪法的地位，如在讲授"国家性质"时，教材附带有宪法原文。在《法律与生活》中讲述"民事权利与义务""家庭与婚姻""就业与创业""社会争议解决"；在《法官与律师》中讲述"法官的职责""审判程序""律师的职责""辩护和代理"。这些设置从多个角度、多个方面介绍了与学生密切相关的法律知识，进一步拓展了法治意识教材内容的深度与广度。

【案例】必修3《政治与法治》第八课第三框"法治社会"教学片段

如今，养狗已经成为相当一部分家庭的生活情趣，甚至被视为时尚。随着宠物狗数量不断增加，因违规养狗引发的各种社会问题也越来越突出。这些问题主要集中在扰民、伤人、环境污染、传播疾病等方面。面对此类情况，某社区召开会议，准备根据当地相关法规制定社区文明养狗公约，大家纷纷提出自己的意见。

视频资源 8-1

意见1： 应听取多方面的意见，既包括养狗居民的意见，也包括不养狗居民的

意见。

意见 2：是否拴狗链是养狗居民的自由，应该尊重他们的意愿。

意见 3：养狗居民应当及时给狗接种疫苗。

意见 4：养狗一定要注意搞好卫生，绝不能影响周边环境，给保洁添麻烦。

意见 5：业主养狗应当得到物业公司的许可。

议题：以上意见是否得当？请你运用法律知识加以评析。

案例分析：这是必修 3 "法治社会"这一框中的第一个探究与分享。社区文明养狗公约这一法治文本，能够引导学生体会法律在社会治理中的作用，让学生明白，在法治社会，社会生活中的每一位参与者和社会关系的所有领域都应该遵从宪法和法律的权威，形成良好的守法意识，从而帮助学生懂得法治社会是全体公民普遍信仰和遵从法律、办事依法、遇事找法、解决问题用法、化解矛盾靠法的社会。在课程资源中，有关法治的文本比比皆是，这就要求教师能够立足法治文本，捕捉到法治理性认知的规律，从而精准给予学生法治知识，以便更好地发挥高中思想政治课程的法治教育功能。

需要注意的是，这仅仅是教材中显性的法治文本。在必修、选择性必修以及选修教材中还隐含着非常丰富的法治文本资源。然而，受教材篇幅所限，即使是跟法治知识联系紧密的《政治与法治》，教材也有相当一部分内容（如公民的政治性义务）没有提供相应的法律依据。这就需要教师引导学生搜集、补充相关法律内容，为思想政治课培育法治意识提供文本依托和法律支持，指导学生进行深入解读以宣扬法治知识。

二、合理创设情境，内化法治素养

情境是议题式教学的载体和呈现，是细化议题、组织活动和提升素养的重要媒介。脱离学生学习和生活实际的议题情境往往过于抽象，很难触及学生的最近发展区。优质的情境设置能够实现知识和活动的有机统一，情境创设应贴近生活、贴近实际、贴近学生，呈现真实的生活情境，不可虚构现实生活中不可能出现和存在的虚假情境。同时要从学生的成长出发，让学生接触社会，体验生活，把课本理论与社会实践相结合，加深学生对知识和社会的认识与理解。让学生有话可说、有话要说，并在熟悉的情景里思考、抉择和处置问题。

【案例】 必修 3《政治与法治》第九课第四框"全民守法"教学片段

情境：2020 年 3 月 17 日，来自新冠肺炎疫情重点国家意大利的中国留学生瑶瑶（代名）在辗转 28 小时之后，终于顺利返回深圳。她一路上不吃不喝，全程未摘下口罩，直至被送到隔离点才放下心来。回国前，瑶瑶在意大利已经自我隔离了 20 天，并把能申报的途径全部都申报了一遍，回国后下飞机也是第一时间向机场工作人员报备，瑶瑶觉得这样做既是对自己负责，也是对他人负责。如此自律的行为，被网友称赞为"教科书式回国"。

议题：搜集资料，模拟瑶瑶的回国历程并商讨，说说网友为其点赞的理由。

案例分析：学生的学科核心素养只有在学生与真实情境的对话和互动中才能形成和发展，不同结构的真实情境是学生发生不同层次的真学习和真发展的重要场域。[①] 只有创设合理的教学情境，以情境展开议题，才能促进学生学科核心素养的形成。新冠肺炎疫情是全人类面临的重大公共卫生事件，对全人类产生了深远影响，我们的学生对此并不陌生。创设瑶瑶"教科书式回国"这一真实的生活化情境，符合中学生的认知特点，有助于学生通过情境掌握相关法治知识，内化法治素养。具体而言，可以通过查找资料，让学生理解、学习国内外相关法律法规和疫情期间的各项规定，了解法治知识；模拟留学生回国的历程，让学生真正了解现实中公民依法维护自身合法权益时要做好各项本分工作，切实履行义务，否则就无法实现和行使权利。这一情境活动的展开能够让学生明白回国防控和治疗新冠肺炎是广大留学生的权利，但同时必须履行相关义务；瑶瑶回国过程中严格遵守国内外的相关规章制度，全程戴口罩，不与其他人接触，及时主动上报相关情况，依法履行了义务；瑶瑶回国后主动接受隔离，依法维护了自己的正当利益。

三、紧扣目标定议题，渗透法治思维

新版课程标准在"教学与评价建议"部分强调，教学设计能否反映活动型学科课程实施的思路，关键在于确定开展活动的议题。朱明光老师认为，议题是很有讲究的，不仅包含课程的具体内容，还要体现教学重点，针对学习难点。创设思辨议题，要紧扣教学目标，从教材内容和时政热点中找寻含有学科内容和具有引领价值的议题"辩点"，引导学生在开放性活动中主动去表述、分析、解释、对比、阐述。

【案例】 隐私权与知情权的平衡

情境1：在疫情常态化防控的当下，有关部门每天都及时发布疫情信息，以便公众知晓周围环境是否存在感染风险，掌握确诊或疑似人群行动轨迹，做好防范。不过，涉疫情个人信息泄露事件也随之出现，一些患者甚至因此受到议论。在疫情防控期间，一方面要保障公众知情权，另一方面个人隐私权也不能漠视。

情境2：现在一些小区物业和商超都要求登记姓名、电话、住址，有的甚至要登记身份证号。不少网友表示，不登记，会被认为不配合防控；登记，又觉得个人信息"交"得太轻易。

情境3：根据传染病防治法，在特殊时期，公民有义务配合有关单位和机构接受调查、如实提供相关信息，不得以个人隐私为由拒绝提供。与此同时，传染病防治法也规定，在收集信息过程中不能泄露有关公民个人隐私的信息。

子议题1：查阅相关资料，说明谁有权收集和发布个人信息。

子议题2：查阅相关资料，谈谈"交"出隐私的范围。

---

① 沈雪春，顾爱群.议题式课堂教学设计：中国特色社会主义、经济与社会［M］.西安：陕西师范大学出版总社，2020.

子议题3：你认为隐私权和知情权该如何平衡？

案例分析：上述议题情境包含着丰富的活动型学科课程内容信息，在议题设置上提供了开放的视野和发散的思维，重点考查学生综合运用多学科视角发现、分析和解决现实问题的能力。子议题1聚焦收集和发布个人信息的主体，让学生知晓根据相关法律规定，有权收集和发布公民信息的主体包括疾病预防控制机构、医疗机构、被指定的专业技术机构，以及街道、乡镇、居委会、村委会等。其他主体不得擅自采集和公布公民个人信息。子议题2让学生知道相关主体有权收集信息但不能随意公开，信息公开和使用要有法定的正当目的和正当程序，在合法的范围内进行。子议题3让学生明白在应对突发公共事件时，对个人隐私权做出一定限制符合我国法律的相关规定，但这种限制不是无边无际的，不能损害公民的合法权利，不能在没有正当理由的情况下损害公民的隐私权。三个子议题环环相扣，渗透着法治思维，可以引发学生进行法治思考，提升法治意识。

在议题式教学设计和实施过程中，高中思想政治教师要以学习目标为导向，充分重视学生的主体地位，发挥教师的主导作用，引导学生层层递进，综合运用多学科视角与多角度思维分析和解决问题，在思辨过程中碰撞出思维火花，让学生在体会公众知情权与个人隐私权的平衡中增强社会责任意识和法治意识，熏陶法治情感，锻炼法治思维，促进学科核心素养的落实。

四、优化活动重体验，养成法治习惯

心理学家皮亚杰认为，在人与环境、人与教育、人与遗传这三对关系中，活动是最关键的因素。因此，序列化、层递性的议题活动是引领学生在真实体验、自主探索中浸润法治知识、涵养法治素养的关键。议题活动形式多样，有小组商讨、分组辩论、角色扮演、模拟听证会等课堂活动，以及问卷调查、实地调研等饶有情趣的课外活动。指向法治意识的议题式教学，要根据学生的认知规律和思维特点，聚焦某个具体议题展开多元化、层递性的议学活动，实现价值引领，促进素养提升。

【案例】必修3《政治与法治》第八课第三框"法治社会"教学片段

广受社会关注的爱奇艺电视剧《庆余年》超前点播案宣判。法院认为，互联网技术的大发展正日益改变着人们的生产生活方式，人们对于工作生活的差异化需求得到逐步满足，个性化表达得到实现。作为互联网文化产品服务的提供者、服务者，网络视频平台基于消费意愿推出的"会员制"服务模式，催生差异化、适配型服务，属于正常经营范畴，本无不妥，但商业模式不得违反相关法律规定。爱奇艺违反了对吴先生"热剧抢先看"的承诺，应当承担违约责任。北京互联网法院当庭作出一审判决，确认涉案协议部分条款无效，新增的超前点播条款对吴先生不发生效力，且爱奇艺需在判决生效之日起10日内，向吴先生连续15日提供黄金VIP会员权益，并承担公证费用1500元。

庭审结束后，本案主审法官表示，网络视频提供者推出新型运营模式应当鼓励，但其单方变更条款不应损害相对方的权利，这既考虑到用户权益，也考虑到平台健康发展需求。希望此案的判决结果能为各方提供法律判断的指引。

子议题1：为什么广大用户群体只是讨论和争议，只有用户吴某想到了提起诉讼？

子议题2：吴某为起诉爱奇艺超前点播案耗费了大量精力和财力，最终只获得了连续15日黄金VIP会员权益，你觉得值得吗？

子议题3：该案件的胜诉对社会、企业和个人分别有怎样的意义？对我们建设社会主义法治社会有什么启示？

案例分析：在本案例中，子议题1引导学生树立法治意识，发自内心地遵守和信仰法律，把法律精神、法律原则、法律规范内化为日常的行为习惯，积极、主动、自觉地遵守法律。子议题2通过对吴某行为值不值得的讨论，进一步让学生懂得法治意识是人们对法律发自内心地认可、崇尚、遵守和服从。吴某花了大量的精力和财力虽然只获得了爱奇艺提供的连续15日黄金VIP会员权益，但对外宣告了自己拥有神圣不可侵犯的权利。他对侵害自己权利行为的诉讼彰显了法治精神。子议题3通过探究此案对社会、企业和个人的意义，让学生明白法治社会建设需要全社会共同参与，必须在全社会弘扬社会主义法治精神，建设社会主义法治文化，深入开展法制宣传教育，增强全社会法治观念，推动全社会树立法治意识。三个子议题层层递进，由浅入深，通过序列化的设计，充分考虑议题活动的推进与衔接，教学的铺陈与过渡均由学生分组自主完成，真正做到了让学生"动"起来，课堂"活"起来，让学生在活动中养成法治习惯。

五、关注社会活动，培养法治情感

生活是教学的源泉，是理性认知的根基，教学只有联系实际生活，走进实际生活，才能使人真正理解和甄别理性认知的内在意义和价值。时政教学是高中思想政治教学的重要途径，教师应坚持将法治新闻带进课堂，把最新的法治知识、法治新闻融入思想政治教学之中，丰富和优化课堂法治教育内容，不断引导学生去熟悉的社会生活场域中寻找社会热点。同时，也可以组织学生观看新闻联播、新闻周刊等综合性新闻节目以及今日说法、法治在线等专门性法治新闻节目，让学生了解最新的法治动态，利用课前3分钟或专门的法治课让学生运用所学的法治知识来对这些法治热点话题进行讨论和分析，在分析问题、解决问题的过程中培养法治情感，提高法治素养。

【案例】民法典进课堂

搜集资料：

查阅报纸或观看一档新闻节目（最好是全国性的），选择涉及民法典的内容，将其中的重要信息记录下来。

提示：选择可信度高的信息源，注意区分重要和次要的新闻信息，用数据、图表、照片、音频、视频等丰富自己的记录。

分析思考：

整理所搜集的资料，挖掘新闻素材背后涉及的民法典相关条文，通过小组讨论，用一段话概括本组成员对民法典的认识。

继续探究：

1. 从新闻素材涉及的民法典条文中选择一条，深入探究这一法律条文的前世今生。

2. 通过调研访谈，了解身边的人对民法典的认识。

提示：应尽可能选择不同年龄、不同成长经历、不同职业的人作为采访对象，确保全面性、准确性。

撰写报告：

结合所选民法典条文，以"与法同行　点亮未来"为主题撰写一份报告，论述民法典在我国社会生活中的作用。

案例分析： 这一堂专门的法治课提供了较为完整的法治素养培育路径，展现了搜集资料、分析思考、继续探究、撰写报告四个具体步骤，有助于引导学生在关注社会热点的过程中，感悟民法典这一"社会生活百科全书"的作用。

在搜集资料环节，之所以要求学生查阅的报纸和观看的新闻节目最好是全国性的，是因为其内容更具权威性和影响力。要求学生将相关重要信息记录下来，是为了让学生对所选事件有比较全面的了解，以便更加全面地看问题。在分析思考环节，引导学生对所记录的信息进行整理，推动小组成员间的合作，形成对社会发展现状的总体认识。在继续探究环节，要求学生探究民法典法律条文的前世今生，思考民法典的具体作用，了解身边人的认识，需要学生将所学知识与探究内容建立正确的联系，体现对学科知识、学科观点、学科方法的运用。在撰写报告环节，要求学生将探究成果形成文字材料，论述民法典在我国社会生活中的作用。这堂法治课侧重于走出课堂，开展社会实践活动，使学生"角色代入"，有助于法治情感与法治认同的形成。同时，学生在学习法治时政知识的过程中不断知法明智，提升法治素养，进一步增强中国特色社会主义法治自信。

总之，高中思想政治课程是落实立德树人根本任务的关键课程，高中生身处法治意识养成的"拔节孕穗期"，以潜移默化、精准滴灌的方式培育学生的法治意识素养是取得成效的关键。高中思想政治教师要深挖教材的法治文本，紧扣时政，面向生活，设计和实施议题式教学，将法治议题贯穿教学过程，引导学生在"议中学"，以培育学生的法治意识等学科核心素养。此外，还要引导学生在活动课堂和社会实践中启蒙法治思维，增强法治观念，树立法治信仰，养成法治习惯，以帮助学生扣好知法守法的第一颗扣子。

教学关键问题 9　如何理解并培育学科核心素养之公共参与？

目前普通高中思想政治课程实施和育人方式的改革正向纵深推进，课堂教学愈发注重学生核心素养的培育和养成。公共参与素养作为高中思想政治学科四大核心素养之一，与另外三大核心素养在逻辑上相互依存。公共参与素养展现人民当家作主的责任担当，突出实践结果，是政治认同、科学精神和法治意识的行为表现和最终落脚点。公共参与素养涉及学生公共参与意识和公共参与能力的形成，有助于强化学生的责任感和使命感，从而实现学科育人目标与价值。因此，在高中思想政治教学中培育学生的公共参与素养具有高瞻远瞩的意义。新时代如何准确理解公共参与素养的基本内涵及作用，如何有效把握公共参与素养培育的教学实施策略，成为广大一线高中思想政治教师迫切需要解决的关键问题。

问题分析

一、问题的提出

新版课程标准提出，我国公民的公共参与，就是有序参与公共事务，勇于承担社会责任，积极行使人民当家作主的政治权利。具体要求学生能够：具有集体主义精神；遵循规则，有序参与公共事务；热心公益事业，践行公共道德，乐于为人民服务；积极参与民主选举、民主协商、民主决策、民主管理、民主监督的实践，体验人民当家作主的幸福感；具备善于对话协商、沟通合作、表达诉求和解决问题的能力，勇于担当社会责任。

教师要想在高中思想政治教学中融入公共参与内容，提高学生的公共参与素养，就必须了解当前学生公共参与素养培育的基本情况和遇到的问题。当前的高中思想政治课堂教学已经发生了变化，教师、学校以及社会日渐重视培育学生的公共参与素养，鼓励和引导学生参与到社会大课堂中，培育学生的家国情怀。但在具体教学实践中依然存在一些问题与不足。

1. 教学目标偏差，知识与能力两张皮

中国特色社会主义已步入新时代，不少高中思想政治教师仍然以传授学生解题思路和高分技巧为教学目标，这种传统的应试教育思想正深刻地影响着广大高中生。诚然，在高考应试教育背景下，通过考试的方式虽能选拔出一批优秀的学生，但长此以往将扼杀学生的创新思维，教师能给予学生的大多是与考试相关的内容，很大程度上忽略了学生的认知特点和学习兴趣，割裂了知识的原有逻辑体系，违背了知行统一的

要求，不利于创新型人才培养，也越来越不符合新时代对学生综合发展的要求。思想政治学科将时代变革和时事政治紧密相连，从现实社会出发，既能满足学生对知识层面的需求，构建完善的知识体系，又能提升学生解决实际问题的能力，满足学生参与社会公共生活的意愿，并将思想道德教育与智力发展、知识技能提升系统结合起来，让学生在课堂教学和社会实践中理解、认同和深化思想政治学科理论观点。显然，在应试教育体系下，教师注重知识的灌输和解读，强化了育人的具体实践要求，培育出大量对复杂社会环境适应不良的学生。

此外，一些教师自身的专业素质和教学观念不能与时俱进，公共参与意识不达标，在一定程度上也限制了学生的公共参与素养培育。当下，一些思想政治教师在教学过程中不能转变教学观念，在教学目标的设立上更侧重于知识的传授和记忆，对情感和技能方面的目标设计较少，教学目标与学生发展核心素养结合较少。教师虽有丰富的教学经验，但由于教学地点限于学校，教学对象限于学生，对于公共参与也主要是纸上谈兵，常常缺乏实践经验，这也就导致了教师在教导学生的过程中，不重视对其公共参与素养的培育，或在布置关于公共参与实践时未能全面考虑学生的诉求和具体的实践因素，从而造成学生参与意识不高，甚至使学生觉得事不关己，对学生的情感态度与价值观缺乏有效的引导和熏陶，导致学科知识与参与能力脱节。

2. 教学方式陈旧，学生不能深度参与

一些思想政治课堂教学缺乏创新。学生能在思想政治课上学到什么，是否能将所学知识运用到生活中，很大程度上取决于教师在课堂上教什么、怎么教。课堂教学方式的僵化与陈旧是阻碍学生公共参与素养提升的主要因素之一。

传统课堂主要以传授—接受教学为主，这种教学模式侧重于教师对知识的讲授，这虽然在一定程度上能够对知识系统进行传递，但也不可避免地会出现重间接经验传授而轻直接经验作用的倾向。这种方式虽能让学生轻易获得知识，但大多是靠机械记忆获得的陈述性知识，很难实际运用，容易遗忘。通常情况下，学生在思考与探究中通过加工获得的知识更利于有效把握。在素质教育下，虽然一些学校开始注重运用多样化的教学模式满足学生的需求，但效果并不理想，学生积极性不高。探其根源主要有以下几点：其一，教师在运用其他教学模式时生搬硬套，不能根据学生的身心发展因材施教。教学模式本身无好坏之分，关键是教师在运用过程中是否恰当结合课程特点和学生兴趣，设计出让学生感兴趣的、能够提高学生学习积极性的教学方式。其二，在课堂教学中，注重教师的单向输出，忽视师生之间的互动；在师生关系上，强调教师的主导作用，忽视学生的主体作用。众所周知，师生之间的双向互动是有效课堂教学的前提，即在课堂上不仅要有教师的教，还应有学生的学。在课堂上学生不是知识的被动接受者，而应是知识的主动建构者，在主动参与教学的过程中，将所学知识内化，形成自己的价值观和素养。但目前的大多数教学仍然以教材和教师为中心，不重视学生的主体地位和能动性，削弱了学生主动参与的热情，降低了课堂教学的实效性。其三，教学内容的指导缺乏对学生举一反三能力的训练。思想政治课堂不仅要向学生传授正确的价值理论和人生导向，还要让学生在学习过程中学会结合实际分析问题，

形成正确的观点和行动指南。如果教师在教学中不注重对学生思维的训练，不重视教与学的关系，不注重创新，那么就无法真正培育能够担当民族复兴大任的未来接班人。总而言之，当前有不少教师对公共参与教学实施缺少策略或者把握层次较浅，导致学生不能够真正理解"什么是公共参与""为什么要公共参与""怎样公共参与"等问题，从而缺乏学习兴趣和参与激情，更谈不上深度学习。

3. 教学内容单一，课堂缺乏活力

步入信息化社会，借助大众传媒，人们学习的内容更加丰富。但当前不少思想政治课关于公共参与的教学内容过分拘泥于教材，过于强调结论性、标准化，缺乏必要的弹性，在一定程度上扼杀了学生学习和创造的空间，导致思政课堂缺乏应有的活力。学生公共参与素养的提升不仅需要公共参与知识的习得和掌握，更需要在实践中参与体验，将所学知识转化为能力和素养并通过行为表现出来。在教学中，课堂与实践相结合是培育学生公共参与素养的有效手段，但在现实条件下，紧张的学习氛围压缩了学生参与实践的时间，而学校与社会脱节则在一定程度上导致学生公共参与空间不足。公共参与从本质上来讲，就是希望学生能够参与到他们熟悉的公共生活中去，在实践中积累经验，在实际生活中运用知识，提高解决问题的能力，增强社会责任感和道德感。但是，由于学生公共参与的空间范围被局限在课堂上、学校里，因此很难真正提高学生的公共参与素养，达不到培育公共参与素养的目标，无法充分发挥思想政治理论指导实践的真实作用。

此外，学校生活与社会之间出现断层，让生活在象牙塔中的学生无法适应社会生活。学生在学校中习得的知识是静止的、抽象的，而时代是不断发展变化的，所以很难将所学知识运用到生活中去，这就导致一部分学生只是死记硬背知识，又因为缺乏实践机会，从而很难掌握知识的精妙之处。学校与社会之所以会出现脱节，一方面是因为家长、学校、社会有关部门不够重视，活动课缺乏专业教师指导，只是流于形式，并没有真正发挥出活动课的效用。另一方面，学校在培养人才方面定位不清，本末倒置。学校培养出的人应是具有较高的科学精神和法治意识、有责任心和爱国情怀、有理想有目标的大好青年，而不是只会考试的机器，学校也不是制造考试机器的工厂。思想政治是一门理论性较强的学科，学生只有在实践中感悟、在社会生活中体验和深化，并最终通过行为将知识外显出来，才能有效提升公共参与素养。因此，学校要为学生建立向社会过渡的通道，重视社会生活在基础教育和思想政治教学中的地位，加强学生与社会的联系。同时，社会及有关部门或组织也要适时为学校的发展和青少年的成长建立和谐的环境，为学生素养的提升提供可实现的空间。

二、问题的价值

1. 马克思关于人的全面发展理论

实现高中生的全面发展是高中思想政治教育的价值取向和根本目标，是实现立德树人根本任务的必然要求。培育学生的公共参与素养，是将学科核心素养落实到行动中的重要环节，对促进学生全面发展起着重要作用。因此，学生公共参与素养的培育

应该放在马克思主义关于人的全面发展理论视角下研究。

马克思认为，人的全面发展就是人以一种全面的方式，也就是说，作为一个完整的人，占有自己全面的本质。在马克思看来，作为类存在物，人的本质是自由自觉的活动，即实践活动，最集中的表现是劳动；作为社会存在物，人的本质在其现实性上是一切社会关系的总和；作为完整的个体的人，是自然因素、社会因素和精神因素的统一体，人的本质就是人的个性。从中我们可以看出，马克思从多维角度系统地研究了人的全面发展。

2. 建构主义理论

建构主义理论经过多年发展，逐渐被应用到教学实践中，并在实践过程中形成了具有特色的知识观、教学观和学习观。建构主义理论为培育学生的公共参与素养提供了有力的理论支撑，也进一步提高了高中思想政治教学的实效性。

著名心理学家皮亚杰是建构主义理论的发起者和推动者。他认为，通过与周围环境的相互作用，儿童能够逐渐构建起有关外部世界的知识，并使自身认知结构得到发展。儿童的认知结构在同化与顺应过程中逐渐建立起来，并不断在"平衡—不平衡—新的平衡"的螺旋式上升中获得提高和发展。在建构主义理论中，知识的不断更替是人类社会持续发展的不竭动力。人类可以在遵循客观规律的基础上通过主观世界的能动选择改造客观世界，并利用在这一过程中获得的知识与经验完善自身发展，还可以将其形成知识体系传授他人，造福社会。这种在客观事实中提炼一般规律并逐渐内化于心、外化于行的主体反应对于培育学生的公共参与素养有着跨越式的指导意义。学生公共参与素养的形成正是在"实践—认识—实践"的过程中不断深化的。在教学过程中，教师要善于利用建构主义的理论和方法让学生将课堂所学知识深化于心，并在社会实践中体现出来，提高学生公共参与的能力，促进学生全面发展。

3. 民主主义教育思想

杜威是美国著名的教育家和思想家。他的民主主义教育思想立足于对现实社会的实践与思考，并提出通过教育来构建民主社会，从而分享共同利益。杜威在《民主主义与教育》《经验与教育》等著作中极大地展示了他对教育的规划、对理想社会的构建以及对未来社会的追求。民主主义教育思想中的民主性和实用性对教育理论及实践产生了极为深远的影响。

在教育本质上，杜威认为只有在生活和经验中学习才能体现教育的价值。教师只有将书本知识与实际生活相联系，才能更加有效地教导学生将所学知识运用到实际生活中，解决生活中所面临的问题，促使学校教育与社会生活相联系。对此他提出"学校即社会"，将学校改造成一个雏形社会，并将自然科学研究、人文艺术研究等引入学校教育中，不断完善学校教育的社会性、民主性和科学性，从而使学生在学习知识的过程中习得社会经验，并促进教育和社会生活经验的协调一致。正如在培育学生的公共参与素养时，将公共参与内容融入校本课程和综合实践课程中，让学校生活与社会参与相关联，让学生在简单或复杂的情境中提高自身认识和参与活动的主动性和责任感。在教学方法上，他创造性地提出"从做中学"的教学理念，教导学生在汲取知识的过程中，运用所学知识解决其所在生活环境中遇到的问题，激发求知欲，提高解决问题的能力。杜威提出的"从做中学"实现了知与行、做与学的有机统一，并强调学校在教育学生和传授知识的过程中应重视实践能力的培养。教师应是学生学习活动的指导者和参与者，在教学过程中选取与生活实际相关的案例或引导学生主动探究，在探究中学习知识和提升能力。杜威的教育思想将教育与生活相结合，强调教育目标的多元化、个性化，使学生在体验生活的过程中得到乐趣、增长知识、提高能力。因此，在杜威教育理论指导下，通过高中思想政治教学培育学生的公共参与素养有利于拓宽教学的渠道、引导学生参与到公共生活中，关心社会，关注身边发生的事情，进而促使学校与社会及家庭相互联结，实现思想政治教育的一体化。

4. 以生为本：关注学生发展

培育学生学科核心素养是新一轮课程改革的出发点和最终归宿。课程的不断改革和发展的最终目标都是为转变学习方式、增强学习能力、增强创新和实践能力、促进学生健康全面发展服务。学习能力是学生将来立足社会、服务社会的根本，是学生在学习活动中，能够选择和提取学习内容意义的结合，能够独立获取信息并对其进行深加工的一种深层次的思考。它强调学生对所获信息能够自主分析、灵活运用的思维能力。

思想政治教学要想提高学生的公共参与素养必然要转变传统教学模式，引导学生养成独立学习的意识与能力，激发学生参与生活的热情。教师应依据学生的认知规律特点，基于学生实际生活和社会发展的需要，创设贴近生活与社会的情境，丰富学生的生活体验和感悟，通过设置有深度的问题，引导学生学会运用分析、概括、归纳等方法，以此促进其思维的深层发展，强化知识的迁移和应用，鼓励学生参与公共事务，关注时事政治，在解决社会生活问题中提高学生分析问题、解决问题的能力，从而构建有深度的课堂教学。构建有深度的课堂教学，激发学生的公共参与热情，能够在一定程度上扭转高中思想政治课堂枯燥机械的刻板印象，改变学生浅层学习、低效学习的现象，实现理论知识与生活实际的紧密结合，让学生的知识学习真正源于生活、归于生活，在情境和设问中培养学生的综合分析能力和创新思维。

5. 德育为先：强调社会需要

习近平总书记在党的十九大报告中指出："中国特色社会主义进入了新时代，这是我国发展新的历史方位。"[1] 这一具有象征意义的转折，不仅是中华民族和中国人民社会生活状态的重大变化，也是思想政治课所要着力体现的社会现实。新版课程标准从学科分类的意义角度明确指出，高中思想政治课程要以立德树人为根本任务，以培育社会主义核心价值观为根本目的，是帮助学生树立正确的政治方向、提高思想政治学科核心素养、增强社会理解和参与能力的综合性、活动型学科课程。

在高中思想政治教学中培育学生的公共参与素养对于深入理解思想政治学科课程性质有着重要意义。只有明确课程性质的本质，我们才能坚定不忘初心、继续努力的

---

① 习近平. 习近平谈治国理政：第3卷 [M]. 北京：外文出版社，2020：8.

信念；只有正确理解课程性质的内涵，我们才能在培养学生的过程中着重培养学生的综合素养和关键能力。思想政治课程作为理论教育、法治认知和公民意识教育于一体的综合性课程，提高学生的公共参与意识和能力是培育其他几种核心素养的行为表现和必然要求，是担当人民当家作主责任的重要表现。作为德育课程，高中思想政治课程将社会公共内容与理论知识相结合，将课堂教学与社会实践活动相结合，潜移默化地进行思想道德渗透，引导学生关心关注社会时事，培养其社会参与意识和社会责任感。国无德不兴，人无德不立。习近平总书记指出："青年兴则国家兴，青年强则国家强。青年一代有理想、有本领、有担当，国家就有前途，民族就有希望。""中华民族伟大复兴的中国梦终将在一代代青年的接力奋斗中变为现实。"① 青年人要能够自觉扛起中国特色社会主义的建设大旗，公共参与意识和公共参与能力具有至关重要的作用，是学生从学校步入社会中的重要途径，同时这也是一种大情怀、大气魄，即大德。

📠 问题解决

一、创设时政讲坛，强化公共参与意识

所谓时政讲坛，就是通过发挥小组学习优势，让学生利用课前 5 分钟进行近期国际国内重大时政热点问题分享，并运用学科知识进行点评与分析，事后接受其他同学的询问和质疑并作出答复。公共参与可细化为认识社会、参与社会和团队合作的意识与能力。创设时政讲坛是对教学内容的有益补充。进入新时代，党和政府对实际问题的认识进一步深化，为此，思想政治教学必须及时把党和政府的新思想、新理念、新政策补充进去。这不仅可以帮助学生养成"家事、国事、天下事，事事关心"的好习惯，激发学生的学习兴趣，使课堂永远保持生机与活力，还可以帮助学生能动地把握教材理论、知识重点，提高学生分析和解决实际问题的能力。教师应以此为载体和平台，活跃课堂氛围，让学生享受分享的愉悦，这对学生时政素养的培育和社会认知能力的提升具有积极意义。

【案例】这是 2020 年网课期间来自钟彩虹同学的一次课前时政分享——担当尽责　做合格公民。该同学在视频中与我们分享了她对新型冠状病毒的科学认识，以及党带领全国各族人民如何团结一心、众志成城抗击新冠肺炎疫情的心路历程，还讲述了她自己的亲身经历，分享了她每天如何自律、努力学习、积极生活的真实生活场景。看完该同学分享的视频，不知不觉中我们每个人的内心都汲取到一股满满的正能量。在 2020 年那些不平凡的日子里，越来越多的人养成了关注时事的好习惯，自发地加入抗击新冠肺炎疫情的战役中，我们相信以习近平同志为核心的党中央一定能够带领全国人民打

视频资源9-1

① 习近平. 习近平谈治国理政：第3卷 [M]. 北京：外文出版社，2020：54.

赢这场没有硝烟的战役。同时也帮助学生进一步理解了我国是人民民主专政的社会主义国家这一国家性质，体会人民是国家的主人的深刻内涵，理解中国共产党的领导是中国特色社会主义最本质的特征，掌握我们党的宗旨是全心全意为人民服务等相关知识，引导学生初步实现了从之前的"政治生活无所谓"到"政治生活有所谓"的转变。通过时政播报，钟彩虹同学在学习、经历和体验中进一步理解公共参与的内涵及作用，而一次又一次的时政播报，也让更多同学在潜移默化中体悟到公共参与的重要性，强化了公共参与意识，从而更有安全感、获得感和幸福感。

二、开展辨析式教学，提升公共参与能力

辨析式教学，即通过分析典型范例展示观点，引导学生在价值冲突中深化理解，在比较、鉴别中提高认识，从而切实实现价值引领。辨析式教学适应当代高中生思想开放、关注现实、喜爱研究、善于思考等心理特点和学习倾向，给予学生研究问题、认识社会、澄清价值的空间和机会，能更好地引导学生在开放、辨析的情境中，科学面对不同的观点。通过自主辨识、分析、小组合作探究与教师及时点拨有机结合的方式，学生不仅可以实现有效参与，还能够实现深度学习，做出正确判断和选择，有效提升公共参与能力。

【案例】 必修 2《经济与社会》"按劳分配为主体 多种分配方式并存"教学片段

视频资源 9-2

合作探究：假设我们全班同学都是一个公有制企业的员工，我们辛勤工作制作出了产品——一个精美的大蛋糕，怎样分配最合理？有人提出平均分配，有人提出按需分配，也有人提出按劳分配，你会做出何种选择呢？请说明理由。（以学习小组为单位讨论分享，时间 3 分钟）

追问与思考：

1. 我们企业应该采用什么样的收入分配方式？其前提是什么？有何特点？

提示：实行的是按劳分配的方式；前提条件是生产资料公有制，生产资料归集体所有，属于公有制经济；分配以劳动数量和质量为尺度，实行多劳多得，少劳少得，采用工资制。

2. 你认为我们企业能否全面实行按需分配？为什么？

提示：不能。物质基础是生产力发展水平。

3. 你认为我们企业的收入分配能否搞"一刀切"的平均主义吗？为什么？

提示：不能。直接原因是劳动的性质和特点。

4. 我们企业实行按劳分配有何积极意义？

提示：有利于充分调动劳动者的积极性和创造性，激励劳动者努力学习科学技术，提高劳动技能，从而促进社会生产的发展。这种分配制度是对几千年来不劳而获的剥削制度的根本否定，是消灭剥削和消除两极分化的重要条件，体现了劳动者共同劳动、平等分配的社会地位。

三、参与社会实践，促进知行合一

学科内容的教学与社会实践活动相结合，是活动型学科课程的显著特点。社会实践活动包括志愿服务、社会调查、专题访谈、参观访问以及各种职业体验等。社会实践活动为教学提供了更广阔的空间、更丰富的资源、更真实的情境，是实施活动型学科课程的社会大课堂。社会实践活动可以分为校内实践活动和校外实践活动。校内实践活动包括模拟活动、志愿者活动、校园服务活动等。校外实践活动包括社会调查、参观博物馆、走访政府部门、游学等。这是学生认识社会、参与社会的重要途径。

在"中国特色社会主义"模块的教学中，为了让学生更深刻地理解中国特色社会主义是科学社会主义理论逻辑与中国社会发展历史逻辑的辩证统一，帮助学生树立为共产主义远大理想和中国特色社会主义共同理想而奋斗的信念，教师可以引导建议学生走进市内各大公共图书馆查阅相关文献资料并加以整理，走进红岩魂展览馆、科技馆、烈士陵园等地去探寻中国人民从站起来到富起来、强起来的心路历程。通过这些社会实践活动，学生可以了解人类社会发展的一般过程和基本规律，坚信社会主义终将代替资本主义是不可抗拒的历史趋势，懂得中国特色社会主义是科学社会主义的成功实践，是中国近代历史发展的必然选择；理解坚持和发展中国特色社会主义，是实现中华民族伟大复兴中国梦的必由之路，从而坚定道路自信、理论自信、制度自信、文化自信。

在"政治与法治"模块的教学中，为了让学生进一步理解党的领导、人民当家作主、依法治国是有机统一的，教师可以鼓励学生走进社区，访谈优秀共产党员，参观调解中心、仲裁委员会、人民法院或检察院，开展以"法治在身边"为主题的演讲会等，并要求学生关注政府部门的官方微信、微博和网站，拨打市长热线电话，针对某些问题发表意见和提出建议，以截图、视频、录音等方式交回老师。教师可以选取其中一些优秀作业拿到课堂上展示、讨论。这些社会实践活动很好地帮助学生了解中国共产党的性质、宗旨和指导思想，明确党的执政地位是历史和人民的选择，理解中国特色社会主义政治制度的基本内容、鲜明特点和主要优势；了解全面推进依法治国的总目标，知道科学立法、严格执法、公正司法、全民守法的基本要求；懂得走中国特色社会主义政治发展道路，必须坚持党的领导、人民当家作主、依法治国有机统一，理解推进国家治理体系和治理能力现代化的重要性；具备有序参与国家政治生活和社会公共生活的能力。

单元 3 基于学科核心素养的教与学

新版课程标准的课程目标指出，通过思想政治课的学习，学生能够具有思想政治学科核心素养。在学科素养视域下，以学生为中心成为一切具体课堂教学活动的核心，同时，也向思想政治教师提出了基于学科核心素养设计学习目标的要求。然而，受传统教学理念的根深蒂固及区域经济社会发展水平、教育教学水平的差异性等因素影响，当下的课堂教学对学科核心素养的发展要求还未充分贯彻。因此，如何基于学科核心素养设计具体的学科学习目标就成了广大教师亟待解决的重要问题。

问题分析

一、问题的提出

对于学科教师而言，教育目的或课程目标都是一种学科方向性指引。而相较于教育目的、课程目标，学科核心素养视域下的学习目标则更为具体，对学科教师的教学活动提出了更高的要求。美国芝加哥大学教师布卢姆于 1956 年出版了《教育目标分类学》，第一个把分类学的理论应用于教学领域，并从认知领域、情感领域和技能领域对学生的预期学习指向进行了划分，成为学科教师开展具体教学活动的重要指标。

2016 年 9 月，中国学生发展核心素养总体框架正式发布，以培养"全面发展的人"为核心，从文化基础、自主发展、社会参与三个方面，凝练出六大素养，这标志着我国课程改革步入了以培育学生核心素养为追求的阶段。高中思想政治课程以培养学生的学科核心素养为课程目标，课程标准就每一个学科核心素养的具体表现都有明确的表述。从本质上讲，学习目标就是通过具体的教学活动引导和促使学生发生一定的积极变化，是对学生通过学习活动应该表现出来的可见行为的具体而明确的表述。

学科核心素养理念提出及实施的时间较短，致使学习目标的设计还存在发展不充分、不平衡、不完善等现象，主要表现在以下方面。

1. 学习目标的认识困境

（1）不能够充分认识学习目标的作用。学习目标是教师开展课堂教学活动的出发点和落脚点，有助于引导教师开展课堂教学活动，有助于详尽有序地推进学生的学习活动，有助于对课堂教学实效进行全面评价。虽然众多高中思想政治教师认为学习目标对落实立德树人根本教育任务很重要，但是对学习目标的作用的认识还不全面。例如，一些教师认为学习目标的作用在于教师和学生两个方面，一些教师认为学习目标的作用在于评价和学生两个方面，还有的教师认为学习目标的作用关键在于评价。由此可见，部分教师还不能够从教师、学生和评价三个方面给予全面剖析，这必然会影响学科课堂教学效果。

（2）不能够准确把握学习目标的内涵。学习目标的内涵应该置于教育体系、教育理念和具体学科中进行理解和阐释。随着高中思想政治教学改革的深入发展，大部分教师已经认识到以往的三维目标已经被学科核心素养目标所代替。但是面对新学习目标与核心素养之间有什么关联这个问题却茫然无措，僵化地认为学习目标就是学科核心素养。同时面对学习目标与课程目标有什么区别、有何关联等问题，一些教师认为课程目标包含学习目标，却没有认识到学习目标所指向的学习主体。由此可见，高中思想政治教师对学习目标的内涵认识还未达成共识，不利于学科核心素养的落实。

2. 学习目标的创建困境

（1）学习目标创建思维混乱。教师通过校本培训、国培、专家讲座及自主学习等方式，或多或少对新课标、新课程所倡导的学科核心素养目标有所了解和把握。然而落实到具体的课堂教学活动中，却出现了学习目标创建思维混乱。例如，一些教师由于长时间受三维目标的影响，在他们看来用三维目标引导课堂教学的实效并不差，致使这部分教师对学习目标的创建采取不变论；一些教师认为学科核心素养是新课改的灵魂和核心，无论是课程的构建还是评价都离不开学科核心素养，为此这部分教师不考量学科核心素养和学习目标是两个概念，就主张用学科核心素养代替学习目标；一些教师认为三维目标的存在具有合理性且运用了很多年，而学科核心素养是一个新理念，未知的隐形问题多，所以对学科核心素养有保留心理，在具体的课堂教学活动中采用三维目标和学科核心素养目标的附加或整合。由此可见，教师对创建学习目标还未确立新的教学理念，这必定会影响课程标准要求的落实。

（2）学习目标设计不科学。在一些教师看来，在学科核心素养视域下设计学习目标费时费力，而学习目标的设计效果好像与具体课堂教学活动关系不大。因此，一些教师简单粗暴地处理学习目标设计，即在原有三维目标设计的基础上进行改动，致使学习目标在具体课堂教学中反应不一致；一些教师并不深入贯彻学科核心素养理念，在学习目标的设计上引用的依据过于混乱、落后，不能够真正建构起以学生为本的学习目标；一些教师虽然是在学科核心素养视域下设计学习目标，但是在表述上存在逻辑混乱、选取要素不合理、词语搭配不当等问题，导致学习目标在具体的课堂教学活动中难以推进或教学效果不佳。

3. 学习目标的评价困境

以往评价教师课堂教学效果主要看学生能否高效地完成作业，而这种评价方式随着课程教学实践活动的深入及教学理念的日益完善，已过于偏颇，必须进行革新。从2001年开始试行的课程改革将课程的三维目标作为课堂的教学目标，虽然在课程标准的设计中强调三维目标同等发力，即在教与学的过程中掌握知识，升华情感。然而从绝大多数教师的课堂教学实践活动来看，他们往往过于重视"知识与技能"目标，过于重视通过一系列考试和作业来检测"知识与技能"目标的实现效果。显然，学生完成作业的效果成了评价教师课堂教学效果的直观依据。在学科核心素养视域下，学习目标所指向的主体应该是学生，所培养的应该是学生在复杂多元化的问题情境中发现问题、分析问题和解决问题的能力，以及在整个过程中逐渐形成的人格、品质、思想、思维等。然而，在旧有的思维惯性下，学习目标的评价仍然以知识的掌握为主，这显然与当前所倡导的人才培养标准背道而驰。

二、问题的价值

1. 理论价值

新版课程标准不仅站在较高的高度提出了学科核心素养，而且对学科核心素养进行了凝练，还明确指出学科核心素养是对知识与技能、过程与方法、情感态度与价值观三维目标的整合，而对于学习目标如何设计没有明确指示。为此，本部分通过学习目标的设计、表述以及评价三个纬度，提出了在学科核心素养视域下高中思想政治学习目标设计的创新策略，深化了在学科核心素养视域下学习目标的研究，延展了高中思想政治教学的研究内容，进而丰厚了高中思想政治课程与教学论的相关内容。

2. 实践价值

学科核心素养已经成为新一轮高中思想政治课程改革的主导方向，在学科核心素养的指导下，结合多年的教学实践活动，针对学科核心素养视域下学习目标的设计，本部分从两个方面为广大高中思想政治教师提出了纾困策略。首先，教师要确立新的教学理念，不断与时俱进地提升自我专业素养，才能够实现立德树人根本任务。其次，学科核心素养视域下高中思想政治课程的学习目标设计及反思，有助于教师潜心研究学习目标的设计，助推学科核心素养的培育；有助于教师不断优化课堂教学过程，提升课堂教学实效，完善教学评价机制，从学生学习成长与适应倒逼课程教学更加生动化、多元化和丰厚化。

问题解决

一、确立学习目标

确立学习目标是学习目标设计的第一环节。教师教什么，怎么教，教到什么程度，预期的教学效果等，都要受到学习目标制约。教师只有确立学习目标，才能够明确学习目标设计的思路；只有在整合三维目标的基础上深化理解学科核心素养的内涵，才能够通过具体的课堂教学活动落实学科核心素养。

1. 解读课程标准

课程标准是教材编写、教学评估、考试命题的依据。新版课程标准对教师的教学有了新的要求。与以往课程标准相比，新版课程标准的突出点在于其变化内容成为学习目标设计的难度和重点。教师倘若不能认识到两者之间的变化，不能转变教育教学理念，就很难行之有效地设计学习目标。

实验版普通高中思想政治课程标准的文本内容分为四个部分，新版课程标准的文本内容分为七个部分（表10-1）。其中，最突出的变化就是凝练了学科核心素养。此外，从表10-1还可以看出，新版课程标准增加了课程结构、学业质量两大方面的内容。课程目标由原来的总目标、分目标改为学科核心素养和课程目标两部分。其中，内容标准针对必修课程的内容发生了变化，由原来的内容目标、教学提示两部分改为内容要求、教学提示、学业要求三部分。

表 10-1　两版课程标准文本内容比较

实验版课程标准		新版课程标准		
前言	课程性质	前言	修订工作的指导思想和基本原则	
	课程的基本理念		修订的主要内容和变化	
	课程设计思路	课程性质与基本理念	课程性质	
			基本理念	
课程目标	必修课程	学科核心素养与课程目标	学科核心素养	
	选修课程		课程目标	
实施建议	教学建议	课程结构	设计依据	
			结构	
			学分与选课	
	评价建议	课程内容	必修课程	内容要求 教学提示 学业要求
			选择性课程	
			选修课程	内容要求
	教科书编写建议	学业质量	学业质量内涵	
			学业质量水平	
			学业质量水平与考试评价的关系	
	课程资源的利用与开发	实施建议	教学与评价建议	
			学业水平考试命题建议	
			教材编写建议	
			对地方和学校实施本课程的建议	
附录	关于诵读篇目和课外读物的建议	附录	附录1　思想政治学科核心素养水平划分	
	选修课程举例		附录2　教学与评价案例	

从表10-1中，我们从宏观上对两版课程标准的文本内容有了一定的了解。那么，如何针对每课时进行课程标准解读呢？我们以下面的例子进行阐释。

视频资源 10-1

【案例】《政治生活》第三单元第五课第二课时"始终坚持以人民为中心"课程标准解读

1. 内容要求分析

引用相信谁、依靠谁、为了谁，是否站在最广大人民的立场上，是判断一个政党是不是马克思主义政党的试金石，阐明以人民为中心思想。

2. 教学提示分析

教学提示是针对本课内容提出的，在讲授这课时，可以参考以下议题：中国共产党为什么以人民为中心？以此探究党的地位作用、领导方式、执政方式、治国方略、性质、宗旨、指导思想、执政理念以及党的建设。

3. 学业要求分析

通过本课的学习，学生能够结合新时代中国经济社会的发展及党的大政方针政策等，深刻理解中国共产党始终坚持以人民为中心。

4. 学业质量水平要求

本课侧重政治认同素养的落实，学业质量水平达到二级，即结合具体事例，说明中国共产党始终坚持以人民为中心。

5. 学科核心素养

学科核心素养是一个有机整体，内容互为映衬，逻辑互为依存。基础知识是学科核心素养的载体，本课"始终坚持以人民为中心"的内容关乎学生对中国特色社会主义政党的认同。学生通过本课的学习，落实政治认同关键维度中的价值判断素养：只有中国共产党才能救中国，中国共产党的执政地位是历史和人民的选择，中国共产党始终不忘初心、牢记使命。

2. 分析教材

教材是众多教育工作者专业知识和智慧的凝聚，是教师教学的工具，更是学生学习的素材。教材内容是学科知识的重要载体，而学科知识是学科核心素养的重要载体。教师分析高中思想政治教材，不仅有利于构建学科知识体系，深化知识认知，还有利于建构知识逻辑体系，拓展思维，扩充知识的广度。教师只有对教材的每个部分进行详细分析，才能更好地设计学习目标，落实学科核心素养。

教师在进行教材分析时，首先要明确本节课在本册书以及本单元的地位和作用。例如，人教版教材《文化生活》的第一课是本册书的开篇，起着统领全书的作用。本课的内容着重讲授文化的内涵、特点、范畴、表现形式、作用以及文化与经济、政治的关系，不仅是后面课程学习的基础，而且对整本《文化生活》起着统领作用。其次要归纳和总结知识框架结构。教师对知识框架图进行分析，可以有效把握所讲授知识的整体性、层次性、逻辑性，进而建构起学生全面成长成才的学习途径和方法。最后，针对具体教材进行剖析，再结合生动有趣的材料、案例及学习活动抽离出其中的显性和隐性学科核心素养，进而升华学科核心素养的侧重点。

【案例】《文化生活》第二单元第四课第一课时"传统文化的继承"学科素养分析

教材内容		政治认同		法治意识		科学精神		公共参与	
概要	栏目	关键维度	学业质量水平	关键维度	学业质量水平	关键维度	学业质量水平	关键维度	学业质量水平
传统文化的表现形式	探究与分享	文化认同	2	继承传统文化意识	2	价值判断	2	社会责任	1
传统文化的特点	正文	文化认同	2	继承传统文化意识	2		2		1
传统文化的作用	正文					价值判断		社会责任	

在政治认同中，文化认同的关键维度应该达到学业质量水平 2，即能够根据具体材料认知把握我国传统文化的表现形式；在法治意识中，继承传统文化意识的关键维度应该达到学业质量水平 2，即能够联系我国优秀传统文化的成果，形成强烈的民族自豪感、自信心，积极继承我国的优秀传统文化，并同一切破坏优秀传统文化的行为作斗争；在科学精神中，价值判断的关键维度应该达到学业质量水平 2，即能够对我国传统文化具有批判精神；在公共参与中，社会责任的关键维度应该达到学业质量水平 1，即能够认识到公民应该承担起继承和弘扬中华优秀传统文化的社会责任。

二、设计学习目标

为了把思想政治学科核心素养贯彻到整个教学过程中，我们以人教版必修 2《政治生活》第八课第一框"我国的民族政策"进行相应的学习目标和教学过程设计。

【案例】人教版必修 2《政治生活》第八课第一框"我国的民族政策"教学设计

1. 课程标准分析

（1）内容要求分析。阐明我国的民族政策是具有中国特色的一项基本政治制度。

（2）教学提示分析。可走访多民族居住区域，了解他们对我们民族政策的立场、看法等。

（3）学业要求分析。阐释我国民族区域自治制度、民族关系、处理民族关系的原则、自治机关及自治权。

（4）学业质量水平分析。分析具体事例，归纳我国民族区域自治制度的优势，政治认同素养应达到学业质量水平 2。

（5）学科核心素养。本课着重培养学生对我国民族政策的认同，同时引述宪法法律中关于民族政策的内容，培养学生的法治意识，使其明确我国的民族政策是具有中国特色的一项基本政治制度，适合我国国情，只有每一个公民维护民族政策，才能维护国家统一和安全。

2. 教材分析

"我国的民族政策"是《政治生活》第三单元第八课第一框的内容。

对我国政党制度的具体讲授，有利于深化学生认识我国民族政策的必要性及优势。基础知识是学科核心素养的载体。在政治认同中，制度认同的关键维度应达到学业质量水平2，即能够说明我国的民族政策包括哪些内容及其优点；在法治意识中，权力意识的关键维度应该达到学业质量水平1，即能够从本课的知识出发，说明我国民族区域自治制度的重要性；在科学精神中，价值判断的关键维度应该达到学业质量水平1，即能够简单说明我国的民族政策运行的必要性；在科学精神中，理性行为的关键维度应该达到学业质量水平2，即能够理性评估我国民族政策运行的意义；在公共参与中，社会责任的关键维度应该达到学业质量水平1，即作为公民应承担社会责任，拥护我国的民族政策。

3. 学情分析

由于学生接触时政新闻的机会比较少，缺乏对我国民族政策的认识，因此需要认真学习这部分内容，以便未来更好地参加政治生活。

本班是文科基础班，学生的接受能力比较强。班级中的大部分学生思维活跃，积极参与课堂活动并主动回答问题。小部分学生思维缓慢，需要教师引导。因此，教师需要采用多元化教学方法，调动并鼓励大部分学生的主观能动性，多关注不回答问题的学生，激发他们学习的自信心。

4. 细化学习目标

本课内容包括我国民族区域自治制度、民族关系、处理民族关系的原则、自治机关及自治权等内容，主要围绕民族关系、民族原则讲述。我国的民族政策是我国的一项基本政治制度，本课侧重学生政治认同素养的落实。

5. 学习目标陈述

（1）通过填空题和判断题，学生识记我国民族政策的相关知识点，落实对我国民族政策的价值判断，明确只有我国的民族政策才适合我国国情。

（2）通过探究与分享栏目的材料展示，学生理解并阐述我国的民族政策内容，明确我国民族区域自治制度的必要性、处理民族关系的原则、民族自治区域经济社会发展的原因，培养学生对我国民族政策的认同。

（3）列举我国民族区域自治制度优越性的史实，学生从情感上升华对我国民族政策的认识，理解我国民族政策的优越性，增强制度自信。

6. 学习的重、难点

（1）重点：我国民族政策的内容。

（2）难点：我国民族区域自治制度的优越性。

7. 学习方法选择

小组讨论法、探究学习法。

8. 课时安排

1课时。

9. 学习评价

在学习过程中，教师呈现一组填空题和两组判断题，对学生的学习过程进行评价。然后通过课后作业的反馈，检测并落实学习目标。

"我国的民族政策"学习目标的实施

教学环节	教师活动	学生环节	设计意图
新课导入	今天我们先做一个实验，请同学们拿出笔来画一下我国的新疆、广西、内蒙古、西藏地图图形。 过渡：难不难？这个实验与我们今天的课有什么关系呢？	学生动笔画我国的新疆、广西、内蒙古、西藏地图图形。 学生思考与回答教师提出的问题	提高学生的学习兴趣，引出我国的民族政策
明确学习目标	展示学习目标	阅读学习目标，明确学习方向	引导学生明确学习目标
感悟成就	播放西藏自治区成立70周年庆典视频。 过渡：西藏自治区成立70周年来为什么能取得如此伟大的成就？	观看视频，分享观看视频后的感想。 回答问题	引导学生为西藏自治区取得的成就而自豪，增强民族认同
自主学习	播放党中央代表讲话的视频。 提问：党中央代表的讲话重点是什么？请同学们结合教材内容，3分钟之后进行回答	观看视频，阅读教材。 思考回答：讲话的重点是我国的民族区域自治制度及优势、民族关系、处理民族关系的原则、自治权	引导学生学会高度概括总结，认识到我国的民族政策内容
案例探究	播放西藏自治区成立70周年庆典中记者采访当地群众的视频片段。 提问： 1. 从当地群众的话语中，你们感受到了什么？ 2. 请同学们说一说，除了本课学习的我国的民族区域自治制度外，我国还有哪些政治制度？ 出示案例：医疗人才"组团式"援藏自2015年启动，近些年来众多内地医疗专家接力进藏救死扶伤、传道授业，许多区域内的医疗技术空白得到填补，几百种大病不再出自治区治疗，许多西藏本土医疗骨干获得培养……守护高原生命与健康的接力棒正在世界屋脊传递。 组织学生分组讨论：内地医疗团队援藏体现了什么？为什么要援藏？	观看视频，分享感受，回答问题。 阅读案例，讨论回答问题	突破重难点，培养学生获取和概括关键信息的能力，以及把材料语言转化为学科专业术语的能力。增强学生的政治认同和社会责任感。培养科学精神中关键维度的价值判断和理性行为，增强学生对我国民族区域自治制度的认同
课堂检测	出示易混易错观点，引导学生做出正确的判断分析	独立思考，做出判断，交流展示，澄清误区	落实学习目标，为学生做出理性行为奠定基础

教学环节	教师活动	学生环节	设计意图
课堂小结	引导学生回顾、概括小结本课的内容	以"我知道了……"的形式分享学习收获	培养学生的概括能力和语言表达能力
布置作业	布置课后作业	明确作业要求,并完成	及时反馈学习目标的达成情况

三、反思学习目标

学科教师是学科核心素养形成的主要条件,要从知识教学走向素养教学,教师必须从知识型教师转变为素养型教师。[1] 学习目标反思是指教师对自己的学习目标设计及能否有效践行所进行的再次认识和再次思考。

一名合格的教师需要不断反思,不断改进,在反思中历练,在反思中进步。同时,在教学实践中,学生的学习情况、学习能力、思维认知有很大的差异性,教师要区别对待。学习目标的制定并不意味着一成不变,也不意味着一蹴而就,而是要根据具体学情,适时地改进学习目标。假如学习目标设计得太难,会使学生产生厌学情绪,从而对学习不感兴趣。假如学习目标设计过程中没有深刻挖掘学科核心素养的知识,教师在引导学生开展学习活动后,需要进行反思修改。正确合理的学习目标可以激发学生主动学习,提高教学效果。

【案例】人教版必修2《政治生活》第八课第一框"我国的民族政策"学习目标的再设计

学习内容	原来的学习目标设计	修改后的学习目标设计
我国的民族区域自治制度	(1)知识与技能:知道我国民族区域自治制度的含义;了解自治机关和自治权;理解民族区域制度适合我国国情。 (2)过程与方法:根据我国国情和实践,能通过具体事例有感而发,说明我国民族区域自治制度的正确性和优越性	(1)结合我国民族区域自治法制化进程的史实,学生识记我国民族区域自治制度的含义,说出自治机关和自治权的内容。 (2)绘制我国民族区域自治制度的思维导图,学生能够理解自治权是民族区域自治制度的核心内容

学科核心素养的提出,对高中思想政治学习目标的确立提出了新的要求。广大高中思想政治教师要确立以生为本的思想,围绕学生这个学习主体设计学习目标,进而落实学科核心素养。学习目标是教师引导学生有序开展课堂学习的关键,对于课堂活动的设计、学习环节的安排、学习方法的选取都起着导向作用。学习目标是教学设计中落实学科核心素养的首要环节,教师要在深入研习课程标准的基础上,在学科核心素养视域下深入剖析、设计和反思学习目标。教师只有切实完善和践行了学习目标,才能够实现立德树人根本任务,才能够为中华民族的复兴发展源源不断地培育和输送合格人才。

---

[1] 余文森. 核心素养导向的课堂教学 [M]. 上海:上海教育出版社,2017:82.

高中思想政治学科核心素养包括政治认同、科学精神、法治意识和公共参与。新版课程标准指出：尊重学生身心发展规律，改进教学方式。在课程实施中要通过议题的引入、引导和讨论，推动教师转变教学方式，使教学在师生互动、开放民主的氛围中进行。因此，科学设计指向学科核心素养的议题对于培育学生的学科核心素养意义重大。议题活动教学方式的关键是精心设计指向性和开放性强的议题，围绕议题组织开展真实情境下的序列化学习活动，培育学生的理论思维能力、政治认同度、价值判断力、法治素养和社会参与能力，提高思想政治课堂教学的实效性。本部分主要针对当前教师们在实施议题活动教学时存在的主要问题，聚焦如何设计指向学科核心素养的议题，提出解决策略。

⚙ 问题分析

一、问题的提出

当前，许多教师在教学中将议题与问题、主题画上了等号，没有真正转变教学方式，难以引起学生深层次探究的能力提升和学科核心素养的形成。探讨如何设计指向学科核心素养的议题成为当下思想政治教师实施活动型学科课程亟须解决的关键问题。问题教学是教师将教材的知识点通过提问的方式呈现在学生面前，让学生在寻求、探索解决问题的思维活动中掌握知识、发展智力、培养技能。问题式教学更倾向于教师根据教材知识设计单个相应的问题，并以提问的方式来组织课堂教学。主题教学是教师寻找并利用能有效连接各个知识点的主题去统筹课程知识、展开教学。主题是教师在组织教学活动中，结合教材内容、学生的实际情况和教师自身的教学风格而设计的一个活动的题目。它侧重对知识进行"串联"，因而比较笼统而缺乏针对性。无论问题或主题，都存在知识碎片化、孤立等问题。议题从字面上可以理解为学生针对一系列问题进行讨论的题目。

围绕议题设计活动型学科课程的教学，是思想政治课程教学与评价的首要具体建议。而教学设计能否反映活动型学科课程实施的思路，关键在于确定开展活动的议题。这要求高中思想政治课的议题以活动形式呈现，是既包含学科课程的具体内容，又展示价值判断基本观点的"待议之题"。议题既具有开放性、引领性，又体现教学重点、针对学习难点，要有充分可讨论的空间，以便教师引导学生在明确方向和正确观点的指引下，围绕话题展开讨论，从浅表学习到深度学习，从而达到教学目标。

新版课程标准提倡围绕序列议题设计指向学科核心素养的活动型学科课程。序列议题指向深度理解和问题解决，有助于学生自主探究和学生之间进行有效沟通，能够促进学生进行深度学习。议题式教学倡导以学习者的学习需求为中心，围绕议题进行协作探究，整合高中思想政治学科课程内容，以一系列富有思辨韵味的序列问题推进教学，解决社会现实问题，使思想政治的教学场域呈现开放特质。从课程标准要求的角度看，实施议题式教学是落实活动型学科课程、涵养高中生学科核心素养的基本要求，也是贯彻和推进新课改的必然要求。

二、问题的价值

1. 有利于践行"一核四层四翼"，培养学生的政治核心素养

中国高考评价体系明确了"一核四层四翼"的概念及内涵。"一核"为考查目的，即立德树人、服务选才、引导教学，回答为什么考；"四层"为考查内容，即核心价值、学科素养、关键能力、必备知识，回答考什么；"四翼"为考查要求，即基础性、综合性、应用性、创新性，回答怎么考。评价理念的转变将实现课堂教学方式的转变，由传统的知识立意、能力立意转向价值引领、素养导向、能力为重、知识为基。高考评价体系理念的转变势必带动课堂教学方式转变，议题式教学作为符合新高考背景的指向学科核心素养的课堂教学新方式，无疑是一个很好的选择。

议题式教学既是落实高中思想政治学科核心素养培育的重要抓手，也是转变教师教学方式和学生学习方式的重要渠道。普通高中的培养目标是进一步提升学生综合素质，着力发展学生核心素养，使学生具有理想信念和社会责任感，具有科学文化素养和终身学习能力，具有自主发展能力和沟通合作能力。从思想政治学科核心素养包括的内容来看，政治认同和科学精神的培育是基础，在这个基础上促使学生形成法治意识，引导学生进行广泛的公共参与。

议题式教学是以情境和活动为载体，以任务为驱动，围绕特定议题展开的教学活动。议题式教学的效果决定思想政治学科核心素养的落实情况。议题来源于真实的生活现象，围绕议题创设的情境具有开放性、情境化特点，能够为学生提供一种真实的生活情境。通过设计议题任务，引领学生学习掌握学科知识，运用学科知识进行实践探索，在分析问题和解决问题的过程中培养科学思维、人文思维、创新思维，从而提高自身的核心素养。

高中思想政治议题式教学通过筛选合适的议题，在课前组织学生根据导学案的预习提示，搜集和整理课程内容的相关资料；在课堂上围绕议题设计活动和情境，让学生积极参与探究活动，与小组其他同学展开讨论甚至是辩论，完成各项任务，表达自己的见解，在交流中形成正确的政治立场和思想观念、世界观和方法论、道德品质和综合素质；在课后让学生参与教学评价，结合教师评价、学生自评和互评，让学生对自己有一个更全面准确的认识。议题式教学的这一系列教学活动的开展有利于开发学

生的学习思维，提高学生探究和解决问题的能力，也可以帮助学生塑造良好的道德品质，从而培养学生的核心素养，将其培养成拥护中国共产党领导和社会主义制度、立志为中国特色社会主义奋斗的建设者和接班人。

2. 有利于凸显高中思想政治综合性、活动型学科课程的特色

高中思想政治议题式教学是实施活动型学科课程的关键，对高中思想政治教师有效构建活动型课程有着重要意义。高中思想政治活动型课程要通过围绕议题设计活动来呈现学科观念、思维模式和探究技能以及结构化的学科知识与技能，传递学科核心素养的效度，让学生在活动中对议题进行剖析和探讨，然后对议题进行升华，充分彰显活动型课程的价值。

议题式教学的内涵是教师根据学科性质和学情，以学生的学习需求为主，通过认真研读课本，遵循生活化、科学性、思行合一的原则精心设计教学环节，选择和设置合适的议题，然后围绕议题和教学内容创设情境、设计活动，引导学生运用多种学习方式探讨议题，搜集相关信息并对议题的序列问题开展探究，最后进行总结，让学生在活动中探讨学习，形成正确的观点，通过活动将课本知识内化为自己的经验和行为准则，并将其运用到日常生活中，从而实现培育学生学科核心素养的目标。

简单地说，议题式教学是指教师围绕议题创设情境并开展活动，以学生学习需求为主体，充分发挥学生的主动性以培育学生学科核心素养的教学方法。议题式教学的每个教学环节都体现着"课堂内容活动化，活动设计内容化"的活动型课程理念，有利于将高中思想政治课程构建为活动型课程，也是培育思想政治学科核心素养的重要教学方式。指向学科核心素养的培育是议题式教学的最终归宿与目标。

3. 有利于提升思想政治教师专业素养与能力

教师在教学过程中发挥着不可替代的主导作用。习近平强调："办好思想政治理论课关键在教师，关键在发挥教师的积极性、主动性、创造性。思政课教师，要给学生心灵埋下真善美的种子，引导学生扣好人生第一粒扣子。"[①] 高考评价系统"一核四层四翼"的提出，使得传统的课堂讲授法以及传统的以考试分数为主要依据的评价方法，都不足以实现培育学生学科核心素养的目标。

议题式教学本身强调选题、实施、评价三个关键环节，从课前议题选择和设置、导学案设计和指导学生查找资料，到课堂上的组织活动、创设情境、组织学生合作讨论和引导学生发表观点，再到教学反思和教学评价，这一系列教学环节都离不开教师的专业能力，这些都对教师提出了更高的要求。

第一，教师要转变教学理念，明确自己在议题式教学中的定位。在课程改革过程中，如果教师一味地抱着传统的"满堂灌"观念是行不通的，教师只有结合高考评价体系转变教学观念，以教师为主导，以学生为主体，从"主演"转变为"导演"，即知识的整合者、讨论环节的助力者和课堂教学节奏的把控者，从注重学生三维目标的

---

① 习近平．习近平谈治国理政：第3卷［M］．北京：外文出版社，2020：330．

培养转变为关注学生核心价值、学科素养、关键能力、必备知识的培养，以学生的学习需求为出发点，理论与实践完美结合，才能避免被淘汰。

第二，教师要提高综合教学能力。目前高中思想政治课议题式教学的运用还处于探索期，对教师的知识素养、教学技能、课堂掌控能力和组织能力等都提出了更高的要求。在备课阶段，教师要整合相关知识与生活情境、时政热点，选择合适的议题，把枯燥乏味的书本理论知识设计成序列议题，然后开展活动、创设情境，让学生熟练掌握并在生活中运用相关知识，同时要对学生可能存在的问题进行假设，制订备用策略。在探讨环节，教师是助力者，应及时引导学生展开思考，熟练掌握并应用好议题式教学，实现培育学生学科核心素养的目标。这也有利于提高教师的综合教学能力。

📠 问题解决

一、议题设计指向学科核心素养要求

教育的重要任务是提升人的素养，核心素养体现以人为本的思想。教师厘清高中思想政治学科核心素养，理解高中思想政治学科对人的发展的价值和意义，以及对学生成长的独特贡献，从而使高中思想政治教育真正落实立德树人根本任务，回到服务于学生的发展方向和轨道上来。

对于学生而言，学科核心素养可以满足其今后学习、工作和生活需要，有助于学生成为一个文明的人，有教养的人，有健全人格的人；对于社会而言，培育学生的学科核心素养，可以推动中国特色社会主义社会的健康发展和持续进步。因此，对话学科核心素养的本质，对话学生的认知逻辑和教学逻辑，探索如何通过知识内容的教学培育学生必备的核心素养，可以有效激活议题式教学，使其明确指向学科核心素养的育人目标，即政治认同、科学精神、法治意识和公共参与。

高中思想政治学科育人目标的实现主要体现在每一节活生生的课上。议题式教学侧重于对生活场景、学习场景等课堂情境创设，旨在让学生能借助序列化议题进行讨论，学会思考和处理相应的生活、学习等实际问题，其针对性明晰，能通过思辨达到政治认同、科学精神、法治意识和公共参与等育人目标。议题选择是否恰当合理，直接关系到学生必备知识、关键能力和学科核心素养的培养。学科核心素养的提出意味着学生不能仅仅满足于学科知识内容的习得，而且要形成某种"素质"与"学力"。

知识性学科都有一个结构，掌握学科内容的基本结构是学习学科知识最便捷、最有效的手段。教师可以将学科知识设计成需要思考的基本议题。一个议题一般由给定条件、目标、障碍三个要素构成。给定条件是议题已知条件的描述；目标是构成议题结论的描述，即议题要求的答案或目标状态；障碍是影响直接达到目标状态的因素。教师在教学时可以从单元角度将知识转为议题，对议题进行建构，使议题与议题之间、

议题内部诸要素之间形成一种相互关联的逻辑关系，搭建一个可以呈现知识结构的议题结构，以引发学生在解析序列问题的过程中，透过议题结构探究知识结构，掌握学科的基本结构。

要实现这一点，教学活动的设计重点要放在活动的情境化上，给学生创造体验的机会。议题式教学通过对中心问题的讨论，为学生创设有价值冲突的两难情境，让学生在两难中做出正确选择。议题式教学不仅仅要求学生在面对价值冲突时做出正确选择，更主要的是通过一系列开放的且符合学生认知水平、生活实际和知识基础的子议题，帮助学生厘清价值判断，提升关键能力，塑造必备品格。有统一指向、无标准答案、以思辨方式推进的议题式教学，更有助于进一步推动思想政治教学完成从知识导向向素养导向的转变，更有助于完成立德树人、培育核心素养的任务。故议题式教学设计要结合学生生活实践，贴近学生生活，回归教学本真。但议题不能碎片化，而是要结构化，并通过设置层次化、序列化、结构化的议题群，在师生互动、生生互动的良好氛围中促进学生核心素养发展。

二、课程标准对议题设计的具体要求

1. 议题设计要有时效性和实效性

高中思想政治学科核心素养彰显时代特征，要求师生共同关注社会热门话题、焦点事件、国内外时政新闻。教师作为导演，应选取高价值度的时事热点和新闻作为议题的情境开展议题式教学，这样才能调动学生兴趣，强化学生的公民意识、国家意识和社会责任感，让学生在感知、体验、分析和探究中生成学科知识，持续激发学习内驱力，形成健全的道德品质和良好的思维能力，从而完善个人品格，成为德才兼备的社会主义接班人。

另外，议题的选择要围绕教学的主干知识，必要时应对知识建构进行整合和重构，教学形式和学习情境要有针对性地进行建构，以学生的核心素养为导向，体现教学重点与难点，提高学生获取和解读信息的能力、调动和运用知识的能力、描述和阐释事物的能力、论证和探究问题的能力，同时要处理好预设与生成的关系，避免议题式教学实施过程"表面热闹"但没有实效。

2. 议题要有培育学科思维能力的价值

与传统教学方式相比，议题式教学提倡改变"满堂灌"的教学状态，以活动为载体，选取科学合理的序列议题，并将其贯穿于课前与课后的活动中，引导学生阅读和理解原文、原著、中华优秀传统文化、革命文化等，培养严谨求真的、实证性的科学思维方式，优化思维结构，提高分析和解决问题的能力，提升学科核心素养，从而使学生厘清价值判断，提升关键能力，塑造必备品格。议题式教学活动的教学主体、教学内容选择、教学形式设置等都能启发、培育学生的思维，调动学生的学习内驱力，让学生的思辨能力、理性分析能力、发散思维能力和想象能力得到有效发挥。

3. 议题要有正确价值观的引领意义

高中思想政治课具有鲜明的德育色彩，要培养学生的理想信念、爱国主义情怀、以人民为中心的思想和法治意识等正确的政治立场和思想观念，辩证唯物论、唯物辩证法和唯物史观等科学的世界观和方法论，品德修养、奋斗精神、责任担当、健康情感和劳动精神等道德品质和综合素质。新版课程标准要求思想政治教学兼顾学科具体内容和价值判断的基本观点，这与议题式教学的要求相吻合，同时体现了开放性和导向性。教师在组织开展议题式教学时所选择的议题要聚焦议题价值，体现学科任务，这是培育思想政治学科核心素养的基本条件，由此确定的议题最终才能指向学科核心素养的培育，将学生的终身发展作为教学目标，从而实现价值引领和价值导向。高中思想政治课议题式教学的价值引领在于创设的情境内容要与当前学生的学习生活实际、时代气息相统一，把议题放入生动的、真实的情境中，通过师生共同参与，增强学生的体验感和代入感，加深学生对学科知识的理解和认同，增强学生关注社会的能力，这对学生的生活现实及未来生活有重要的启迪意义。

三、设计指向学科核心素养议题的策略

1. 基于学科核心素养，明确教学目标和教学重难点

学科核心素养是一个有机整体，高中思想政治学科核心素养在教学目标、教学内容上相互交融，在逻辑上相互依存，培育学科核心素养既要明确教学目标和教学重难点，更需要在议题式教学中整体推进。学科核心素养是学科育人价值的集中体现，教师要围绕核心素养构建活动型学科课程。

教师根据教学内容，选取、设计恰当的序列议题，通过创设情境，采取自主、合作、探究、展示等学习活动，引导学生自主建构、合作探究、质疑对抗、补充完善，让隐性的学习目标具有开放性。同时，教师可以通过巡视、点拨、提示等方式，充分发挥自己在活动型学科课程中的组织与指挥作用，同时通过追问，将问题导向教学重点和教学难点，从而实现"基于学生存在问题"的探究。

另外，要重视创生性教学资源的有效使用，突出问题导向，以多向的协同沟通为基础，以主题建构过程为核心，关注问题的生成与解决，增强教学的针对性、及时性和实效性。通过构建学科逻辑与实践逻辑、理论知识与生活关切相结合的活动型学科课程，让学生通过学科学习逐步形成正确价值观、必备品格和关键能力。

【案例】必修 4《哲学与文化》第六课"实现人生的价值"教学设计片段

依据课程标准，本课的教学要求是：培养运用马克思主义的立场、观点、方法分析政治现象的能力，引导学生了解哲学价值的含义，区别哲学上的价值与经济学上的使用价值和价值，认识价值观的导向作用。基于"中国学生发展核心素养""高中思想政治学科核心素养""活动型学科课程"的要求，根据课程标准内容和学科教学指导意见，结合学情，确立以下教学目标：

1. 通过活动引导学生了解哲学价值的含义，区别哲学上的价值与经济学上的使用价值和价值，认识价值观的导向作用。

2. 基于生活创设情境展开教学，通过自主、合作、探究、展示等学习活动，让学

生发现问题、提出问题、分析问题、解决问题、创生新问题，培养学生的学习理解能力、实践应用能力、创新迁移能力，引导学生在生成性课堂教学中走向深度学习。

3. 通过对价值与价值观的探究，升华对社会主义核心价值观的认识和理解，实现政治认同；通过对价值观导向作用的探究，加深对建设社会主义法治国家的理解，尊法学法守法用法，树立法治意识，积极践行社会主义核心价值观，增强政治生活参与能力；通过创设情境和发现问题、提出问题、分析问题、解决问题、创生新问题，增强学生的研究性学习能力。

教学重点： 价值观的导向作用。

确立依据： 根据课程标准和教学指导意见，把价值观的导向作用作为教学重点。如何突出重点由以下活动的环节呈现。

教学难点： 区别哲学上的价值与经济学上的使用价值和价值；人的真正价值在于对社会的责任和贡献。

确立依据： 受"经济生活"中已学概念的影响，学生容易把商品的使用价值和价值与哲学上的价值混为一谈，同时学生还未真正进入社会，对"人的真正价值在于对社会的责任和贡献"这一观点的认同感低，因而把这两个知识点作为教学难点。

2. 基于教学内容和情境，创设指向核心素养的议题

新版课程标准指出，教学设计能否反映活动型学科课程实施的思路，关键在于确定活动议题。议题的科学设置是组织开展议题式教学的基础和关键。议题的选择与设置关系到教学的精准性和深入性，精心创设具有思维价值和引领意义的可"议"情境，可以使学生的学科核心素养得到有效提升。所以议题是议题式教学的灵魂，这就要求教师设置的议题要生动、精准、富有思考价值，突出学生的真实体验，力求让学生在与现实的碰撞中与教学内容展开真实的对话，加深学生对议题的深度理解，进而培养学生的创新精神与实践能力。

第一，创设生活化情境。真实、有效、有梯度的情境能赋予议题生活色彩、时代韵味、人文气息，达到以境激议、议中生情、情融于境的效果。学科内容与真实情境相融合，有助于学生通过体验和探究来建构知识和培育学科核心素养。教师创设的生活化情境应具备探究性、故事性特点。具有探究性的情境能帮助学生解决实际生活中存在的各种问题，引起学生的情感共鸣，激发学生讨论的兴趣；具有故事性的议题，要求情境源于生活又高于生活，需要教师进行再加工，使情境更具吸引力，这样学生才会乐于参与，在体验中学习。

第二，创设具有争议性的情境。议题在呈现上虽然是静态的，但是在思考过程中具有开放性和多元性。议题的深入和持续推进离不开学生对问题的深度讨论。争议性情境有助于培养学生的思辨能力，教师在教学过程中要抓住学生在议题讨论中的闪光点，引领学生思维碰撞，分析议题中错误、模糊和未知的信息，发现问题的症结，进行深度学习，进而更好地解决问题，实现知识和感情的共鸣，形成超越预设的教学精彩。

【案例】必修 4《哲学与文化》第六课第一框"价值与价值观"议题设计

本堂课以"传承核心价值观　争做时代好青年"为主线，以铜梁普通老百姓"包子夫妇"的故事为情境，使学生在听故事、观看视频中发现问题、筛选问题、分析问题、解决问题，成为活动式探究者、意义与知识的建构者。本堂课的教学过程如下表所示：

视频资源 11-1

环节	时长	议题情境设计	学生活动	议题设计意图
创设情境，激趣导课	2 分钟	展示 66 年前铜梁人邱少云的电影片段，讲述普通铜梁人"包子夫妇"的故事。 现场调查：视频中的人物你们认识吗？	感悟视频内容中的精神传承	引出这种精神的传承，为接下来的"价值与价值观"教学铺设情感基础
子议题一：生活·责任	5 分钟	包子婆婆陈淑梅和她的丈夫李其云，以及他们的儿子李道生跟众多平凡的人一样，为生活更好而努力打拼着。李道生结婚生子后，走上创业道路，开始独立经营门窗生意。而陈淑梅看到越来越多小区居民、附近学生选择在外吃早餐的商机，产生了在小区门口开一间包子铺的念头……	根据生活经验，思考包子婆婆需要做好哪些准备。 举例：买蒸笼、面粉、肉等	采用自主学习，引导学生结合生活经验解决问题，从学生的回答中进行新知识生成。通过追问区别哲学上的价值与经济学上的使用价值和价值，挖掘知识深度
子议题二：变故·困境	12 分钟	儿子李道生生意失败欠下 67 万元债务，妻子无法忍受与之离婚。更不幸的是，在一次意外事故中，李道生受重伤不治身亡。老两口和两个幼小的孙子陷入万分悲痛中，一家四口经济状况更是举步维艰，两个孙子三五天才吃一回肉，卖包子成为他们唯一的经济来源……听说李道生去世，债主们上门讨债。包子婆婆伤心过度，患上重病，急需用钱做手术。包子婆婆认为良心无价，欠债就该还钱，一心只想替儿子早日还清债务，免背骂名，所以舍不得花钱治病。看着老伴的病情一天天恶化，包子爷爷心急如焚，背着老伴偷偷将房子卖了，当他拿着这笔钱准备去交住院费时，被包子婆婆发现…… 问：包子婆婆会怎么做？包子爷爷的选择又是什么？请根据他们的选择进行分角色扮演，说服对方同意自己的选择	学生合作探究、角色体验	在活动中引导学生感悟价值观对人们改造世界的活动具有重要导向作用，同时引导学生树立正确价值观

环节	时长	议题情境设计	学生活动	议题设计意图
子议题三：温暖·感动	12分钟	包子婆婆硬是靠做包子馒头给儿子还债，还向所有债主承诺："儿子的债，我们来还！绝不赖账！"当得知他们坚守信诺靠劳动去还债时，好多人劝她给包子馒头涨价，但她坚持不涨价。她说，现在1个馒头或包子能挣2毛钱，这么多好心人都来支持我，我非常感激，我卖的不仅仅是包子，还有情，只要我还在卖包子，就永远只卖五毛钱。这是我对大家的承诺，也是对社会的承诺。 　　设问：你们认为他俩真的傻吗？请说出理由。 　　教师追问：包子婆婆今后的生活将面临什么？遭遇什么？	合作探究，回答老师的追问	在活动中引导学生感悟价值观对人们认识世界具有重要导向作用，以及价值观是人生的重要向导，同时引导学生敬佩"包子夫妇"身上闪现的可贵品质
子议题四：相助·浸润	12分钟	当巨额债务让他们一家4口连吃饭、穿衣都成问题时，是邻居们送饭菜、给衣物、捐现金，帮他们渡过了难关；当她担心自己一个人无力胜任时，是邻居们义务帮她卖包子，甚至做包子，很多热心人宁愿绕路也要买他们的包子；当她为两个孙子上小学发愁时，是当地政府和社区积极为他们申请"低保"和"三无"救助，协调解决了两个孙子就近上学及营养午餐……包子婆婆说这些温暖我永远记在心里，孩子们也不会忘记。大家给了我信心，再苦再累我也不会放弃。 　　设问：他们为什么能获得社会如此多的关注？ 　　未来他们的孙子会如何评价他们的婆婆和爷爷？	合作探究，观看获奖感言，发散思维	通过活动探究，引导学生感悟到人的真正价值在于贡献，感悟到"包子夫妇"身上的诚信、担当、忠厚等可贵品质，以及好心人身上的友善等可贵品质，从国家层面、社会层面和个人层面对社会主义核心价值观进行解读，并形成整体意识
心海导航，升华情感	2分钟	社会主义核心价值观将在中华民族的血脉中传承下去，世世代代，生生不息！	情感感悟	师生在总结、回顾故事和教材知识的同时，感受社会主义核心价值观将会一代又一代传承下去，让学生获得心灵启发，实现情感升华，首尾呼应点题，把课堂气氛推向高潮

案例分析：本课教学以"价值与价值观"为中心议题，设计了四个子议题。遵循学生的认知发展规律，基于高中生思维的独特性、批判性、多样性和可塑性等特点，以学生为中心，以序列化任务为驱动，推进学生深度学习，开展自主学习、合作学习、探究学习、交流展示等，充分发挥了教师的主导作用和学生的主体作用，在对学习内容进行了取舍、重构的基础上使学习具有思想、感悟、创造、美和思辨的色彩，点燃了学生的学习与参与热情，在师生对话中深化了对社会主义市场经济体制的合理性与重要性的认识，在关注过程与关注结果相统一中实现了学科核心素养的培养目标，是一堂成功的生成性课堂。

高中思想政治课议题式教学是实施活动型学科课程的关键，议题式教学明确指向核心素养的育人目标。议题选择是否恰当合理，直接关系到学生学科核心素养的养成与落地。把议题放入生动的、真实的情境中，师生共同参与，使学生增强体验感和代入感，加深对学科知识的理解和认同，坚定理想信念，增强关注社会的能力，这对学生的现实生活及未来生活有重要的启迪意义。

教学关键问题 12 如何创设指向学科核心素养的真实情境？

教学情境是教师在教学过程中创设特定的情感氛围，从而刺激学生主动思考，帮助学生实现知识生成、情感升华。良好的教学情境能充分调动学生学习的主动性和积极性。指向学科核心素养的真实情境创设，不仅有助于将传授的知识内化为学生的"真"知识，还有助于学生构建正确的情感、态度和价值观。

问题分析

一、问题的提出

新版课程标准凝练了思想政治学科核心素养，明确提出了学生通过学习之后需要达到的正确价值观、必备品格和关键能力。同时也指出，学科内容也只有与具体的问题情境相融合，才能体现出它的素养意义，反映学生真实的价值观、品格和能力。

思想政治学科教学需要创设适配的教学情境，让学生在特定的情境中提升核心素养与综合能力，然而在高中思想政治教学实践中，教学情境的创设还存在一些问题，如"情"与"境"的有机融合还未真正实现，忽视学生情感特点，情境数量多而不精等，从而不能充分发挥教学情境的作用，影响教学的效果和教学目标的达成。

1. 创设目的不明确，形式主义突出

教学情境的创设是为教学服务的，其最终目的应当是让学生在特定的教学情境中获得知识，提高思想政治学科核心素养，落实立德树人根本任务。因此，教师需要依据教学目标、教学内容、学生情况等方面进行加工，创设出能够实现上述目标的教学情境。教师只有在创设情境之初便明确这一目的并一以贯之，才能避免在实际教学过程中对情境的使用流于形式，才能避免情境与情境之间、情境与课程内容之间的不协调。

目前，教师在创设教学情境的过程中往往没能将教学情境与课程内容进行实质性联系，更多的是在糖果（课程内容）上人为地裹上一层糖衣（形式），学生可能只是被花花绿绿的糖衣所迷惑，至于自己吞下去的糖果是什么，却知之甚少。新版课程标准指出，要通过议题的引入、引导和讨论，推动教师转变教学方式，使教学在师生互动、开放民主的氛围中进行；要通过问题情境的创设和社会实践活动的参与，促进学生转变学习方式，在合作学习和探究学习的过程中，培养创新精神，提高实践能力。因而有的教师在教学过程中动不动就给教学内容戴上"议题"这顶高帽，却并未弄清议题、问题、主题这三者之间的关系，甚至一节课中的主议题、分议题、子议题超过

30 个。可以说，这种情境与课程内容并没有内在的实质性联系，情境之间也无有效耦合，情境在此仅仅是一种形式。

2. 创设情境虚假化，脱离学生实际

情境乃"情"与"境"的融合。所谓情，是指人的心理状况的外在表现。从这个意义上讲，教学情境要着眼于学生心理，强调教学双方即师生之间的情感交流，否则，学生就不易进入、不肯进入或不能进入教学情境。[①] 由此可见，教学情境创设应该着眼于学生和教学的实际，不能创设虚假化的情境，如歪曲编造的情境和脱离学生实际的情境等。

新版课程标准要求教学要遵循教育教学规律和学生身心发展规律，贴近学生的思想、学习、生活实际，充分反映学生的成长需要，促进每个学生主动地、生动活泼地发展。然而在具体教学实际中，部分教师却并未从实际出发去创设真实情境。例如，必修 2《经济与社会》教材以"小南瓜"饭店的所有制经济形式的变化为例来说明我国多种所有制经济的发展，如果教师在教学过程中机械地照搬这一情境，则会让学生觉得材料虚假，觉得这是一个随意编造的情境，因为在现实生活中没有一个叫"小南瓜"且经营成功的知名连锁饭店，学生也就无法真正入"情"入"境"，教学效果必将大打折扣。

3. 创设内容碎片化，情境教学价值不足

思想政治课教学情境创设在内容方面存在的问题主要是创设内容碎片化，情境教学价值不足。首先，为达成某框的教学目标而创设过多的情境，且大多只是事实性陈述，同时在教学过程中借助多媒体辅助教学，这些情境就像电影画面一样快速地在学生面前闪过，情境量多而质不精，学生无法形成有效印象。其次，在某个具体知识的教学情境创设中，虽只选取了一个素材，但该素材无关内容太多，教师未能将对教学"无用"的"细枝末节"剔除，浪费宝贵的教学时间和教学活动安排。最后，创设的情境过于分散，对情境素材的教学挖掘不够，没有实现情境与课程内容有机融合，过于追求趣味性，缺乏结构化处理，知识性和思考性不足，使得教学中的情境线、任务线不明，也无法实现情境线、任务线、知识线的有机统一。

二、问题的价值

新版课程标准提出通过创设丰富多样的教学情境，引导学生面对生活世界的各种现实问题；通过创设真实的情境让学科核心素养真正进入课堂，构筑学科核心素养与课堂教学的内在联系，充分挖掘思想政治课程的独特育人价值，对教育教学进行改革和创新，从而为学生的健康成长和持续发展积蓄动能。

1. 激发学生的内在学习动力

新版课程标准对教学情境创设和任务设计提出了新的要求，其中尤为重要的是要做好教学情境与学习任务的对接。这种对接是双向的，一方面要基于真实情境建构学

---

① 胡田庚 . 中学思想政治教学设计与案例研究［M］. 北京：科学出版社 . 2012：103.

习任务，另一方面要通过有效的学习任务来解构教学情境。[①] 真实情境源于学生的已有经验和现实状况，创设真实情境，能够实现教学情境与学习任务双向的有效对接，能让学生在学习过程中体会到真实性，使理论观点与生活经验、劳动经历有机结合，让学生在社会实践活动的历练中、在自主辨析的思考中感悟真理的力量，从而激发学生的内在学习动力。

2. 促进学生学科核心素养提升

新版课程标准提出创设丰富多样的教学情境，引导学生面对现实生活中的各类问题，强调对学生学科核心素养的培育。思想政治学科素养最主要的关键内涵在于能否运用学科知识在复杂情境中提出问题、分析问题和解决问题。[②] 因此，创设指向学科核心素养的真实情境，能够让学生融入情境之中，将学科知识与生活情境有效对接，在对复杂情境的分析中提高解决问题的能力，进而形成学科思维能力，培育学科核心素养。

3. 改进完善教育教学方式

新版课程标准强调通过情境创设和议题的引入、引导和讨论推动教师转变教学方式，使教师在师生互动、开放民主的氛围中开展教学，同时通过问题情境创设和社会实践活动参与，促进学生转变学习方式，在合作学习和探究学习的过程中培养创新精神，提高实践能力。指向学科核心素养的真实情境创设，有利于进一步完善情境教学法，提供教学情境创设的过程、策略和要求，展示相关的情境创设案例，为思想政治教学情境创设提供具体实践应用案例和经验，推动教学方式和学习方式的改变。

📇 问题解决

情境本身只是一种教学手段，教学是否需要设置情境，以及设置怎样的情境，以什么样的形式出现，都必须根据教材特点、教学目的和教学要求来决定，这是情境创设的基本前提。

一、明确目的，注重情境创设的有效性

思想政治教学情境创设需要明确创设目的，以情境为载体，以课程内容为内核来实现教育教学目标。教师应认清情境是为教学服务的本质，针对学生特点、课程特点创设符合学生实际的真实情境，提高情境创设的有效性，实现问题情境、学科任务、学科内容与学科核心素养的有效契合。

1. 注重情境创设的真实性和有效性

核心素养是一种应对现实生活挑战的能力，学校教育要发展学生的这种能力，就必须依托现实生活情境，让学生在与情境的持续互动中理解学科知识，掌握学科技能，

① 王国芳. 指向学科核心素养的思想政治课堂教学转型：下 [J]. 教学月刊·中学版（政治教学）. 2019(5)：3-7.

② 姚芳华. 高中思想政治课教学情境创设存在的问题及对策研究 [D]. 上海：华东师范大学，2020.

并运用这些知识和技能分析、解释、解决生活实践中的问题。① 现实生活是复杂多变的，为了提高教学的实效性和针对性，教师不能把现实生活机械地照搬到课堂上，而是要根据学科任务和核心素养目标对生活情境进行加工。这种加工不能是虚假地编造，而是要求创设的情境应该有现实基础与合理性。

【案例】必修 3《政治与法治》"人民群众直接行使民主权利的生动实践"教学片段

教师基于重庆市渝中区十八梯片区拆迁改造的事例创设如下情境：

人 物 档 案

姓名：瞿美霞（瞿婆婆）

年龄：77 岁

家庭住址：重庆市渝中区轿辅巷 21 号楼 1 单元 1 层

住房面积：约 61.3 平方米

4 月 17 日，社区干部第 4 次到轿辅巷 21 号楼听取大家对十八梯片区拆迁改造的意见和建议。我有幸被推举为居民代表，与拆迁工作领导小组一同制订拆迁补偿方案。同时，社区干部通知我们 20 号去杏林中学运动场参加是否同意改造的投票活动，在大家的极力推荐下，我成了监票人。

6 月 17 日，区政府邀请四川美术学院建筑系主任黄耕教授和重庆设计研究院副院长兰京教授等专家学者对改造方案进行论证。

10 月 18 日，区政府将《十八梯片区拆迁范围和保护范围》的公告张贴到我居住的小区宣传栏上，大家针对这个方案你一言我一语地议论开来。一个月后，拆迁工作领导小组将开发商、居民代表、专家学者组织到一起，对拆迁补偿方案进行听证。

教师引导学生思考：

1. 瞿婆婆与老街坊们通过什么方式参与十八梯片区拆迁改造的决策？

2. 十八梯片区的居民通过什么方式参与十八梯片区拆迁改造的决策？

上述案例以学生身边最熟悉的重庆市渝中区十八梯片区的拆迁改造为载体创设情境，将课程内容有机地融入情境之中。这样的创设让学生在真实情境中学习知识，不仅提高了教学的有效性，也大大提高了学生的学习热情。

2. 注重问题情境、学科任务、学科内容与学科核心素养的契合性

学科核心素养强调对学科内容的整体理解与把握，以学科核心素养为导向的思想政治教学，特别强调学科核心素养与问题情境、学科任务、学科内容之间的关系，这是依据学业质量标准测试学科核心素养发展水平的前提。因此，教师应正确理解问题情境、学科任务、学科内容的含义，在教学实践中准确把握三者之间的关系，并在此

---

① 陈友芳. 情境设计能力与学科核心素养的养成 [J]. 思想政治课教学，2016（9）：4-6.

基础上设计出契合学科核心素养的课堂教学方案，开展有效的课堂教学活动。

问题情境是运用学科内容、执行学科任务和展现核心素养水平的载体。学科任务是将内在的核心素养水平外显为可观测行为特征的媒介和向导。学科内容是印证与考查核心素养水平的理据和依托。设计问题情境的直接目的是引导学科任务的完成。[①] 学科任务的设计要以情境为载体，以学科内容为内核，这三者之间在教师进行教学设计之初就要从外在形式上予以契合，使三者融为一体，但这三者的整合体还应契合学科核心素养。不同的学科任务、学科内容对应着不同的学科核心素养，学科内容在具体的教学情境和学科任务中得以展现，三者共同服务和服从于学科核心素养。核心素养与问题情境、学科任务、学科内容的内在关系如图 12-1 表示。[②]

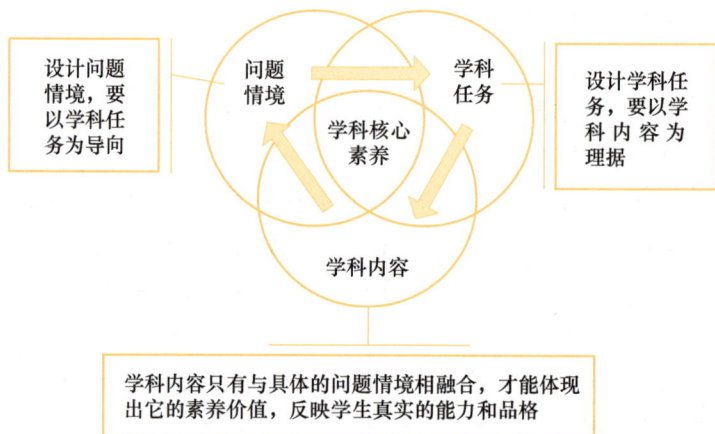

图 12-1　问题情境、学科任务、学科内容与学科核心素养之间的关系

在充分理解问题情境、学科任务、学科内容与学科核心素养之间的关系后，关键要探索如何将情境创设与之相结合，加强情境创设的目的性、有效性。下面以新版课程标准中的评价案例进行说明。

【案例】问题情境、学科任务、学科内容与学科核心素养的有效契合范例

一家"社会企业"通过免费（或收取很少费用）提供优良种子给贫困农户，鼓励他们种植辣椒，免费邀请农业专家对他们进行培训，并跟农户签合同以约定价格进行收购，以保证他们的合理利润，同时规定农户在种植辣椒的过程中不得使用有害的化肥、农药。公司在运营过程中尽力为农民工、聋哑人、残疾人士提供岗位，为社会解决一部分特殊人群的就业问题。企业积累一定资金后，除了可以拿出相当大一部分来支持公益事业，使弱势群体得到更大程度的关怀和帮助外，还可以为其他公益团队提供物资和资金支持，让更多的公益团队成长起来。国家在财政、税收等多方面为社会企业的发展创造良好环境。

---

① 王礼新. 问题情境、学科任务与学科内容［J］. 思想政治课教学，2017（12）：16-20.
② 王礼新. 问题情境、学科任务与学科内容［J］. 思想政治课教学，2017（12）：16-20.

分析上述材料，你认为"社会企业"与普通企业有什么不同。

通过分析上述材料，我们可以将材料中呈现的问题情境、学科任务和学科内容进行有效分解（表 12-1），并且能够找出三者整合后所共同指向的学科核心素养。

表 12-1　学科内容分解

问题情境	围绕企业的特征，从对盈利的追求程度、成本知识、对盈利的使用规定、实现社会目标的方式等方面对"社会企业"进行描述，再让学生根据所学将"社会企业"和普通企业进行对比并描述，强化学生对企业性质和特征的认知
学科任务	描述与分类（运用已有知识比较不同事物之间的性质和特征）
学科内容	企业的性质与特征
学科核心素养	政治认同、科学精神

该情境进行了精心的设计和处理，立足于学科内容和学生日常生活经验，让学生在描述与分类处理中理解"社会企业"和普通企业的不同特征，对"社会企业"的特征进行多角度描述，促进学生科学精神素养的发展。同时，让学生在比较中认识到我国经济制度的优势，促进学生政治认同素养的发展。因此，提高问题情境、学科任务、学科内容与学科核心素养的契合性，既要在学科核心素养的指导下创设问题情境、精选学科任务、优化学科内容，又要让三者形成合力，从多个维度去促进学科核心素养的提升。

二、依托情境，提高情境问题的思考性

情境是教学真实发生的载体，创设指向学科核心素养的真实情境，既要在教学设计中坚持教学过程内生于情境这一理念，又要依托情境来提高情境问题的思考性。

1. 坚持教学过程内生于情境

教学过程是指教学从开始到结束的实施过程，即教师有目的、有计划地引导学生积极、主动地掌握系统的文化科学基础知识和基本技能，发展学生的智力、能力、体力，并形成一定的思想品德的过程，是师生在共同实现教学任务中的活动状态变换及其时间流程。在教学过程中，学生、教师、教学内容、教学方法、教学媒介、教学环境等都是影响教学效果的基本要素，但就整体而言，教师、学生和教学内容是教学过程的三个最为重要的因素。

教学情境是开展教学活动的重要载体。它可以让学科任务、学科内容在情境中得以呈现，让学科核心素养指导情境创设，同时又可通过情境创设来实现学科核心素养目标。在教学实施过程中，教师的教应当来自真实的情感，学生的学应当来自真实的需要，教学内容应当适配情境。简言之，教学过程应当内生于情境。

【案例】必修 4《哲学与文化》"在实践中追求和发展真理"教学片段

教师基于实现中华民族伟大复兴的中国梦这一时代背景，创设"从《可爱的中国》到伟大复兴的中国梦"的情境来讲解真理的特点。

一、信仰之力，可爱的中国梦

今天，老师给大家推荐一本书，它是影响中国几代人的红色经典，它的作者是方志敏，大家知道是什么书吗？是《可爱的中国》。大家看过吗？我想，整本书可能很少有人读过，但是那些年，我们都曾一起读过一篇文章《可爱的中国》，每当老师读到这篇文章时，都会心灵震撼、情动肺腑……现在，就让我们大家一起来重温这篇文章中方志敏的一段誓言。

"敌人只能砍下我们的头颅，决不能动摇我们的信仰！因为我们信仰的主义，乃是宇宙的真理！为着共产主义牺牲，为着苏维埃流血，那是我们十分情愿的啊！"

二、时代之问，富强的中国梦

方志敏在《可爱的中国》一文中，对中国的光明前途进行了描绘。如今，方志敏心中美好的愿景已经成为现实。"可爱的中国"正在经历从站起来、富起来到强起来的伟大飞跃。从 1949 年到现在，我们党已经历了两次"赶考"，一是进城，二是改革。时代是我们的出卷人，随着时代的发展，两次"赶考"的时代和"考题"都发生了深刻的变化。

教师引导学生思考以下问题：

1. 从方志敏的誓言中找出他信仰坚定的理由。

2. 从认识论来看，人的认识都是对客观对象的反映，那么，什么样的认识是正确的？什么样的认识是错误的？

案例分析： 在该案例的教学中，教师先从情境入手，然后让学生从教学情境中找到本课需要探究的关键问题和解决问题的方法。这个探究过程结合教学情境，通过任务活动的设计与实施锻炼学生的思维，培养学生的学科核心素养。在整个教学过程中，教师、学生、教学内容都在情境中活动着。

因此，指向学科核心素养的教学应该树立教学过程内生于情境的理念，改变仅将情境用来提升学生学习兴趣的单一功能，在创设教学情境的过程中以"教学过程内生于情境"为努力目标和创设标准。教师只有树立这样的情境创设理念，才能在平时积累情境素材和情境与教学结合的过程中不断思考，并进行有效的选择和加工，提升教学情境的教学价值。

2. 注重情境问题的思考性

思想政治学科有着自己的学科特色，教师在教授知识的同时要更多地承担价值引领作用，但在这一过程中应力求避免出现政治观点、道德观点的绑架，而是要通过运用恰当的情境来丰富学生的精神世界，增强学生的精神力量，促进学生全面发展。指向学科核心素养的思想政治教学应当更关注育人目的，更加强调提高学生综合运用知识解决实际问题的能力。

学生知识的获得需要在特定的情境中通过师生之间、生生之间信息的相互传递来实现，这种传递应当是多维度、深层次的。传递这些信息最好的载体便是在恰当的情境中设置有效的问题。要实现这一目标，教师需要设置富有张力的问题，即问题的设置不仅要有广度，还要有深度，能体现思维的进阶性。

【案例】 必修 2《经济与社会》"坚持新发展理念"教学片段

教师在讲述贯彻新发展理念时，设置了《一块屏的供给侧改革之路》这一主题，进行了如下教学设计：

初阶情境问题：

今天我们这节课从一块屏说起，说一说一块屏所经历的供给侧改革之路。在信息时代，"屏"无处不在，老师面前的电脑有显示屏（黑板有显示屏）。同学们，你们在生活中用到或看到的还有哪些"屏"呢？

中阶情境问题：

目前，全球每 4 部智能手机、3 部平板电脑就分别有 1 块显示屏来自京东方，每 5 台笔记本电脑、5 台显示器、6 台电视就分别有 1 块显示屏来自京东方。

大家觉得，京东方是怎样"惊"东方的呢？

高阶情境问题：

（惊叹 1）1. 全球量产柔性屏有两条生产线，打破国外企业垄断，破解中国缺屏之痛。

（惊叹 2）2. 京东方"想了 10 年，干了 15 年"，这份执着、坚持，让人惊叹。

京东方可以说是"十年磨一剑"，终于自主研发出了柔性屏技术，成为行业佼佼者。京东方走了一条什么样的发展之路呢？

案例分析： 在这一教学设计中，问题的设置做到了张弛有度、层层递进。依据生活中有哪些"屏"→为何"惊"东方→企业如何发展这一逻辑顺序，问题层层深入，从最简单的生活举例，到推理分析，再到概括总结，步步"紧"逼，环环相扣，学生的思维张力得以训练。在"紧"的同时还注意"松"，一是设置了一定数量的生活举例类问题，让学生有话能说；二是对于少量学生无法通过推理得出结论的问题，指导学生阅读教材，让学生有话敢说。初阶、中阶和高阶这三类情境问题的设置张弛有度、松紧适宜，让情境中的问题立刻活了过来。

三、高效聚合，增强情境创设的结构性

教学情境创设素材来源于真实生活，依托于现实生活情境。生活本身丰富多彩，且又是琐碎繁杂的，如果不结合教学目标、学科任务，内容不精简，呈现形式不恰当，情境过于冗余，"无效"情节堆砌，情境的教学价值就得不到充分发挥。好的情境应该真实性和结构性并存。[①] 创设指向学科核心素养的真实情境，不仅需要对真实生活情境进行建构，使情境高效聚合，即情境结构化，还需要创设可复制的情境。

情境创设应当从学科任务、教学内容、学科核心素养以及教学实际需要出发，情境的数量和容量不宜过多。课堂教学时间本来就非常有限，在这有限的时间里完成上述任务本已较难，如果设置过多的情境或创设的情境结构欠佳，便会分散学生的精力，降低思考的目的性。因此，在教学中，教师应根据核心知识和教学目标，选择合适的主题素材，创设主题情境。主题情境是教师为某一目或某一框，甚至某一课创设一个恰当的情境，这个情境涉及的主客体、主要事件或中心主旨是一致的，区别于那种关联性、系统性较差，或多个相差较大的简单排列堆砌的情境。

① 陈友芳. 情境设计能力与学科核心素养的养成［J］. 思想政治课教学，2016（9）：4-6.

主题情境与传统的"一材到底"有着本质区别。主题情境的逻辑起点是情境本身的逻辑顺序，强调在情境中融入教学内容，终点是学科核心素养的提升。而传统的"一材到底"的逻辑起点是知识本身，强调用同一个材料从不同角度去论证知识。如图12-2所示，创设结构鲜明的主题情境，需要遴选出恰当的情境，将情境进行结构化处理，让情境本身具有逻辑性，再将经整合的结构化知识有效嵌入其中。

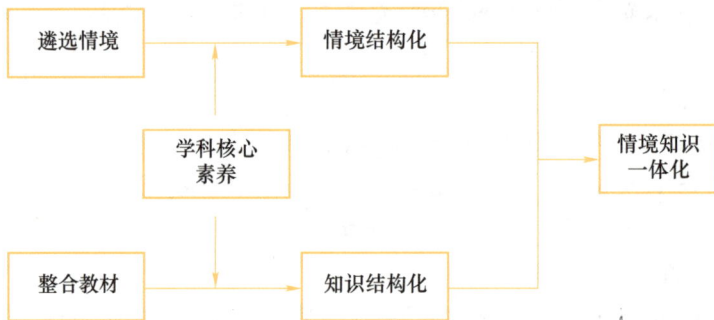

图 12-2　知识、情境结构化路径

【案例】必修2《经济与社会》"更好发挥政府作用"教学设计片段

知识结构化：

1. 社会主义市场经济的特征。

2. 我国政府的经济职能。

（1）经济职能的内容。

（2）宏观调控。

视频资源 12-1

主题情境：共享单车

情境知识一体化：潮起潮落　共享单车——更好发挥政府作用

一、忆往昔，共享岁月"喜"与"忧"

（市场经济的特点、社会主义市场经济的特点）

二、看今朝，国家利剑显锋芒

（政府的经济职能、宏观调控）

三、展未来，绿色共享齐飞扬

（宏观调控的作用）

案例分析：教师在教学中将情境结构与知识结构有机结合，有效贯彻一个主题、两条主线，使学生在学习过程中既学习了知识，又提升了情感，学生感悟到的是两个完整的结构。

基于以上分析，教师在创设情境时要善于根据任务目标的不同有效地识别情境中的细枝末节和关键事实，从而恰当地对知识和情境进行结构化处理。创设高质量的情境需要教师受过严格的专业训练，具有敏锐的洞察力和丰富的建模经验。所以，正如学生的核心素养一样，教师的教学核心素养既是教育、实践与反思的结果，也是教师终生发展的结果。[①] 教师只有不断积累、实践和反思，才能创设出更能促进学生全面发展的教学情境。

① 陈友芳. 情境设计能力与学科核心素养的养成［J］. 思想政治课教学，2016（9）：4-6.

新版课程标准进一步精选学科内容，重视以学科大概念为核心，使课程内容结构化，以主题为引领，使课程内容情境化，促进学科核心素养的落实。新版课程标准在教学实施评价建议部分，提出要对应结构化的学科内容，力求提供序列化的活动设计，并贯穿于教学全过程。学科核心素养是学科育人价值的集中体现，是学生通过学科学习而逐步形成的正确价值观、必备品格和关键能力。实施指向学科核心素养的单元教学，是尊重学生身心发展规律，提升学生的理论思维能力、政治认同感、价值判断力、法治素养和社会参与能力的有效途径。富有真实情境的系列活动，能提升思想政治教学的实效性。这要求教师改变传统的知识点教学，依据新高考评价体系、课程标准、教材及学情确定单元学习目标，创设真实情境与任务，提升单元教学设计的站位，即从关注单一知识点、单课时设计转变为关注大单元、多课时设计，实现教学设计与学科核心素养目标的有效对接。指向学科核心素养的大单元教学是落实立德树人根本任务、培育学科核心素养的必然要求，本部分主要聚焦如何设计指向学科核心素养的单元教学，并提出解决问题的策略。

问题分析

一、问题的提出

当前高中思想政治教学主要以落实孤立的课时知识点为主，极少从"大单元"的角度对教学内容进行审视和设计。一些教师满足于"课时知识"的讲授，认为教学应把"知识的传递与再现"视为"学力"的中心，着力于课时计划，然而在"核心素养—课程标准—单元设计—学习评价"这一环环相扣的教学过程基本链环中，这种教学很难培养出具有时代特征的思想政治学科核心素养。如果教师以课时知识点教学为主，学生只能解决单个问题，处于低阶思维状态。然而，学生只有具有高级思维，才能解决自己真实遇到的复杂问题。学科核心素养的培育不是在一节课中就能实现的，而是要在跨课时乃至跨学期、跨学年的过程中才能完成的。从新高考、新版课程标准要求出发，培养学生的思想政治学科知识体系、发展学生的思想政治学科思维能力，要运用"大概念"统整课程内容，即进行单元教学。单元是一个学习单位，一个单元就是一个微课程。单元由素养目标、课时、情境、任务、知识点等组成，单元教学就是将这些要素按某种需求和规范组织起来，形成一个有结构的整体。单元教学设计就是从一章或者一个单元的角度出发，根据章或单元中不同知识点的需要，综合利用各种教学形式和教学策略，让学生通过一个阶段的学习完成一个相对完整的单元学习任务。单元教学以"单元"为单位，克服了课时教学内容规模小、效率低等弊端，更注重教学的整体性、结构性和序列性。思想政治教学中的"单元"是基于一定的目标与主题的教材单元。教师要基于学生的立场，从学生的实际出发组织教学，以学生学习结果为依据和出发点，将孤立的知识结构化，创设真实情境，设计多维度、多形式的学习活动，引发学生有效探究、质疑和决策，唤起学生已有的经验，激发学生的潜能，满足学生的个性需求，促进学生学习反思的生成和预期学习结果的达成，最终实现学科核心素养的培育。

二、问题的价值

1. 提高课堂效率

在课程性质上，高中思想政治课程是综合性、活动型学科课程，学科内容具有综合性特征，教学内容具有鲜明的时代特征。可见，高中思想政治学科体系的综合性、结构化特征很明显，即"知识（点）→单元（线）→模块（面）→学科（体）"。该课程由若干模块组成，每一个模块由若干单元组成，不同模块、不同单元之间有机联系。高中思想政治必修课程由"中国特色社会主义""经济与社会""政治与法治""哲学与文化"四个模块组成。这四个模块以发展中国特色社会主义为主线构成了一个有机统一的整体。其中任何一个模块都由相互联系的若干单元组成。例如，"经济与社会"由"经济制度与经济体制""经济发展与社会进步"两个大单元组成，每个大单元又分别由若干个相互联系的小单元构成，其他模块亦然。实践证明，要让思想政治学科核心素养真正落地，提高课堂效率，实现学科内容结构化，构建有意义的教学单元，必须有一个既基于教学单元又高于教学单元、既融于教学单元之中又贯通教学单元的核心思想指引和统摄。教师要将课时知识点教学转化为单元教学，让教学过程不再仅仅依托于孤立的知识点内容，而是要让学生去掌握整个思想政治学科的核心观点。所以，实施单元教学要先挖掘、提炼核心观点，再根据实际情况，按照一定顺序进行分解教学，这样学生所获得的知识内容才是结构化存在的，学习内容在单元框架下才有更加深刻的意义。学生通过对单元的整体学习，掌握的不是某一孤立的、碎片化的知识点，而是理解了不同知识之间所要表达的真正内涵。

2. 提升学生思维能力

美国著名教育心理学家、学科结构课程专家布鲁纳认为，越有结构的知识，越接近学科本质；结构化的知识有助于记忆和迁移。教材的内容是学科知识的有序组合。教学的开展，关键是要明确教材的学科逻辑。单元教学则是要找到单元之间、单元内的逻辑关系，建构起单元之间、单元内的结构化知识体系。教师如果缺乏对学科逻辑的了解，则无法把握教材的内部结构体系，无法进行恰当、有效的教学设计。而学生如果缺乏对学科逻辑的了解，就无法对概念有深层次的理解，所学的知识也难以迁移、运用到现实生活中。教学任务要求对知识进行整合，对教材进行深度解读和适当增补。大单元的教学整合不仅要有单元整体内容的整合，也应该有课时的整合。教师跳出传统"教教材"的思想，摆脱知识点的"碎片化"教学，基于大概念教学观，构建单元教学体系，即用单元视角整合、重构教材，在原有思想政治学科体系基础上将学科内容进一步结构化，设计成若干个具有内在联系的教学单元，并统整成一个完整的单元教学体系，最后按照教学单元逐一开展教学设计。单元教学的教学思路有助于学生顺利地将教材知识向生活实践迁移，对培养学生的学科核心素养具有非常重要的作用，是当下教学改革的重要方向。

3. 实现价值认同

目前，课堂教学碎片化的现象依然存在，虽然课堂气氛活跃，但却忽略了知识的生成，难以引起学生深层次思考和对知识进行深层次探究。许多教师教学时将"学科核心素养培育"与"学生回答问题"画等号，以为提问越多，学科核心素养就体现得越充分。这种做法只是在机械地传授知识，所提的问题也主要集中在认知记忆方面，学生并不能深刻理解知识，以至于很难有效地把知识运用到实际生活当中。因此，这种将传统的"满堂灌"变为如今的"满堂问"的做法是不可取的。高中思想政治是以培养学生学科核心素养为价值追求的学科，通过预设结论所形成的认知很难成为学生稳定的心理因素，特别是学科核心素养中的政治认同和科学精神素养的培育，是无法靠预设结论或单纯的知识输入来完成的。实际上，针对具体情境对知识进行重新加工和再创造时，每个学生都会从自己特定的经验背景出发提出个性化问题，建构出来的知识、形成的价值判断也会带有个性化色彩。

📠 问题解决

一、单元设计指向学科核心素养要求

学科核心素养不是在某一个课时的学习中培养出来的，而是学生在长期的学习过程中日积月累、循序渐进地逐步养成的。单元目标设计非常关键的是实现学科核心素养的落地。单元学习活动设计就是以学科核心素养为价值导向，以学科内容为基础，将课堂教学活动设计成一个围绕单元议题展开的活动体系。围绕学科核心素养的培育进行单元教学设计，需要按照教育规律、学生成长规律、学生的认知起点与发展需求来处理教材，设计能引导学生主动学习的整体性活动环节。单元学习目标的确立要立足于学生，着眼于学生对知识内容的结构性理解，并能够迁移应用于新任务的解决中，并通过学习目标的达成度来衡量学生核心素养的发展水平与程度。在确定单元学习目标时，首先要基于学科核心素养的培育，凸显学生与单元教学内容相关的正确价值观、必备品格与关键能力的培养，即学生在学习活动中已经知道什么，想知道什么，应该知道什么、理解什么，能够做什么。其次，为了衡量教学目标在学生学习中的达成度，需要通过创设情境，布置学习任务，以议题引导活动，并在活动中观测学生的语言或行为表现，从而评估学生是否已经达到了预期目标。指向学科核心素养的学习需要学生进行深度学习，学习内容是蕴含意义的任务，即真实情境下的问题解决。教师要呈现"知识问题化—问题情境化—情境活动化—活动序列化"的单元学习活动，引导学

生提出质疑、进行辩论、给出创见，提高学生认知水平，在知识的迁移过程中，促进正确价值观、必备品格和关键能力整体提升，促进学科核心素养的培育；引导学生自主、合作、探究学习，强调学生在学习任务活动中的体验是发展其思想政治学科核心素养的主要途径。学习活动的设计不能停留在学生对知识的理解和掌握上，而是要聚焦学生核心素养的形成。教师要通过组织学生参与活动，培养学生的政治认同、科学精神、法治意识和公共参与素养。

二、课程标准对单元设计的具体要求

高中思想政治课程结构的设计要贯彻整体构建、有序衔接、依次递进的思路，应着眼于学生的最近发展区，综合考虑各种因素，从学生已知、未知、想知、能知、怎么知等方面综合考虑，合理确定情境的深度、广度和复杂程度，让学生想参与、能参与，并在参与后有所收获。在单元教学设计中，为了有效帮助学生理解知识之间的关系，达成教学目标，教师往往需要对教材内容及其顺序进行整合，进行学习单元重构的整体设计。这就要求教师紧密结合单元主题，抓住教材主旨与核心知识逻辑。单元教学设计还要考虑情境的连贯性与结构性，要用具有一定结构的连贯的情境去服务单元教学内容。依托细节的呈现给学生展现一个真实的社会图景，引导学生在真实情境中进行探究，更能激活学生思维的火花。

三、设计指向核心素养议题的策略

1. 提炼单元教学主题

单元教学强调的是站在整个单元的高度，注重单元的整体性，在教学中并不改变现有的教材编排体系。其中最重要的就是要提炼出单元教学主题，并以此统领教学活动，优化教学流程，深入把握教材，有效组织教学。主题是教学的灵魂，但是教学的有序开展离不开清晰明朗的教学主线。教学主线其实就是教师教学思路的外显。教师要通过研读教材，结合教学目标，理出一条提纲挈领的教学主线，把教学内容前后串联起来。要在研读课程标准的基础上，明确大概念的教学要求，把握大概念的教学容量，结合学生的学习实际，设计大概念教学进阶活动，形成大概念教学脉络。然后根据该大概念在教学内容中的地位和在知识前后贯通中的作用，将教学内容解构成若干教学单元。教学单元大小没有统一标准，可大可小，但都必须有利于落实大概念教学。

2. 确定单元教学内容

实现学科内容结构化，构建有意义的教学单元，包括：单元内容的核心概念；蕴含在学科内容中的价值——学科核心素养；单元主题；可迁移到新情境或其他学科的知识和技能、原理和态度；能有效联结学科内容的知识和技能；等等。因此，教师在进行单元教学设计时要对学习内容进行解构，将不同的要素统筹整合在每一个阶段需要理解的重要意义中，使大概念的要素相互联系，形成不同层面的理解。学生则在综合不同层面的理解后再对大概念进行理解和建构，完成单元学习，达成学习目标。确定单元教学设计内容时，可以从以下方面着手：课程标准中的学科核心素养和课程目标；课程内容所要表达的思想、情感态度、观点、价值；基本原理、理论及其运用；课程内容与日常生活应用的联结；等等。单元教学活动要以学生学习结果为依据和出发点，设计多维度、多形式，能够引发学生有效探究、质疑、决策的学习活动，从而唤起学生已有的经验，激发学生的潜能，满足学生的个性化需求，促进学生学习反思的生成和预期学习结果的达成。

3. 寻找单元内在逻辑

单元教学着眼于整个单元的主体骨架和主干部分。教学的开展不再仅仅关注一个课时的内容，而是注重本单元的整体逻辑，从而避免了以课时为单位的教学所导致的知识碎片化和结构无序化。首先，用统整的思维梳理教学模块的知识体系，可以深刻把握该模块的内容结构和知识脉络，构建知识形成过程的前因后果与纵横联系，避免孤立地理解知识，人为地将知识"碎片化"。其次，在统领该模块知识体系的基础上，抓住关键部分和核心知识，准确把握这些关键部分和核心知识在模块知识体系中的地位，深刻理解以这些关键部分和核心知识为支点的知识的前后联系。最后，将这些关键部分和核心知识以列表的形式有序呈现出来，并以句子的形式准确表达出来，然后系统说明这些思想政治学科知识内容在模块知识体系中的地位和作用，以单元为核心构建知识的结构化联系。单元教学就是在各课时的教学目标之间，寻找并建立起一种内在逻辑联系。例如，必修2《经济与社会》第二单元第三课主要讲"我国的经济发展"，其落脚点是"生产"环节；第四课主要讲"成果共享"，其落脚点是"分配"环节。众所周知，在"再生产"四个环节中，"生产"起着决定作用，"生产"决定"分配"。从逻辑上讲，第三课是前提和基础，第四课是目的和归宿。单元的内在逻辑就是本单元各知识点之间的客观联系。从上面的分析可以看出，本单元的内在逻辑就是生产决定分配，这也是经济学领域的客观规律。

4. 创设单元探究情境

教学情境是知识生成的土壤，是学习活动的载体。教学情境的设计必须与学生的生活实际相联系，以学生思维可触及的点为起点。只有把知识嵌入鲜活的生活情境中，缩短学生与教材之间的距离，学生才能在体验和实践中获取新知。教师在实施单元教学时要整合不同的学习单元，帮助学生建构结构性知识系统，联通学生的碎片化知识，让学生在这个过程中建构学科大概念，发挥学科大概念的统领作用。学习活动的设计离不开真实学习情境的创设，教师要根据课程标准、教学内容、学科核心素养及学情，选择学生熟悉的生活、社会情境，通过情境的复杂程度和结构化程度的变化，引导学生不断提升学科核心素养。以情境为依托，学生在真实的情境中学习、探究，就会自然而然地萌生相关的问题。教师要通过设置一系列学习任务来引导学生解决问题，让学生在完成任务的过程中找到知识和核心素养的生长点。高中思想政治学科性质决定了思想政治课必须构建理论逻辑与生活逻辑、理论与实践相结合的课程模式。所以，创设的单元探究情境必须重视活动实践、细节探究在学生知识理解、思维发展、德性养成、能力提升中的作用，并通过活动议题框架下的范例分析、观点展示，在探究活动中拓展升华，在社会发展的"应然"与"实然"的辩证理解中引领学生发展理性思维、坚定理想信念。

5. 设计单元学习任务

单元的教学是任务整合的教学，单元的学习是任务驱动的对话学习。教师应以学生为主，学生是学习的主体。教师要认真研读课本，遵循生活化、科学性、思行合一的原则精心设计教学环节，了解学生的实际情况，从书本、学生或自身出发，在教学过程中引导学生解决问题，帮助学生完成学习任务。根据本单元的内容，围绕本单元的教学主题，教师设计学习任务，并要求学生以自主与合作相结合的方式完成。教师要系统规划进阶式单元教学目标，基于必修教材、各个单元之间、单元内部的逻辑体系和教学内容的特点对核心目标要求进行分解和细化，在具体教学目标指引下，循序渐进地开展议题式单元教学。教师要将经过分解和细化的教学目标转化成课时教学目标，并将它们进阶式地落实到课时教学中。学习活动的问题设计要有针对性，符合学生的成长规律、认知水平，利用学生的最近发展区，达到教学目标；要有应用性，能通过学科知识、学生的经验、情境材料完成学习目标；要有综合性，能充分发挥学生的想象力和创造性，激活学生的思维；要有进阶性，设计有逻辑、有难度递进的问题，让学生拾级而上，逐步提升思维品质；要有科学性，符合学生认知规律和学科知识逻辑。

【案例】必修1《中国特色社会主义》第三课"只有中国特色社会主义才能发展中国"单元教学设计

课时	目标	达成评价	学习内容	课时作业
第1课时"单元导读"	1. 熟知我国改革开放的基本历程以及不同阶段的标志性事件。 2. 理性认知改革开放在我国社会主义建设中的重大意义，探究改革开放以来中国取得巨大成就和进步的根本原因。 3. 理解改革开放历程中形成的理论及其主要内容。 4. 识记由中国特色社会主义理论衍生出的道路、理论、制度和文化	1. 通过教材内容和相关的文本链接，小组梳理中国特色社会主义发展历程。 2. 通过补充材料，结合教材文本说出改革开放在经济和社会发展方面取得的巨大成就。 3. 能够以表格形式将中国特色社会主义理论发展过程中的领导集体、内容、意义进行准确的汇总。 4. 在以上三个问题得到解决的基础上，能够理性分析和区分中国特色社会主义道路、理论、制度和文化	1. 理清改革开放历程。 2. 分析改革开放在经济和社会发展方面产生的深远影响。 3. 梳理和填充中国特色社会主义理论在不同时期的具体内容。 4. 明确中国特色社会主义给中国发展道路、理论体系、制度创新和文化传承方面带来的内容和意义上的影响	1. 按照时间轴的顺序整理改革开放以来的重大历史事件。 2. 在时间轴的串联下对中国特色社会主义的理论及其主要内容进行梳理和总结

课时	目标	达成评价	学习内容	课时作业
第 2 课时 "探究分析"	1. 学习和了解相关历史学科知识，并借助网络和图书资料查找需要的历史文献，了解中国特色社会主义的创立、发展过程。 2. 搜集抗疫过程中让你感动或者骄傲的瞬间，感知中国特色社会主义对中国社会历史和现在带来的巨大影响；坚定中国特色社会主义道路自信、理论自信、制度自信、文化自信	1. 通过整合历史学科知识和查找相应的文献资料，知道不同历史时期我国在社会主义道路上的创新与发展。说出 1978 年、1992 年、2013 年这三个历史年份中国发生了哪些具有重大意义的事件，以及这些重大事件与之后的社会主义创新理论有哪些必然的联系。 2. 通过本次抗击新冠肺炎疫情的实例，让学生找出我国在道路、理论、制度、文化方面的力量支撑，并与同期的国外抗疫进行对比，更加坚定地走中国特色社会主义道路	1. 中国特色社会主义道路是如何开辟的？ 2. 中国特色社会主义理论是如何形成的？ 3. 中国特色社会主义是如何发展的？ 4. 如何坚定中国特色社会主义道路自信、理论自信、制度自信、文化自信？ 案例：截至 2022 年 1 月 2 日，中国新冠肺炎累计确诊 137 976 例，累计死亡 5700 例。同期，美国累计感染 72 877 900 例，累计死亡 875 781 例。是哪些因素使得中国抗疫取得如此大的成功？	1. 在哪些因素的共同支撑下，我们能够取得抗击新冠肺炎疫情的巨大胜利？ 2. 对比国外抗击新冠肺炎疫情所体现出来的低效，我国的优势是什么？这些优势同中国特色社会主义又有怎样的关系？ 3. 这些"优势"对于未来实现中华民族伟大复兴将会产生哪些积极作用？
第 3 课时 "实践分享"	1. 深刻体会中国特色社会主义道路对我国社会和经济发展产生的巨大推动作用。 2. 分析中国特色社会主义制度的创新是如何体现理论联系实际的。 3. 分析中国特色社会主义的道路、理论、制度和文化将会对当前乃至今后的中国社会带来的变化	1. 通过课后的实践活动，形成具有一定代表性的物化成果（如文字、图片和视频材料等）。 2. 在实践过程中提升社会生活参与度。 3. 理性看待中国特色社会主义道路所遇到的挫折。 4. 提升自己对中国特色社会主义道路的认同感	1. 故事会。讲述中国共产党带领中国人民从站起来到富起来再到强起来的历史故事。 2. 图片展。以图片展览讲解的形式让学生直观感受中国特色社会主义道路在风雨中前进。 3. 影视视频赏析活动	以中国特色社会主义道路的发展历程为题材，以民族复兴为主题，写一篇读后感或者观后感

案例分析：本单元教学设计坚持以课程标准为依据，展现了课程内容活动化、活动内容课程化的活动型学科特质。教师以发展学生学科核心素养为目标，对学科知识进行深度加工，以学生活动情境创设为载体，聚焦引领性学习主题，选择积极价值引领的学习路径，让学生成为学习的主人。学生通过自主学习、合作学习、探究学习，强化辨析，展开具有挑战性的学习任务来实现学习目标；通过掌握学科基础知识与基本方法，体会学科基本思想，建构知识结构，理解并评判学习内容与过程；能够综合运用知识和方法创造性地解决问题，形成积极的内在学习动机、高级的社会情感和正确的价值观，成为既有扎实学识基础和独立思考能力，又善于合作、有社会责任感、具备创新精神和实践能力、能够创造美好未来的社会实践的主人。

视频资源 13-1

学生除了获得认知层面的收获以外，更多的是在探究问题的整个过程中取得的收获，即对知识进行解构、质疑、反省和重构。单元教学设计有明确的目标，清晰的议题主线，丰富多样的教学情境，序列化的活动设计，结构化的学科知识，以课时为台阶层层推进，以学生的生活体验与阅历为基础，符合学生的认知水平，有利于引导学生面对生活中复杂的现实问题，在学生活动中落实以学科核心素养为导向的学习目标，让学习真实发生，让学生成为学习的主人，促进教与学的根本性转变，提高教学的针对性和实效性，从而让学科核心素养落地生根。

教学关键问题 14 如何处理教材中的"探究与分享"栏目？

新版高中思想政治教材在模块内容和呈现形式上与以往相比有较大的变化。从呈现方式来说，教材文本分正文和辅文。正文表达教学的基本内容，包括基本观点和基本事实。辅文涉及"探究与分享""相关链接""专家点评"等栏目，分别对应焦点问题辨析、相关素材拓展、理论观点释义。其中，"探究与分享"为必修 1、2、3 新增设的栏目，它与正文相互呼应、浑然一体，被视为内容目标的题中应有之义。如何把握教材的这一栏目，以及在教学中如何恰当处理，成为教师们普遍关心的关键问题。

⚙ 问题分析

一、问题的提出

从教材编制初衷来说，"探究与分享"栏目以议题为纽带连接基本观点、启动思维过程。该栏目大体有两类：一是处在每个目题之下，响应这个目题所涵盖的内容，提供相关事例、数据、资料，提出具有指向性、引导性的问题，充当展开学习活动的切入端；二是穿插在有关正文之间，紧扣不同段落的正文，就疑难问题提醒学生阅读材料、深入思考、交流分享。①

"探究与分享"栏目侧重在课堂内开展各种活动，引导学生在活动中理解、运用某一知识，凸显了新版课程标准强调的活动型学科课程的活动型、辨析式、综合性。那么，教师对这一栏目的处理方式如何呢？浙江省的一项问卷调查结果显示，"结合实际，改造使用"的占 75.88%，"区分功能，区别对待"的占 42.88%，"尊重教材，直接使用"的占 30.75%，"基本不用，采用本地情境"的占 4.65%。② 新教材出版时间及投入使用时间不长，教师在教学实践过程中对"探究与分享"栏目的使用主要存在以下问题：

1. 对"探究与分享"栏目的重视程度不够

"探究与分享"栏目作为统编教材中新增的内容，是教学过程中的一项重要教学资源。但在实际教学中，囿于教学时间不够或知识本位观念等原因，教师往往更重视教

---

① 朱明光．《中国特色社会主义》教材编写心得与使用建议［J］. 教学月刊·中学版（政治教学），2019（9）：3-7.

② 沈毓春，王国芳．高中思政课新课标新教材使用情况调查：以浙江省为例［J］. 思想政治课教学，2021（1）：81-85.

材正文部分的讲解，对"探究与分享"栏目的内容常常一笔带过，活动"走过场"，该栏目的作用未能充分发挥。

2. 遵循教材，而不是创造性地使用教材

根据浙江省的问卷调查，还有近三分之一的教师"尊重教材，直接使用"。管中窥豹，可见一斑。教材是教学的基本依据，教师应该发掘教材的教学资源和价值，而不是照本宣科。教材中的"探究与分享"栏目是为方便教师教学而设置的，教师可以根据教学需要灵活处理，不必一一组织讨论。对于"探究与分享"栏目中的活动，教师可以重新组合，或结合实际重新设计问题，也可以用更典型的活动替代，关键是让学生带着问题去思考，实现从"被动接受"到"主动探究"的转变，从而达成教学目标。

3. 知识储备不足，影响探究效果

在使用新教材的过程中，教师的普遍感受是知识储备不足，需要学习的东西很多。具体到"探究与分享"栏目来说，很多探究问题需要结合相关史实回答，还有不少问题需要查阅相关资料回答，这对师生的知识储备要求很高，不利于实现探究效果。教师往往具备良好的学习能力，假以时日，对教材相关知识的把握会逐步深化。不过，学生如果在课堂上没有相应的知识储备，则容易产生畏难情绪，难以当堂完成探究问题，从而影响教学顺利地向下进行。因此，教师如何在教材和学情之间"架梯子"，是必须思考和解决的问题。

4. 教学方式单一，未能充分凸显活动型课程要求

"探究与分享"栏目具有很强的活动教学属性。新课程改革推进以来，虽然教师们知道要转变教学方式，但是由于对课程标准、教材逻辑、议题式教学等尚未充分理解和把握，考试要求和方式尚未具体明确，因此未必能按照教材实施建议的教学方式来操作。此外，部分教师认为"探究与分享"栏目不是教学的重点内容，不愿意花过多的时间在探究活动上，在课堂上只是采用机械的讲解方式灌输所谓的"重点知识"，从而难以达到活动型课程提出的课程内容活动化、活动内容课程化的要求。

二、问题的价值

"探究与分享"栏目数量多、分布广，穿插于统编教材必修1、2、3的每一课每一框中，是教学活动的重要载体之一，为师生提供了探究、交流的平台。因此，在全面掌握"探究与分享"栏目的基础之上，充分利用该栏目发挥活动教学的作用，对教师专业发展和学生更好地成长具有重要作用。

1. 创造性使用教材，促进教师专业发展

"探究与分享"栏目贯穿教材始终，在有限的课堂教学时间中，教师很难将每一个栏目都充分利用，并且教材内容不等于教学内容，教师对该栏目也不能简单地生搬硬套。因此，教师应该先仔细研究"探究与分享"栏目，再针对学生的实际生活和社会发展需要，对"探究与分享"栏目进行加工改造，以及必要的删除、增加和整合。教师在运用"探究与分享"栏目的过程中，承担的角色由传统的知识传播者转变为学生学习的促进者、服务者，课程的开发者，教育教学的研究者。这不仅使该栏目发挥了

教学价值，还促进了教师的专业发展。

2. 激发学生的学习兴趣，转变学生的学习方式

思想政治课具有思想性和理论性，是需要讲理论、讲道理的，但是理论和道理都比较抽象，不易被学生了解和掌握。特别是中学生还不善于直接进入理论领域，而是需要教师从情境材料入手，引出理论问题，逐步引导他们进入理论领域。"探究与分享"栏目是一种有意识的设计，不仅提供历史文献资料或者现实生活中的素材，而且提出相应的问题，可以激发学生的学习兴趣，启发学生的思维活动。

充分利用"探究与分享"栏目，其实也是在创造条件让学生去体验。在这样的探究过程中，教师可以激发学生研究未知领域的强烈欲望，指导学生摸索探求新知的方式方法，激励学生体验生成知识的快乐，提高学生解释和论证、预测和抉择等能力。总之，学生主动、协同参与到课堂探究之中，可以有效转变学习方式，实现更好的成长。

🖨 问题解决

一、转变教学观念，增加知识储备

上好思想政治课的关键在教师。新课程改革的实施和新教材的使用对教师的教育教学能力提出了更高的要求。教师要以政治强、情怀深、思维新、视野广、自律严、人格正为标准，充分发挥积极性、主动性和创造性，通过阅读、教研、培训等途径提升自身素养，以自身成长引领学生成长，以师生共同发展助推学科发展。

1. 转变教学理念

（1）教材观：审慎取舍，精心裁剪。新教材是教师教和学生学的重要载体和重要资源。教师是学生学习和成长的引导者，对新教材的领悟程度直接关系到教材目标的实现程度，因此教师要努力做到钻进教材、读懂教材、跳出教材、重构教材甚至超越教材。[①] 认真研读教材是每一位教师的基本功。"探究与分享"栏目作为统编教材的一大亮点，值得每一位教师重视并钻研利用。

以必修1《中国特色社会主义》为例，全书一共有38个"探究与分享"栏目，每一框具体分布如表14-1。

表14-1 必修1《中国特色社会主义》教材中的"探究与分享"栏目分布表

框	数量/个	小计
1.1	8	第一课13个
1.2	5	

[①] 沈毓春，王国芳. 高中思政课新课标新教材使用情况调查：以浙江省为例［J］. 思想政治课教学，2021（1）：81–85.

框	数量/个	小计
2.1	3	第二课 5 个
2.2	2	
3.1	3	第三课 7 个
3.2	4	
4.1	3	第四课 13 个
4.2	6	
4.3	4	

由上表可知，"探究与分享"栏目贯穿教材始终，且数量较多，尤其是作为整本教材重难点的第一课、第四课尤其多，教师与学生对此应引起足够重视。但是，重视利用不等同于面面俱到，在课时不足、课程容量有限的情况下，教师应审慎取舍，精心裁剪。

"探究与分享"栏目的具体分布有两类：一是作为导入分布在每一目的正文前，利用该栏目设置的情境材料和思考问题，调动学生的学习兴趣和积极思维，为后面正文部分的学习做好铺垫；二是作为衔接穿插在正文之间，就疑难问题引起学生交流探讨。在教学中，教师可以根据课程标准、学科知识体系、学生实际情况、教学目标和任务进行取舍和裁剪。例如，必修 1 第三课第一个"探究与分享"栏目，以"三大件"的变化和发展，表明人民生活水平"芝麻开花节节高"。就学生来说，"00 后"难以体会到手表、自行车、缝纫机成为"三大件"的重要意义。所以，教师可以大胆舍弃这一活动，根据自己的教学设计，创设置贴近学生生活实际的教学情境进行导入。如果教师对必修教材整体了然于胸，必修 3 第一课第二框第二目"实行改革开放 走向民富国强"的"探究与分享"栏目"农民的家庭账本"与必修 1 第三课第一个"探究与分享"栏目设计意图相同，但在选材和设问上更贴近学生的现实生活经验。又如，必修 1 第四课第二框共有 6 个"探究与分享"栏目，出于课时考虑，教师可以对此进行整合。

【案例】必修 1《中国特色社会主义》第四课第二框的"探究与分享"栏目设计

"探究与分享"：做有作为的青年。

活动要求：根据上述材料（略），谈谈在中国特色社会主义新时代，我们青年人如何有所作为。

"探究与分享"：对新时代中国青年的六点要求（略）。

活动要求：结合自己的实际，选择其中一个方面，与同学交流；以"我们应该成为什么样的时代新人"为主题，在班级开展一次演讲活动。

这两个"探究与分享"栏目相互呼应，教学目标都指向培养担当民族复兴大任的时代新人。因此，教师进行了整合。

情境材料：五四运动中青年学生的视频片段。

活动要求：百年传承，今日到我；激荡未来，壮志在我；青春万岁，强国有我。以"理想·青春·奋斗"为主题，写一篇演讲稿，在班级开展一次演讲活动。

简而言之，对待教材中的"探究与分享"栏目，教师应重视并有选择地运用，在"取"与"舍"、"遵循"与"超越"之间把握平衡，创造性地使用教材。

（2）教学观：课程内容活动化，活动内容课程化。新版课程标准提出，高中思想政治课程力求构建学科逻辑与实践逻辑、理论知识与生活关切相结合的活动型学科课程。所谓活动型学科课程，就是学科课程的内容采取活动设计的方式呈现，包括社会活动和思维活动，被称为课程内容活动化，或者说学科内容的课程方式就是一系列活动及其结构化设计，也叫作活动设计内容化。[①] 当前高中思想政治课要想实现新课程理念，需要在教学实践中落实活动设计，使"活动"成为教科书内容向教学内容转化的重要途径。"探究与分享"栏目是贯彻落实这一理念的重要资源和重要载体，具有很强的活动教学属性。只有充分发挥这些活动的作用，才能体现活动型学科课程的要求。

教师应重视"探究与分享"栏目中活动的价值，有意识地把教学内容寓于生动活泼的探究活动之中，通过设计查阅资料、筛选信息等操作活动，比较、辨析、论证、解释等思维活动，以及情感体验活动等，引导学生在自主、合作、探究的过程中感悟知识的生成，探索知识的运用。教师的教学理念由此将发生改变：从"灌输现成知识"转变为"共同建构知识"，从"提供标准答案"转变为"共同探求新知"。

2. 增加知识储备

（1）扩展学科知识。思想政治教材内容涉及面广、跨度大，学科综合性强，因此教师需要在课下花大力气扩充自身的知识储备。以必修3《政治与法治》为例，讲好第一单元"中国共产党的领导"，需要有党史、党建方面的知识储备；讲好第二单元"人民当家作主"，需要有关于我国政治制度的知识储备；讲好第三单元"全面依法治国"，需要有相应的法治和法律知识储备。

要给学生一碗水，自己要有一桶水。为了更充分地利用"探究与分享"栏目，教师有必要广泛阅读历史书籍、人物传记、政策文件等，还可以观看相关的历史纪录片或展览。这些鲜活有趣、知识丰富的材料都可以作为思想政治课教学的素材资源。

【案例】 必修3《政治与法治》第一课的"探究与分享"栏目"各种政治力量登上历史舞台"设计

1. 活动准备：教师指导学生回顾近代中国的基本国情，了解登上历史舞台的多种政治力量及其各自的主张。

2. 思考讨论：教师引导学生讨论鸦片战争之后，有哪些政治力量先后登场，他们

---

① 韩震. 核心素养与活动型课程：从本轮思想政治课程标准修订看德育课程的发展趋势［J］. 思想政治课教学，2016（3）：4-8.

的主张分别是什么，最后的结果如何。

3. 交流分享：学生分享自己的思考讨论成果，近代中国人寻求国家出路进行了多种探索，如太平天国运动、洋务运动、戊戌变法、义和团运动、辛亥革命等。

4. 拓展深化：教师提供文献材料——毛泽东《论联合政府》节选。

在彻底消灭日本侵略者和建设新中国的大前提之下，在中国的现阶段，我们共产党人在这样一个基本点上是和中国人口中的最大多数一致的。这就是说：第一，中国的国家制度不应该是一个由大地主大资产阶级专政的、封建的、法西斯的、反人民的国家制度，因为这种反人民的制度，已由国民党主要统治集团的十八年统治证明为完全破产了。第二，中国也不可能、因此就不应该企图建立一个纯粹民族资产阶级的旧式民主专政的国家，因为在中国，一方面，民族资产阶级在经济上和政治上都表现得很软弱；另一方面，中国早已产生了一个觉悟了的，在中国政治舞台上表现了强大能力的，领导了广大的农民阶级、城市小资产阶级、知识分子以及其他民主分子的中国无产阶级及其领袖——中国共产党这样的新条件。第三，在中国的现阶段，在中国人民的任务还是反对民族压迫和封建压迫，在中国社会经济的必要条件还不具备时，中国人民也不可能实现社会主义的国家制度。

学生阅读材料并思考：在当时的大前提下，中国不应该建立怎样的政权？不能建立怎样的国家制度？为什么？

案例分析：在这个活动中，教师基于自身的知识积累，让学生扩展阅读《论联合政府》，有利于学生在已有探究成果的基础上，继续探究20世纪上半叶中国出现的三种建国方案及其结果，进一步深化思维和认识。此外，教师在教学实践中还要注意统筹学生的知识经验，以初中道德与法治课程为教学基础，以历史学科为教学支撑，既不重复又不脱节，形成互补，实现教学效果和教学效率的最优化。

（2）拓宽时政视野。思想政治课的一个重要任务，就是让学生了解党和国家的重大方针政策、最新国内外形势、重点热点新闻等。这就要求我们把思想政治教学和时事政治更好地结合在一起，增强思想政治课的时效性、针对性和系统性。时事政治本身也为思想政治课提供了鲜活的材料和重要的文本，教师要高度重视，充分挖掘并利用好现实生活、现实世界这座"宝库"，不断提升学生对时事政治的敏感性和理解力，不断增强思想政治课的思想性、理论性、针对性和亲和力。

【案例】必修3《政治与法治》第四课的"探究与分享"栏目"新旧社会劳动人民地位的对比"活动设计

1. 课前准备。教师指导学生搜集"白毛女"的相关影视资料和图文资料，为在课堂上讲述"白毛女"的故事做准备。

2. 讨论分享。教师呈现《白毛女》剧照，学生讲述"白毛女"的故事，分小组讨论"白毛女"因何而半生悲惨，又因何而终获幸福。

3. 对比感受。教师呈现第十三届全国人民代表大会第四次会议举行的第二场"代表通道"采访活动图片。引导学生思考：代表通道，为啥基层全员"C位"？

4. 阅读思考。教师呈现 2021 年两会时政材料《新华社评论员：从全国两会读懂中国式民主》。引导学生思考讨论：以上材料说明中国民主有何特点？

案例分析：在这个活动中，教师通过图片对比，展示劳动人民的生活境遇和政治地位在新旧社会的天壤之别，增强学生对新中国的认同；通过当下人人都关注的两会时政材料，让学生思考和体悟社会主义民主是最广泛最真实最管用的民主。

二、区别栏目类型，采用不同策略

教材的"探究与分享"栏目在编写上基本采用"材料+问题"的格式。依据材料内容的不同，大致可分为基本史实类、文献资料类、案例分析类、观点辨析类和时政热点类。在教学中，教师可以根据教学目标、学生情况等对栏目类型区别处理，以便学生充分体验探究活动的魅力。

1. 基本史实类

这一类"探究与分享"栏目的材料内容一般是对历史的简洁阐述，形式有历史故事、人物传记、旅行见闻，以及某一事物的历史发展进程、同一历史现象的中外比较等。从教材分布来说，必修 1 第一课"社会主义从空想到科学、从理论到实践的发展"、第二课"只有社会主义才能救中国"和必修 3 第一课"历史和人民的选择"相对较多——这几课偏向于历史维度，"探究与分享"栏目的史实材料主要是为了与教材正文内容相呼应。

一般来说，学生对故事都有浓厚的兴趣，教师可以有效利用这些历史材料进行新知导入，激发学生求知的兴趣。例如，必修 1《中国特色社会主义》第一课的"探究与分享"栏目"原始人平均分配劳动产品的原因"，以达尔文在环球考察中记叙的故事为材料，设置问题情境。教师在引导学生阅读故事的基础上，展示原始社会劳动工具、劳动场景的图片，让学生感受原始社会低下的生产力，进而探究得出"生产力决定生产关系"。又如，必修 1《中国特色社会主义》第一课的"探究与分享"栏目"封建制生产关系与奴隶制生产关系的异同"提供了两段历史材料，一则材料通过讲述古罗马时期奴隶的地位来反映奴隶制生产关系，另一则材料通过讲述我国两汉时期佃农、雇农的生存状态来反映封建制生产关系。教师可以引导学生阅读材料，并辅之以必要的劳动场景图片，让学生直观地对比出奴隶和农民的不同，还可以提供唐代李绅所写诗句"春种一粒粟，秋收万颗子。四海无闲田，农夫犹饿死"，让学生体会农民和奴隶一样，也遭受着残酷剥削和压迫。这样的导入既扩充了学生的知识面，激发了学生的学习动机，又为学生学习正文部分的封建制生产关系做了知识铺垫。

值得注意的是，教材限于篇幅，对历史材料的叙述往往比较简要。这就需要教师在教学中适当补充和拓展。

2. 文献资料类

这一类"探究与分享"栏目的材料内容一般是从经典文献、重要讲话中截取的资料片段。例如，必修1第一课第二框的"探究与分享"栏目节选了《共产党宣言》的一段名言名句，第三课第一框的"探究与分享"栏目节选了习近平总书记在庆祝改革开放40周年大会上的讲话，第二框的"探究与分享"栏目节选了十九届四中全会通过的《中共中央关于坚持和完善中国特色社会主义制度、推进国家治理体系和治理能力现代化若干重大问题的决定》关于国家制度和国家治理体系显著优势的表述，第四课的"探究与分享"栏目引用了中国共产党的八大、十一届六中全会、十九大关于社会主要矛盾的判断。

文献资料类"探究与分享"栏目的材料内容专业权威，为教材相关正文内容提供了有力的论证。但是，学生不一定能体会感受、理解顿悟。在教学处理中，教师要根据探究活动的任务要求、教学目标、学生情况灵活处理。例如，对于设问中"查阅相关资料"的探究任务，可以让学生在课外完成，既能提高课堂效率，同时又锻炼了学生搜集资料和获取信息的能力。又如，对于设问中"谈谈认识""谈谈理解""分享感受"等探究任务，首先要考虑学情，即学生是否能真正体悟材料内容，否则探究活动就可能流于形式，失去探究价值。其次要遵循从个别到一般、从具体到抽象的认知规律，如领导的讲话高屋建瓴，教师在教学中往往需要介绍讲话背景、提供相关事例等。

总之，对于此类探究活动，既要发挥学生的积极性和主动性，又要发挥教师的引导作用，这样才有利于学生获得感悟和体验，从而真懂、真信、真行。

3. 案例分析类

这一类"探究与分享"栏目的活动往往是设置一个指向教学任务的、关联学生真实生活的案例情境，让学生深化已有认识，运用已学知识同化、理解、构建新知识，并尝试理论联系实际，分析和解决一些问题。从教材分布来说，此类"探究与分享"栏目在必修2、必修3的第三单元相对较多。

案例素材往往贴近时代和生活，具有较强的感染力和吸引力。教师可以以案例为载体，优化教学。以必修2《经济与社会》第四课的"探究与分享"栏目为例，在"个人获取收入的途径"探究活动中，列出小吕一家人的各种收入，引导学生认识现阶段我国居民收入来源多样化。在"应该如何致富"探究活动中，通过小吴、小张、小马的事例，引导学生辨别合法收入与非法收入，明确劳动是财富的源泉。这两个案例中的小吕、小吴、小张、小马代表了现实生活中不同的个人，可以让学生感到亲切。教师还可以结合生活实际情况，选用学生身边熟悉的人物案例开展教学。需要注意的是，如果把生活原原本本、不加处理地搬到课堂上，那些细枝末节势必会影响教学实效。因此，教师最好是根据教学目的和要求，对真实社会生活情境进行结构化处理。

4. 观点辨析类

这一类"探究与分享"栏目围绕某一问题展示具有辨析性的观点，引导学生对不同观点进行比较、分析、鉴别，在价值冲突中明确自己的观点，形成正确的认识。"观点辨析类"探究活动在教材中分布不多，但如果能有效利用，学生的逻辑思维能力、表达能力在活动过程中能得到有效提高。

【**案例**】必修 3《政治与法治》第八课的"探究与分享"栏目"讨论制定社区文明养狗公约"设计

1. **查找资料**：了解《民法典》《治安管理处罚法》中养狗人应遵循的法律规定，以及各地区结合本地实情制定的养犬管理法规、规章或规范性文件。

2. **角色扮演**：学生分别扮演养狗方、不养狗方、老人、小孩、物业管理人员、保洁员等角色，表达自己对文明养狗的意见。

3. **代表释法**：教师或学生代表对照法律法规，对上述角色的意见进行评判。

4. **总结提升**：在法治社会，社会生活的每一个参与者、社会关系的所有领域都应该遵从宪法和法律的权威，形成良好的守法意识。社区文明养狗公约的制定，同样要经过民主程序，以法律法规为依据。

5. **课后实践**：了解自己所生活的社区是否有社区文明养狗公约。如果有，是否合法；如果没有，是否可以呼吁制定。

养狗人和非养狗人之间产生矛盾，是社会多元化常见的现象，不同的利益群体之间会出现明显的利益博弈。学生通过这个观点辨析类探究活动，可以懂得解决问题的根本办法在于进行统一立法，通过制定共同遵守的规则来规范养狗行为，同时也为相应的执法活动和司法裁判提供明确的法律支撑。由此，引导学生体会法律法规在社会治理中的作用，帮助学生懂得法治社会必然是全体公民普遍信仰和遵从法律、具有法治思维和法治素养、办事依法、遇事找法、解决问题用法、化解矛盾靠法的社会。

5. 时事热点类

这一类"探究与分享"栏目的材料内容主要选自近年来党和国家、社会发展中的重大事件，如党代会、两会、国企改革、脱贫攻坚、新发展理念、建设现代化经济体系、新法颁布或修订等，时政性较强。

高中思想政治学科是一门紧跟时事、与时俱进的学科，教师只有结合最新的、最具有代表性的事例来进行教学才能凸显这一学科的特点。[①] 教师应紧跟时代潮流，贴近社会现实，在教学中利用本类型栏目不断更新和丰富教学内容，让学生了解我国社会主义现代化建设的最新理论和实践成果。

不过，新教材从编写到正式投入教学使用，会经历一个较长的周期。尽管教材编写组的专家在当时已经将最具代表性、新颖性、典型性的事例编入"探究与分享"栏目中，但是真正将教材投入教学一线使用时，这些事例可能已经失去了时效性。例如，必修 2 第二课"探究与分享"栏目选用的是《中华人民共和国国民经济和社会发展第十四个五年规划和 2035 年远景目标纲要》的素材，必修 3 第五课第一框"探究与分享"栏目选用的是第十三届全国人民代表大会第一次会议议程。到新教材全面投入使用时，这些素材的时效性大大减弱。因此，教师有必要及时更新素材资源。

① 郭荣. 高中《经济与社会》"探究与分享"栏目的有效运用 [J]. 基础教育研究，2021（2）：90—92.

【**案例**】必修 3《政治与法治》第三课的"探究与分享"栏目"中国共产党执政方式、民主执政、依法执政"设计

本栏目以时间轴的方式介绍了《深化党和国家机构改革方案》的出台过程，引导学生关注中国共产党的执政方式。教师上课时恰逢"十四五"规划出台，于是替换了以下素材（图 14-1）：

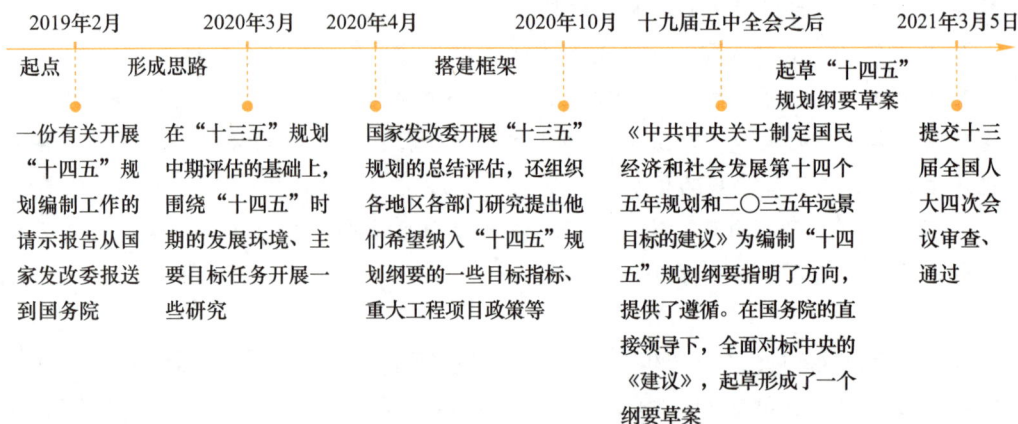

2019年2月	2020年3月	2020年4月	2020年10月	十九届五中全会之后	2021年3月5日
起点	形成思路		搭建框架	起草"十四五"规划纲要草案	
一份有关开展"十四五"规划编制工作的请示报告从国家发改委报送到国务院	在"十三五"规划中期评估的基础上，围绕"十四五"时期的发展环境、主要目标任务开展一些研究	国家发改委开展"十三五"规划的总结评估，还组织各地区各部门研究提出他们希望纳入"十四五"规划纲要的一些目标指标、重大工程项目政策等	《中共中央关于制定国民经济和社会发展第十四个五年规划和二〇三五年远景目标的建议》为编制"十四五"规划纲要指明了方向，提供了遵循。在国务院的直接领导下，全面对标中央的《建议》，起草形成了一个纲要草案		提交十三届全国人大四次会议审查、通过

图 14-1 "十四五"规划和二〇三五年远景目标纲要草案的诞生过程

三、关注思维过程，注重价值引领

当代中学生思想开放，喜爱探究，善于思考，但同时也具有多变性、差异性等特点。在探究与分享活动中，教师一方面要注意充分挖掘材料的内涵，设计富有挑战性、趣味性的问题以激发学生的探究热情，引导学生从形象的感性思维向抽象的理性思维过渡；另一方面要对学生的探究过程进行引导，紧紧把握探究活动的节奏和价值导向，密切注意学生学习目标的达成。

【**案例**】必修 2《经济与社会》第三课的"探究与分享"栏目"经济发展与生态环境保护"设计①

教师以"中国浙江安吉县余村"的转型发展创设以下教学情境：

情境 1：余村之昔日"荣光"——20 世纪七八十年代，余村人靠山吃山，视矿山为"命根子"，大力发展矿山经济，一跃成为全县有名的富裕村，集体经济收入最高时接近 300 万元。但是污染使村子常年笼罩在烟尘中，竹林黄了、竹笋小了、千年银杏树不结果了……

情境 2：余村之转型迷茫——2003 年，余村开始陆续关停矿山和水泥厂，集体经济收入一下跌至 20 多万元，接下去的路该怎么走？村里决定转型发展休闲旅游，开办农家乐，组建全县首批旅游景区，但村民的质疑和诘问从未停止……

情境 3：余村之今日辉煌——2005 年 8 月，习近平总书记调研余村，肯定村里主动

---

① 吴钊雄."探究与分享"的生成性运用 [J]. 思想政治课教学，2020（12）：33-36.

关停矿山复绿的做法，首次提出"绿水青山就是金山银山"；2019年，全村实现农村经济总收入2.796亿元，农民人均收入49 598元……；2020年，习近平总书记再次调研余村（新闻视频）。

情境4：余村之美丽愿景——村民们对余村的赞美也发生着新变化，村民志愿者向游客歌唱村歌：千年银杏，万顷竹海；绿水青山，金山银山；环境优美，民风淳朴；相映荷花，幸福家园……

设问：

1. 结合情境1和所学历史知识，说明20世纪七八十年代余村为什么走"矿山经济"的致富路。

2. 比较情境1和情境2中余村村民发展迷茫的原因。

3. 余村走过两条不同的致富路，请比较两条发展道路的相同与不同。

4. 综合情境1和情境3，你对"两山论"有了怎样新的理解？

5. 综合以上探究，你认为我国应该如何坚持走绿色发展道路？

案例分析：该案例情境设置了多重认知冲突——经济发展和环境污染、两条"致富路"的纵横比较、村民的发展迷茫和习近平总书记的讲话定调等。这些素材充满思维张力，能够吸引学生去感悟和探究，进而设计"可探究、愿解决和能生成"的问题串刺激学生思维发展，问题难易合适，逻辑层层推进。学生"跳一跳就能摘到果子"，一是通过对比不同致富路，探讨经济发展与生态环境保护的关系，培养辩证思维能力；二是通过感受绿色发展理念对生产生活产生的积极作用，理解、认同、践行绿色发展理念和可持续发展理念。

四、开展社会实践，培育学科核心素养

学科内容的教学与社会实践活动相结合是"活动型学科课程"的显著特点。"探究与分享"栏目作为"活动型学科课程"有效而直接的资源，在有条件的情况下，教师可以选取有实践价值的"探究与分享"栏目，带领学生走进社会大课堂进行探究，使学生在真实情境中获得更深刻的学习体验，加深对所学知识的认识和理解，提高理论联系实际、分析解决问题的能力。实践活动的形式很多，如参观走访、专题访谈、调查研究、演讲辩论、小报展示等，但最终都要落实到学科核心素养的培育上，让学生在一点一滴的实践探究活动中为未来发展积蓄能量。

【案例】必修3《政治与法治》第六课的"探究与分享"栏目"村和社区的基层民主实践"设计

1. 设计方案：以"创建文明城区，××社区在行动"为主题，请同学们调研自己生活的社区在文明城区建设（复评）中的行动。

2. 准备工作：教师准备给家长的通知书、给社区的介绍信等资料，对学生就沟通技巧等进行培训。

3. 分组探究：学生以居住区域划分，分组合作探究。通过实地察看社区的宣传栏、

采访居委会干部、访谈社区邻居，了解社区正在开展的活动，撰写调研报告。

4. 交流分享：回到课堂，小组之间进行探究交流，分享调研报告。

5. 教师总结：依法、直接参与基层民主实践，能保障居民的合法权益。

6. 反思提升：将探究成果反馈给社区居委会，对文明城区的创建活动建言献策。

【案例】必修3《政治与法治》第九课的"探究与分享"栏目"推进全民守法"设计

1. 设计方案：开展"与'法'同行，'典'亮未来"主题演讲活动。

2. 资料准备：学生调查身边的一些守法、维权事例，学习《民法典》的有关法律条文，撰写演讲稿。

3. 开展演讲：学生从生活中的"高铁霸座""网购""物业管理"等案例切入，以案说法，进行演讲。

4. 教师点评。

案例分析：通过以上探究活动，学生对基层群众自治制度有了更强烈的政治认同，同时公共参与素养也得到了很好的培育。学生了解相关法律，知道在不同生活情境中如何遵守法律，尊法守法用法的意识增强，法治意识素养大大提升。

教材是突出立德树人要求、着力培养思想政治学科核心素养的重要载体。"探究与分享"栏目作为统编版教材的重要组成部分，是学生理解教材正文知识、涵育学科核心素养的重要资源。深入研究并开展探究与分享活动，需要教师发挥积极性、主动性和创造性，转变教学理念，增加知识储备，针对不同类型的"探究与分享"栏目不断探索新的教学策略，培育学生的学科核心素养，引领学生成长为能够担当民族复兴大任的时代新人。

视频资源 14-1

　　如何有效开展教材中"综合探究"板块的教学?

新一轮课程改革将高中思想政治课程定位为综合性、活动型学科课程。"综合探究"作为统编教材重要的组成部分,深刻体现了综合性、活动型学科课程的理念和要求,表现出综合性、主体性、实践性等特点,把"社会大课堂"与"思想政治课小课堂"巧妙地结合起来,以"课程内容活动化,活动内容课程化"的形式培养学生的政治认同、科学精神、法治意识、公共参与素养,促使学生关注经济、社会、科技和日常生活的相关问题,通过亲身实践、自主探究的方式认识问题、理解问题、解决问题,充分展现了思想政治作为关键课程的作用。但是在实际操作过程中,如何有效开展教材中"综合探究"板块的教学成为困扰一线教师的关键问题。

⚙ 问题分析

一、问题的提出

新版课程标准提炼了思想政治学科核心素养,提出了综合性、活动型学科课程理念,并把这一理念作为培育学科核心素养的重要途径。"综合探究"作为一种活动型课程,主要围绕议题展开,在目标导向和问题导向的基础上,通过实践活动和思维活动培养学生主动参与和理解的能力,在面对不同的价值矛盾和价值冲突时,引导学生自主思考,自主辨析,做出正确的价值引领。高中思想政治新教材的"综合探究"板块强调学生走出课堂开展社会实践活动,将学科内容与实践活动融合、课堂教学与社会实践活动对接,通过提供多种课内外探究活动设计,设置开放的问题,引导学生综合运用本单元所学知识分析和解决实际问题,拓展知识,深化认识,提升能力,培养品格,发挥思想政治课程特有的育人功能。

"综合探究"围绕议题(大主题或小议题)展开,通过思维活动和社会实践活动,实现"课程内容活动化""活动内容课程化"等课程理念,增强学生的社会理解和参与能力,引导学生把"爱国情、强国志、报国行"自觉融入坚持和发展中国特色社会主义事业、建设社会主义现代化强国、实现中华民族伟大复兴的奋斗之中。但在实际操作中,教师对如何有效开展"综合探究"教学还存在一些不足。

1. 教师对"综合探究"的教学缺乏有效指导

"综合探究"是教材中非常重要的部分,是一项重要的教学资源。但是在实际操作中,教师更重视教材正文部分的讲解,对于"综合探究"的内容大多是一笔带过。部分教师教学的预设太过单一和刻板,学生的实践能力和接受能力较为薄弱,只会按照预设的过程进行"表演",导致在课堂上的探究过程失去意义。有的教师只重视教学活动的开展,没有明确的重难点和合理的教学计划。也有部分教师对"综合探究"的利用只停留在表面,忽视了其本身的教学价值,在课堂上对"综合探究"的分享只是简单地停留在讲授环节,而非真正从学生的角度出发,引导学生深入思考、主动创新和实践。部分教师没有将"综合探究"作为可利用的教学资源,不重视对这一部分的深层次研究和思考,既不利用,也不让学生主动探究和分享,导致"综合探究"形同虚设,无法从真正意义上达到新版课程标准对与教师教学和学生学习的要求。

2. 学生对"综合探究"的利用缺乏主动性

学生是学习的主体,但是学生往往会忽视对"综合探究"的利用和把握、学习和思考。学生非常重视教材中高考的考点和正文的知识点,认为教材中的"综合探究"只是一种简单的单元总结,或者是一种流于表象的实践活动,有些无聊并且还会浪费时间。部分学生把"综合探究"作为一种课外读物,认为认真读完就算完成任务,在教师开展这部分内容的教学时,学生之间也缺乏相互交流与合作,不愿主动承担任务,更不愿主动花时间和精力来完成这部分内容的学习。如果在教学过程中教师非常重视,自然会影响学生对"综合探究"的重视程度和学习"综合探究"的积极性。所以,教师在教学过程中要有意地强调并指导学生关注"综合探究"的内容,寻找多样的方式,学会自主探究、合作探究,并在探究过程中养成自主学习、合作学习的习惯,发现其中的乐趣。

3. 针对"综合探究"的教学极具挑战性

综合来看,高中思想政治必修教材中的"综合探究"内容涉猎广、历史跨度大,对教师和学生都具有挑战性。

《中国特色社会主义》的"综合探究"有"回看走过的路　比较别人的路　远眺前行的路""方向决定道路　道路决定命运"。这两个探究活动需要学生梳理中国复兴之路的历程,对比不同社会道路的区别,理解为什么只有中国特色社会主义才是反映中国人民意愿、适应中国实际情况的科学社会主义。

《经济与社会》的"综合探究"有"完善社会主义市场经济体制""践行社会责任　促进社会进步"。这两个探究活动需要学生对市场机制有效运行的必要条件、影响企业活力的外部和内部因素、党的十八大以来我国宏观调控的变化和特点等有充分的了解,并梳理经济发展与社会建设、社会进步的关系。

《政治与法治》的"综合探究"有"始终走在时代前列的中国共产党""在党的领导下实现人民当家作主""坚持党的领导、人民当家作主、依法治国有机统一"。这三个探究活动需要学生探究在不同历史时期党的任务,明白中国共产党高扬永不褪色的旗帜的决心,探究我国的根本政治制度和基本政治制度,明白制度的优势和特点。

《哲学与文化》的"综合探究"有"坚持唯物辩证法　反对形而上学""坚持历史唯物主义　反对历史虚无主义""坚持以马克思主义为指导　发展特色中国社会主义文化"。这三个探究活动需要学生探究社会历史生活的层面、社会历史存在的基础、社会历史发展的规律等，以及中国近代史中从实业救国到文化救国的过程。

二、问题的价值

1. 有利于实现思想政治课程目标

"综合探究"的内容从现实情况出发，与当下我国发展的实际情况相结合，要求学生运用课本知识分析问题、理解问题、解决问题，在不断探究的过程中，增强对领导力量、根本道路、根本制度、民族文化、价值观的认同，从而增强学生的政治认同素养；"综合探究"要求学生在自然科学学习中坚持真理、尊重规律、实事求是，把求真务实的思想贯穿在认识过程中，形成良好的行为规范，从而增强学生的科学精神素养；"综合探究"的事例材料向学生传递尊法、守法、用法的重要性，让学生明白，只有法治国家才能使我们的生活更加美好、和谐、幸福，从而增强学生的法治意识素养；"综合探究"要求学生完成主动搜集资料，自主组织讨论，学会合作分享，从而增强学生的公共参与素养。

2. 有利于实现思想政治教材的改革

2019 年 3 月，习近平总书记在学校思想政治理论课教师座谈会上提出，办好思想政治理论课，最根本的是要全面贯彻党的教育方针，解决好培养什么人、怎样培养人、为谁培养人这个根本问题。新版课程标准提出"坚持正确的政治方向""坚持反映时代要求""坚持科学论证""坚持继承发展"等基本原则。针对课程标准要求，思想政治教材的改革迫在眉睫、意义重大。新教材增加了"综合探究"相关内容，改善了旧教材单调、枯燥、缺乏事实依据的问题，增加了关于新时代、新形势下思想政治教育的热点及相关分析与总结，使得教材更加与时俱进。探究活动的增加，也让课堂更具趣味性，更能培养学生以事实为依据、一切从实际出发的学习习惯。所以教材中"综合探究"的内容体现了思想政治教育与时俱进、从实际出发的重要理念，同时也丰富了课堂内容和形式，让师生都有耳目一新的感觉。

3. 有利于实现学生学习方式的转变

有效的学习方式是有意义学习的保证。有意义学习不是单纯积累现存知识，而是重建经验和生成意义，实现"知识传递"向"知识构建"转化。一方面，有意义学习是学生接纳、建构、生成与反思的过程；另一方面，有意义学习成为学生团队合作、培养集体意识和团队精神的过程。但是通过对学生学习方式的研究发现，传统的思想政治教育方式形势较为单一，内容也具有很大局限性，通常以学生被动式教育为主，教师在课堂上以自己对教材的理解，结合自身经历、认知等向学生传递知识，学生则大多被动地接受，对知识缺乏系统性思考与理解，教学内容更多局限于课本。然而思想政治教育知识本身具有更新发展的基因，课本内容显然不能满足国家对思想政治教育效果的要求。因此落实国家要求，转变传统学习方式，让学生从被动式接受向主动探究学习转变是目前教育界亟待解决的问题。"综合探究"活动为教学提出了一种全新的学习方式，学生通过收集资料、分析思考、讨论交流等方式逐渐学习和掌握知识，让整个学习过程更具系统性，在掌握知识的同时，又学会了探究与分享的学习方法。

4. 有利于实现建构主义的强化

建构主义学习理论强调以学生为中心，认为学生是认知的主体，是知识意义的主动建构者；教师只对学生的意义建构起帮助和促进作用，不直接向学生传授和灌输知识。可见，在建构主义学习环境下，教师和学生的地位、作用与传统教学相比已发生了很大变化。教材中的"综合探究"本身就是对建构主义学习理论的体现，学生在亲身探究中学习，而教师在"综合探究"过程中仅做问题提出者和过程引导者，学习过程由学生自己主动完成，体现了以学生为中心的建构主义学习理论和方法。

📖 问题解决

一、强化教材中"综合探究"板块的教学价值

在应试教育的客观因素、教师和学生不重视的主观因素的双重影响下，综合探究活动本身所具有的教学价值难以体现。要开展有效的教学，必须加强教师和学生对这一板块的重视，增加对"综合探究"板块的考查力度。

1. 加强对"综合探究"板块的重视程度

一直以来，教师非常重视对考试知识的传授，而忽略对"综合探究"的实践探索，在这样的背景下，学生很难全面发展。"综合探究"部分注重培养学生的学科核心素养和综合能力，具有健全的育人目标。因此，思想政治教师应该转变和更新教材观、教育观，仔细研读课程标准，转变对"综合探究"的教学方式，通过深挖教材、探究教材、相互交流、充分研讨等方式，重点把握综合探究的教学价值，充分发挥其重要作用，把"教教材"变为"用教材教"，同时采取多样化、学生易理解并且愿意参与的教学方式，使学生真正感受到学习的乐趣。教师与教师之间应树立共享理念，信息共享，资源共享，方法共享，成果共享，不断交流与合作，实现综合探究的课堂教学价值。

2. 增加对"综合探究"板块的考查力度

在应试教育背景下，提高教师对"综合探究"的重视，还需要在考试试题中加大对"综合探究"相关内容的考查，以客观题和主观题的形式考查"综合探究"的内容，考查学生对其掌握的程度。当"综合探究"的相关内容影响到学生的成绩时，教师自然会引起重视。在题目设置中，一方面，可以选择"综合探究"的材料作为客观题的题干，让学生充分思考，根据设问选择正确的选项；另一方面，也可以采用"综合探究"的内容作为主观题的材料，或者在试卷最后一部分设置以"综合探究"形式为载体的问题，让学生以发散性思维去思考问题，这样的设置会引导学生重视"综合探究"这一部分的学习和思考。综上，增加对"综合探究"板块的考查力度不仅可以引起教师的重视，使教师在日常教学中引导学生加强对"综合探究"板块的学习和思考，使学生了解到"综合探究"与课本知识点的相互联系，还可以丰富试题的形式，创新试题的类型。

二、提升教师的"综合探究"设计能力

思想政治教师对"综合探究"教学重视程度不够，加之"综合探究"内容难度较

大，未能充分发挥"综合探究"板块应有的价值，所以教师应创新性地开展"综合探究"教学活动，提升设计能力。

1. 转变教师"综合探究"教学方式

目前，大多数学生对"综合探究"活动的教学方式并不满意，认为教师的教学方式过于机械单一，探究深度远远不够，探究教学能力不足，在教学中，"综合探究"的教学与其他课程教学差异不大。为了增加学生的积极性、提升课程乐趣，教师可以转变"综合探究"的教学方式。例如，去红色旅游景点实地游览参观，了解社会主义道路、共产党的领导、经济建设历程等；集体参观博物馆，了解中外历史；观看纪录片、优秀影视作品等。在《经济与社会》的综合探究"践行社会责任　促进社会进步"的教学过程中，可以带领学生一起观看央视推出的《华为品牌故事》，学习了解华为的企业文化，思考为什么华为一直被美国打压，为什么不得不出售子品牌"荣耀"，手机市场占有率为什么会从一度的全国第一到急速下跌，通过这些探究深入思考影响企业活力的外部和内部因素，探究科学技术在经济发展中的重要地位——科学技术是第一生产力。在《哲学与文化》的综合探究"坚持以马克思主义为指导　发展中国特色社会主义文化"的教学过程中，可以带领学生深入学习人民网特别报道"文化自信　汇聚精神力量"，了解我国源远流长的历史文化，知道收藏在博物馆里的文物、陈列在广阔大地上的遗产、书写在古籍里的文字都是国家的精神财富，从而增强文化自信的底气。

2. 整合教材"综合探究"教学内容

在综合探究的教学中，如果只局限于讲课本内容，则无法有效调动学生的积极性。教师可以根据不同的探究内容来灵活选择，或者进行重新构建，有目的地改编或者重建综合探究的内容设计，使复杂问题以更加简单的形式呈现。

【案例】必修3《政治与法治》综合探究一"始终走在时代前列的中国共产党"教学设计片段

环节一：历史和人民的选择。观看视频，理解在革命、建设和改革的不同时期，中国共产党发挥的作用。

自主探究：结合中国近代以来的历史，思考历史和人民为什么会选择中国共产党。

环节二：与时俱进的执政能力。根据提前采访身边的老党员的记录，思考中国共产党在不同时期进行党风廉政建设的意义。

议学活动：分析共产党如何拥有与时俱进的执政能力。

环节三：新时代新挑战。观看《落笔绿色发展"十四五"规划展新篇》结合生活实际走访家乡的乡村，谈谈你对我国生态文明现状的认识。

议学活动：围绕为什么党重视生态文明建设、党领导人民建设生态文明的具体做法、目前生态文明建设的成果等角度对党始终走在时代前列进行分析，感悟党的领导，展望2035年的中国和中国共产党。

从中国共产党从无到有、由弱到强的发展脉络来探究，从建立、发展、遭受挫折、蓬勃向上这几个维度来分析，学生在情境中能够感受到在党的领导下中国发生了翻天覆地的变化。这样的方式不仅可以拓展学生思维，活跃课程氛围，提高学生在课堂中的参与度，还可以锻炼学生的合作意识，加强学生之间的交流与互动。教师可以随时随地掌握学生的发展动态，按照学生的实际情况和综合探究的难易程度去重构相关内容、更新教学组织形式，发挥综合探究的最大功能。

三、转变学生的"综合探究"学习方式

学生是学习的主体，在"综合探究"的教学过程中，教师既要转变学生对待"综合探究"的态度和方式，又要激发学生对"综合探究"的创新能力。

1. 采用科学有效的学习方式

激发学生的学习兴趣、掌握科学有效的教学方法和转变学生的学习态度是教好"综合探究"的关键。首先，要制定明确的学习目标，每一个"综合探究"的设置对于学科核心素养的培育，对于运用所学知识去分析和解决当下的实际问题，对于拓展学生的知识面、深化学生的认识、培养学生的优良品质都具有重要意义。其次，要掌握科学有效的教学方法，坚持理论和实践的统一，把学科内容的相关教学和丰富的实践活动结合起来，利用理论解决实际问题，引导学生通过社会调查、参观访问、专题访谈、职业体验、制作板报、撰写评论、书写演讲稿、举行模拟招聘会等方式完成"综合探究"，注重学生之间的分享和互助合作，激发学生展现具有个性化的学习成果。最后，要充分发挥学生的主观能动性，使其有意识地主动学习，转变学习习惯和态度，采取科学有效的学习方式，充分利用综合探究进行学习。

【案例】必修 2《经济与社会》综合探究一"完善社会主义市场经济体制"教学设计

视频资源 15-1

一、一般情况下的一般商品

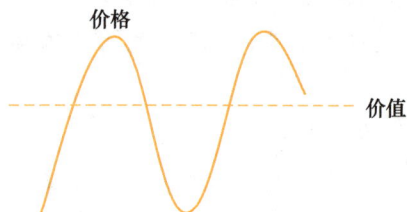

设问：
① 价格为何会波动？
供求关系与价格相互影响。
② 价格为何围绕价值波动？
价值决定价格。
③ 价格为何不会无限下跌或上涨？
价值决定价格，价格变动影响生产（调节产量、调节生产要素的投入）和需求。

二、价格规律在生活中的实际表现

（一）价格变化

1. 思考：分析导致价格前期和后期变动趋势的可能原因。

在社会劳动生产率保持相对稳定的情况下，产品信息不对称，无论是对于生产者还是消费者来说，商品前期都属于价格摸索期，故而价格变动幅度较大，后期信息逐渐走向对称，价格趋于稳定。

2. 思考：分析价格后期波动趋势可能的原因。

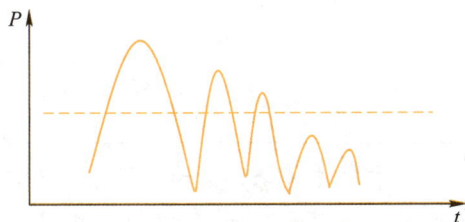

商品生产后期出现产品过剩、替代品出现，商品价格持续走跌。

3. 思考：以传统钢铁产业为例，国家有何政策？企业有何态度和对策？

深入实施《中国制造2025》，加快大数据、云计算、物联网应用，以新技术新业态新模式推动传统产业生产、管理和营销模式变革。把发展智能制造作为主攻方向，推进国家智能制造示范区、制造业创新中心建设，深入实施工业强基、重大装备专项工程，大力发展先进制造业，推动中国制造向中高端迈进。完善制造强国建设政策体系，以多种方式支持技术改造，促进传统产业焕发新的蓬勃生机。着力抓好"三去一降一补"，供给结构有所改善。以钢铁、煤炭行业为重点去产能，全年退出钢铁产能超过6500万吨、煤炭产能超过2.9亿吨，超额完成年度目标任务，分流职工得到较好安置，依靠创新推动新旧动能转换和结构优化升级。要坚持以改革开放为动力、以人力人才资源为支撑，加快创新发展，培育壮大新动能、改造提升传统动能，推动经济保持中高速增长、产业迈向中高端水平。

4. 思考：前期价格低于价值可能的原因。

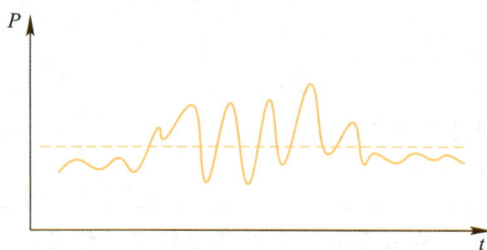

由于新产品出现，企业为获得市场口碑和占有率，普遍低价促销甚至免费，如滴滴打车、微信转账、共享单车等。

（二）价值变化

1. 思考：后期价值为何有如此走势？

对于一般商品（特别是科技产品）而言，随着科技水平和整个社会劳动生产率水平提高，单位商品的价值量呈下降趋势。

2. 思考：后期价值为何有如此走势？

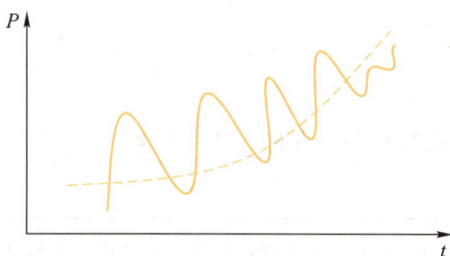

对于资源稀缺品（如黄金），由于储蓄藏量有限，开采和加工难度增加，因此生产单位商品所耗费的劳动量增加，导致单位商品的价值量增加。

（三）市场结构

根据竞争程度，市场可以分为完全竞争市场和不完全竞争市场，其中不完全竞争市场又可分为垄断竞争市场、寡头市场、垄断市场。

1. 完全竞争市场条件下的商品。

思考：完全竞争的条件有哪些？

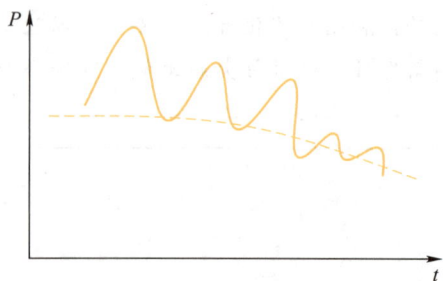

按照西方经济学的观点，只有在竞争性的市场经济中来决定收入的分配才可以使各种经济资源达到最优配置，才可以使经济的效率达到最大化。

完全竞争应同时具备下述条件：

① 有许多的卖者和买者，他们之中任何一个人都不可能影响商品的价格。

② 各个厂商生产的同类产品彼此之间没有差别。

③ 生产资源可以自由和迅速地流进或流出某一个行业。

④ 卖者和买者对市场现状和可能的变化都有足够的认识。

2. 不完全竞争市场条件下的商品。

（1）垄断竞争市场是指在一个市场中有许多厂商生产和销售有差别的同种商品。在这种情况下，由于厂商生产和销售有差别的同类商品，因此无法确定统一的价格与价值波动曲线，如重庆小面。

（2）寡头市场（在市场竞争中逐渐形成——自然垄断）。

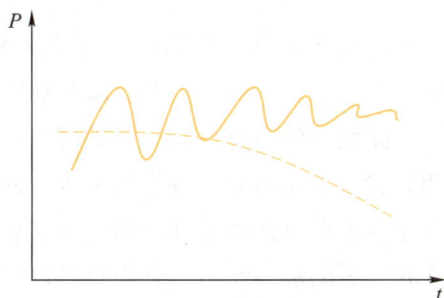

在竞争中某几个企业逐渐获得某个行业的垄断地位（生产的商品没有太大差别），进而控制整个行业市场，掌握相对定价权，如石油、钢铁、钻石等。

思考：寡头市场的影响以及国家对其有何对策？

消极影响：不利于自由竞争，不利于企业生产积极性提高，不利于创新。社会资源利用效率低下，不利于价值规律发挥作用和资源优化配置。

积极影响：一方面，当代科学技术高度发展，从事新产品和新技术的研究要付出昂贵的代价，只有规模巨大并且在市场上占有较大份额的大厂商才能筹措足够的资金进行开发研究；另一方面，规模巨大的垄断厂商带来了规模节约，它能达到将其分割成若干部分所不能达到的产量水平，从而节约社会资源和增进经济效率，如核电技术、高铁技术、基础通信技术等的开发。

对策：1890 年美国制定的“谢尔曼法”是第一部反托拉斯法，2008 年 8 月 1 日《中华人民共和国反垄断法》正式实施。

（3）垄断市场 I （政府特许）。

思考：实行价格差别的条件有哪些？

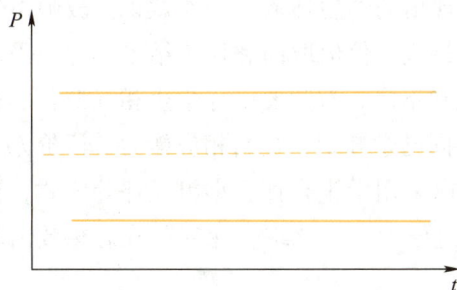

资源型、环境有害型（国家控制性消费）、公共服务型（公益性）。

（4）垄断市场Ⅱ（政府特许）。

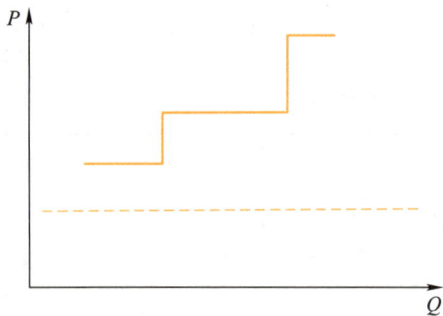

① 卖者是一个垄断者，或者至少拥有一定程度的垄断权力，因而他可以控制价格。

② 卖者能够了解不同层次的买者购买商品的意愿或能力，即不同买者对同一商品的需求弹性。

③ 各个市场是相互分离的，买者不能到其他市场购买商品。

2. 激发学生的自主创新能力

"综合探究"本质上应该始终贯彻以学生为主的教学理念，所以在"综合探究"教学过程中，教师应充分激发学生的自主创新能力和想象力，不拘一格，减少规则限制，灵活选择探究方式、方法。教师在明确"综合探究"的内容以后，仅做简单的指示引导，学生可以自己选择探究的方式，如分组讨论、自由辩论、观看视频等。探究成果可以进行展示，形式不限，如报告、短视频等。这样一方面可以增加教学的趣味性。兴趣是最好的老师，有了兴趣学生才更有探究学习的动力。另一方面也可以培养学生探索、创新、写作等综合能力，同时提升教师对"综合探究"课程的教学能力。

四、优化评价"综合探究"的多元体系

综合探究集中反映了高中思想政治课程综合性、活动型学科课程的理念和要求。在这种价值导向下，教师要引导学生在探究活动中学会体验、生成和感悟。评价体系应该从活动内容、活动过程、活动结果等多个方面进行设计，同时要改进传统的评价方式，着眼于学生未来的发展需求。

1. 改进传统的评价方式

在综合探究教学中，学生是探究的主体，教师对学生的评价不能仅从分数这一方面来衡量。由于探究活动课堂的特殊性，教师应该采用多元的方式对学生探究进行评价。例如，对学习内容的评价，既要考查学生对新知识的认识、理解、掌握、应用，学生的自主学习能力，问题解决能力，创新创造能力，实践能力，也要考查学生之间相互交流、协作的能力，以及在探究过程中表现出的情感体验、合作意识。教师不仅要看到学生活动的结果，还要关注学生活动的过程。价值取向和评价结果都应该采取多元化的方式，对于学生在探究中出现的失误和不足，教师要引导学生相互监督、相互启发，从而使学生自我发现，自我完善，巩固已学知识，提高相应能力。评价方式也要多元化，既可以采用教师综合评价，也可以采用学生自评、小组互评等方式，让整个课堂充满活力，促进学生更加主动、积极地学习，让"综合探究"在思想政治教学中展现出独特的魅力。

2. 着眼于学生未来的发展需求

立足于学生现实的生活经验是新版课程标准的要求。教师要着眼于学生的发展需求，着重培养学生的政治认同、科学精神、法治意识和公共参与素养，在评价时要关注探究活动是否可以锻炼学生探究分析和解决问题的能力，是否可以拓展学生思维，打开书本的枷锁，真正使学生学有所获。同时，要观察学生在探究活动中的表现，不仅对学生掌握的知识和技能做出评价，而且对学生的认知能力、思维水平、认知策略、情感态度和个性发展等方面进行整体评价，特别是要体现学生自我成长及在原有基础上的提高。

有效学习目标的确立、有效学习内容的整合、有效学习方式的选择，可以使综合探究课成为情感真诚、思维丰富、兴趣浓厚、流程简洁、环境生态、价值实用的生态课堂，成为有意义的课堂。

劳动教育是基于劳动传承人的"劳动基因",促进学生全面发展的一种教育活动。思想政治课程是落实立德树人根本任务的关键课程,抓好高中思想政治课程这一主渠道深化劳动教育,有利于高中生形成正确的劳动认知,培养热爱劳动的情感,锻炼坚定的劳动意志,养成勤于劳动的习惯,提升学科核心素养,从而促进学生全面发展。但受到高考、应试教育等诸多因素的影响,劳动教育在高中思想政治教学实践中往往被淡化、窄化、弱化。因此,探索如何基于高中思想政治教学内容深化劳动教育,提升劳动教育实效,实现劳动教育与高中思想政治教学的融合,成为广大一线教师亟须解决的关键问题。

问题分析

一、问题的提出

中共中央国务院《关于全面加强新时代大中小学劳动教育的意见》对劳动教育的内涵进行了解读,认为劳动教育是国民教育体系的重要内容,是学生成长的必要途径,具有树德、增智、强体、育美的综合育人价值。教育部印发的《大中小劳动教育指导纲要(试行)》指出,劳动教育是使青少年学生树立正确劳动观,了解和懂得生产技术知识,掌握生活和劳动技能,在劳动创造中追求幸福感的育人活动。基于高中思想政治教学内容深化劳动教育,找准劳动教育与高中思想政治学科教学的契合点,加强学生对劳动概念、劳动价值、劳动观念、劳动情怀等方面的教育势在必行。但由于劳动教育无强制性、与高考无直接关联、缺乏完善系统的评价机制,加之新时代人工智能等技术的出现与发展在某种程度上也会削弱高中生的劳动意识,使得劳动教育逐渐在教育教学中被边缘化。

1. 教学目标缺乏价值性

新时代劳动教育应当直指青少年未来的生存发展,使其在获得劳动体验的同时受到理论熏陶,在获取劳动技能的同时将劳动最美的观念内化于心。但是,有些教师将劳动教育等同为劳动技能,窄化了劳动教育目标,弱化了劳动教育的育人价值;有些教师甚至将其畸变为惩戒学生的方法,严重挫伤了学生的积极性,导致部分学生产生厌恶劳动的消极情绪;有些教师对劳动教育的意义存疑,虽然劳动教育对促进人的全面发展与社会进步具有重大意义,但其成效具有滞后性;有些教师迫于眼前的升学率压力而无暇顾及劳动教育,导致其劳动教育意识微弱,缺乏劳动素养。

2. 教学方式缺乏实践性

由于高中思想政治学理性较强,因此教师大部分时间在进行针对性讲解,少部分时间让学生进行探究性学习。思想政治课能够对学生的劳动观念、劳动态度、劳动认知、劳动情感等方面起到积极引导作用，但一些思想政治教师在教学中常采取理论说教形式进行劳动价值引导，效果欠佳。劳动教育是一种有较强实践性与操作性的教育活动，脱离了实践就如同脱离了劳动的本质，使劳动教育在思想政治教学中难以找到生根发芽的落脚点。

3. 教学内容缺乏系统性

劳动教育是一项立足学生生活实践，面向学生未来发展需要的教育工作。然而，一方面，当前劳动教育的教学内容脱离学生成长实际，与学生成长发展的阶段性需求相背离。另一方面，劳动教育虽然在高中思想政治必修模块中有所涉及，但从整体看，教学内容不突出，关于劳动教育的知识分散在各个章节，缺乏整体性和系统性，因此，学生难以对劳动教育的相关内容形成一个总体、深刻的认识。

4. 教学评价缺乏合理性

目前，劳动教育的评价制度不够健全，多数高中学校仍然以片面追求升学率为目标，对劳动教育课程设置的相关要求"视而不见"，很少有学校对学生的课外和校外劳动时间做出规定，直接造成应有的劳动教育理论课成为作业课，劳动教育实践课流于形式。劳动教育作为必修课的评价体系有待健全，思想政治课教学评价体系中牵涉劳动教育的评价模糊，劳动教育课与思想政治课融合发展难以真正实现。

二、问题的价值

劳动创造了人，人在劳动中创造了满足自身需要的物质财富和精神财富。教育亦在劳动生产中产生，脱离劳动实践的教育不是真正的教育。因此，基于高中思想政治教学内容深化劳动教育是促进学生全面发展的重要途径，也是顺应新时代社会对高素质劳动者的需求。

1. 符合时代发展的需要

马克思提出人的本质就是劳动，人只有通过劳动才能全面发展，凸显劳动教育的价值。新时代习近平总书记对马克思主义劳动观和劳动价值论高度重视，并赋予其新的时代内涵。他多次强调"幸福都是奋斗出来的""美好生活靠劳动创造"，并发出"激励劳动者，托举中国梦"的响亮口号，鼓舞人们争做新时代劳动者，为实现中国梦奋斗。党中央、国务院联合发布关于劳动教育的专门文件强调，劳动教育是我国教育制度的重要内容，应该把它纳入我国人才培养的全过程，促进学生形成正确的"观"，这标志着"五育并举"新时代教育发展战略全面落地。思想政治课有独特的劳动教育内容和学科育人优势，加强思想政治教育与劳动教育的融合是培育社会主义合格建设者和接班人的时代要求。

2. 符合高中思想政治课的新要求

新版课程标准将劳动教育有机融入思想政治课程标准中，对劳动教育非常重视。首先是在课程基本理念的评价机制中增加了"劳动"的相关内容，即注重学生学习、劳动和社会实践活动的行为表现，采取多种评价方式；其次是在课程基本理念的构建活动型学科课程中增加了坚持教育与生产劳动和社会实践相结合，使理论观点与生活经验、劳动经历有机结合的基本理念。因此，基于高中思想政治教学内容深化劳动教育，符合高中思想政治课的新要求。

3. 符合当前教育现状的实然要求

在高考指挥棒指引下，学校主要以学生的考试分数评价教师和学生，偏重知识教育，忽视劳动教育。许多家长把考分高低作为衡量孩子是否优秀的主要标准，家庭劳动教育存在一定的错位和缺位，有的父母甚至不让孩子做家务，导致"巨婴"越来越多。社会仍然存在劳动教育无用论等错误认识，出现了崇尚学历而漠视技能等社会现象。我国中学生劳动时间在世界范围内明显处于劣势，这是我们不得不面对的事实。思想政治课举起劳动教育的大旗，是当前教育现状的实然要求。

4. 有利于高中生树立科学的劳动价值观

劳动价值观是劳动教育的核心目标，正确劳动价值观的树立能够促进学生形成正确的劳动态度和劳动行为。新时代我们需要的是德智体美劳全面发展的高素质劳动人才。一方面，通过课堂教学，使学生掌握必修教材中关于劳动的基本理论知识，形成对劳动概念的正确认知。另一方面，引导学生在日常生活中做一些力所能及的劳动，打破学生"身""心"各处一方的状态，有利于学生加强对劳动概念的认识，自觉地把奋斗精神、劳模精神运用到自己的实际生活中，形成知行统一的良性循环；有利于学生在面对困难时做出理性判断，激发创新能力，提高劳动素质，从而增强劳动认同，树立劳动最光荣、劳动最崇高、劳动最美丽、劳动最伟大的观念。

5. 有利于培养高中生思想政治学科核心素养

劳动观是马克思辩证唯物主义和历史唯物主义的基本观点，劳动是人们认识世界改造世界的根本方法。在高中思想政治课教学中有机融入劳动教育，首先，有利于高中生在认识世界、改变世界时提高思辨能力，增强与时俱进的意识，坚持实事求是的科学精神。坚持按劳分配为主体、多种分配方式并存的分配制度，尊重和保障劳动者的各项权益，是促进社会公平正义的重要措施。其次，有利于提升高中生的法治意识素养，使其合理地行使自己的权利和履行应尽义务。青少年只有亲身参与劳动挥洒汗水和泪水，才能收获幸福感受快乐，才能从心里认可劳动。最后，有利于学生摒弃个人主义、享乐主义、拜金主义等不良思想，提高参与公共事务的激情，真正体验人民当家做主的幸福感，从而提高学生的公共参与素养。

6. 有利于培育高中生社会主义核心价值观

社会主义核心价值观是社会主义核心价值体系的凝练概括。二十四字社会主义核心价值观层层递进，简洁明确地表达了对个人、社会、国家三个方面的要求，对人们坚持正确价值观和坚定理想信念具有重要的导向意义，对社会秩序良好运转和凝聚社会共识等方面具有重大作用。正确的劳动教育是培育学生社会主义核心价值观的重要途径，学生在劳动教育的各个层面体验和探究劳动的价值，并使之内化为价值观。只有通过亲自劳动，学生才能根本打破"幸福从天而降"的错误观点，感受国家现在的富强来之不易，激发内心的爱国情怀，在与他人的劳动协作中领悟诚信做人、友善待人的基本道德行为规范，感受精益求精的工匠精神，树立敬业意识等。社会主义核心价值观是思想政治教育的重要内容，每一项都与劳动教育有着紧密联系。

7. 有利于助推中国梦的实现

习近平总书记高度重视劳动价值观的教育，培育担当民族复兴大任的时代青年，鼓励广大青年走在时代前列，做中国梦的奉献者、开拓者、创造者。思想政治课是高中生劳动价值观形成的主阵地。基于高中思想政治教学内容深化劳动教育，有利于高中生辩证看待"唯分数论英雄"的观点，纠正轻视体力劳动的错误观念，做到尊重劳动；纠正平时学习不努力，一到考试就作弊等不良心态，做到诚信劳动；真正感受一分耕耘一分收获的自信和快乐，最终实现个人的大学梦、成才梦，做到创造劳动。高中生是大学的后备军，社会的顶梁柱。学生在思想政治课中学会正确理解马克思主义劳动观，遇到挫折时才能开动大脑，发散思维，努力创新，寻求解决问题的正确办法；才能坚定信念，锻炼自己的意志品质。这种品质的锻炼对于个人来说是实现梦想的内在驱动力，对于国家来说是为实现中华民族伟大复兴的中国梦奠定牢固的现实基础。

🖰 问题解决

一、深入挖掘高中思想政治课主要模块中的劳动教育内容

教材是依据课程标准编制的、系统反映学科内容的教学用书，是教师教学的主要依据，是学生获取劳动知识和提升素养的重要渠道。因此，教师在高中思想政治课中渗透劳动教育必须立足于高中思想政治教材，充分挖掘思想政治教材资源。在统编高中思想政治必修教材中，哪些内容与劳动教育有关？分别涉及劳动教育的哪些要素？下面以必修课程模块2"经济与社会"为例，对劳动教育相关内容进行知识梳理（表16-1）。

表16-1　"经济与社会"模块中有关劳动教育的核心知识

模块	核心知识	劳动教育内容
经济与社会	物质资料生产离不开人的劳动和生产资料	劳动是物质财富的源泉，也是价值的唯一源泉（人的劳动）
	劳动者的个人收入与其付出的劳动数量和质量直接联系在一起，调动劳动者的积极性和创造性	激励劳动者努力学习科学技术、提高劳动技能，促进社会生产的发展
	按劳分配为主体、多种分配方式并存，健全资本、土地、知识、技术、管理、数据等生产要素，按贡献参与分配的机制	发展教育事业，培养各种高素质人才，提高劳动者素质，对推动经济建设的作用越来越重要
	劳动是财富的源泉，我们获取的任何收入归根结底都来自劳动创造	鼓励全体劳动者通过辛勤劳动、诚实劳动、创造性劳动致富
	劳模精神：爱岗敬业、争创一流、艰苦奋斗、勇于创新、淡泊名利、甘于奉献	弘扬劳模精神和劳动精神，为中国经济社会发展汇聚强大正能量。广大劳动群众要立足本职岗位诚实劳动，干一行、爱一行

高中思想政治课程是落实立德树人根本任务的关键课程，以培育社会主义核心价值观为目的，是帮助学生树立正确的政治方向、提高思想政治学科核心素养、增强社会理解和参与的综合性、活动型学科课程。由此可见，高中思想政治教材蕴含丰富的可供开发和使用的劳动教育元素，既有教学理论又有案例辅证，为教师实施教学内容提供了参考，为渗透劳动教育创设了时机。因此，教师在备课时应立足于教材内容，深入挖掘其中蕴含的劳动教育元素，发挥劳动教育在思想政治课中的作用，突破课题和框题的局限，宏观把握高中思想政治必修模块中的劳动教育要素分布。同时加强教材中与劳动教育相关知识的应用，帮助学生明确劳动的内涵、价值与意义，树立马克思主义科学劳动观，形成科学的劳动知识，让劳动教育知识入脑、观念入心。

【案例】必修2《经济与社会》第二单元第四课"我国个人收入与分配"教学片段

教师一方面遵循学生的认知发展规律，对学习内容进行了取舍和重构，对教材文本进行了二度开发。例如，将与学生已有知识和生活经验联系紧密的"个人获得收入的途径、分配方式"文本前置，精准定位师生共话的切入点，增强学生的学习兴趣与参与感，这有助于学生领悟劳动的意义与要求，深入理解我国分配制度的合理性与重要性。另一方面，深入挖掘重庆当地脱贫攻坚的典型素材，通过线上线下相结合的方式，打破文本素材的时空界限，放大文本的需求价值，提升教师的供给能力。例如，将下庄村脱贫致富的真实情境与我国个人收入分配的相关知识深度融合，打通文本与素材的关联，赋予文本源头活水，铸就师生共探我国收入分配制度的特色平台，提高学生的综合思维能力和高阶学习能力，让学生在真实素材和学习文本的耦合中实现自主发展。

二、有效开发和利用本土课程资源，通过优化劳动案例丰富教学

课程资源是课堂教学设计和教学实施的关键要素，教材是重要的课程资源但不是唯一的，因此教师要树立开放的课程观，积极开发适合学生认知规律和生活实际的课程资源。本土化课程资源是学校教育的重要课程资源，指学生所在区域中与学生生活、成长实际密切相关的自然及人文资源的总和。本土化课程资源具有其他教学资源无法比拟的优势，其真实性、亲切感易引发学生情感共鸣，可以拉近学生与理论知识之间的距离，帮助学生思考理论知识背后的价值意义，增强学生对家乡的认同感。因此，在本土化课程资源的选择上要兼顾思想政治课与劳动教育的双重属性，既要满足思想政治课的教学目标，又要合乎劳动教育目标，加强统筹优化。同时，在运用本土资源时，可以通过递进式设问和文本挖掘，放大和提升劳动情感因素，将劳动教育内化于心、外化于行。

【案例】必修4《哲学与文化》第七课"继承发展中华优秀传统文化"教学片段

为了让学生更加深刻直观地了解源远流长、博大精深的中华文化，教师以"重庆火锅美名扬"为教学主题，设计"重庆火锅的'前世今生'""重庆火锅的'别样味

道'""重庆火锅的'当代价值'""重庆火锅要'传向四方'"四个教学环节的探究活动。通过这一探究活动，学生不仅知晓了山城火锅文化的特点、历史演变和当代价值，还从知识层面到实践层面培育了学生的劳动情感。特别是在第四环节，学生参与积极性高，在全面了解山城火锅文化的基础上，带着浓厚的劳动情感制作火锅灵魂蘸料。这一环节有利于学生真正地体验劳动，增强劳动情感，感受劳动带来的快乐，进而发自内心地热爱劳动。乡土资源的开发与设计，不仅有利于教师实现思想政治课的育人目标，培养学生的核心素养，还有利于强化学生的劳动认知，丰富学生的劳动体验，强化学生的劳动情感，进而推动劳动教育目标的实现以及德育、智育、体育、美育、劳动教育五个方面的有机融合。

三、注重教学目标设计，加强劳动价值引导

教学目标要贯穿课堂教学实践全过程。教育部印发的《大中小学劳动教育指导纲要（试行）》（以下简称《指导纲要》）主要面向学校，重点针对劳动教育的相关问题，细化有关要求，加强专业指导。《指导纲要》对普通高中的要求是注重围绕丰富职业体验，开展服务性劳动和生产劳动，理解劳动创造价值，接受锻炼、磨炼意志，具有劳动自立意识和主动服务他人、服务社会的情怀。因此，教师可以从必备知识、关键能力、学科素养和核心价值四个维度来设置教学目标，在讲授学科知识时突出学生劳动价值观的引导，将劳动教育的育人价值贯穿教学始终，引领学生在课堂教学中达成"知情信意行"的统一。

【案例】必修2《经济与社会》第二单元综合探究"践行社会责任，促进社会进步"教学目标设置

1. 必备知识。弄清"工匠精神"与社会主义核心价值观在本质上是一致的。联系"工匠"身上的优秀品格来理解"爱国、敬业、诚信、友善"的价值准则对自己、对社会、对国家的重要性，明确社会主义核心价值观不但是公民最基本的价值标准，而且是当代中国精神的集中体现，凝结着全体人民共同的价值追求。

2. 关键能力。能够正确认识岗位劳动、创新发展的价值；能够对劳动、创业、经营中的不同价值观做出正确判断与合理选择。通过撰写校园"创业"文化宣传标语，提升语言文字表达能力。

3. 学科素养。通过弘扬"工匠精神"，展示中国精神，凝聚中国力量，引导学生树立强烈的爱国情怀、国家意识和公民意识，自觉践行社会主义核心价值观，提升政治认同素养。通过探究"工匠精神"，使学生懂得价值判断和行为选择对实现人生价值的关键作用，理解追求美好生活、向往美好社会的精神品质是人生不断前行的力量源泉，明白自主自律、求真务实、锐意进取、敢于担当对于个人成长、社会进步、国家发展的重要性，从而提高学生的辩证思维能力，发展学生的科学精神素养。

4. 核心价值。能够弘扬劳动精神、劳模精神和工匠精神，养成尊重劳动、热爱劳动、敢于创新、勇于创新的品质。

四、创新思想政治教学方法，激发学生劳动情感

在活动型学科课程实施背景下，高中思想政治课堂教学应以活动为载体，围绕学科核心素养，运用议题式教学法，挖掘教材中的劳动教育元素，围绕议题展开教学。教师要巧妙设计学习议题，以理服人、以情育人，设计时要基于现实生活的复杂性与学生思维的单一性，创设既蕴含知识因素又蕴含价值因素，而且具有"完整性"和价值选择"两难性"的议题情境。同时，还应关注议题设计的层次性，依据学习者的认知规律，从现象入手，由浅入深，层层推进，让学生登梯而上，在真实的议题情境中不断反思、调整，并运用思想政治学科思想和方法对劳动价值进行解读，达成生活实践逻辑与学科方法的融通统一，有效达成教学目标，落实劳动教育。

【案例】必修4《哲学与文化》第六课第二框"价值的创造和实现"教学片段

教师选取重庆好医生——九龙坡区走马镇卫生院范红艳在抗击新冠肺炎疫情中的感人事迹，在"如何创造和实现自身价值"总议题的统领下，设计子议题"一个医疗工作者的独白——如何弘扬劳动精神，实现人生价值"，并通过精选医学材料，科学设置问题，展开医学探究，引导学生体悟医疗工作者的意志品质。

议题：一个医疗工作者的独白——如何弘扬劳动精神，实现人生价值。

医学情境材料：在疫情防控期间，发热门诊是最危险、最有可能接触到新冠肺炎患者的地方，但范红艳总是自告奋勇去接诊。2月1日，九龙坡区公共服务局下发了关于组建应对新冠肺炎救治医疗队的通知，范红艳没有丝毫犹豫，毅然报名参加。虽然家里有上小学的大儿子，还有一名尚在襁褓中的小儿子，父母也一再建议她再考虑一下，但范红艳说，谁家都有小孩，谁家都有这样那样的情况，如果这个时候每个医生都有理由，那就没人上前线了。劳动教育是潜移默化、润物无声的。"贴近生活""有深度""有两难性"的情境探究材料不仅有利于学生深度思考与建构知识，还有利于学生在比较中坚定劳动意志，树立正确的劳动观；"有指向""有针对性""有意义"的问题有利于将学生的思维引向纵深处，帮助其树立正确的世界观、人生观和价值观，培育其思想政治学科核心素养，坚定其理想信念。

【案例】必修2《经济与社会》第四课"我国的个人收入分配与社会保障"教学片段

教师精巧实施活动任务，以时间为线、内容为轴，开展了"回首过去""立足当下""展望未来"三个操作性强、参与度高、有梯度的序列化活动，让学生拾级而上、时时通理、步步添趣、处处融情。一

视频资源16-1

是在民主恳谈会环节，针对下庄村在发展过程中关于分配问题的新疑惑，巧借问题链直指学生的思维过程，直奔学生的辩证思维发展，培养学生实事求是的科学精神。二是通过六方村民代表提出本组分配方案并阐释理由的活动任务，为学生搭建起一个多元的思维框架，催生了学生对下庄村分配方式的创造性思考和创新性回答，让知识生

成水到渠成。三是学生以小组为单位在观点碰撞、价值冲突及思想交锋中潜移默化地增强对我国现阶段分配制度的理解与认同，并将共识成果发送至巫山县政府，让学生真正融入复杂多元的社会，激发学生的责任担当，增强学生的公共参与意识和能力。四是通过畅想下庄村美好未来的活动，让学生在原创配乐诗朗诵中，感悟党的坚强领导，树立正确的劳动观，将理论的领悟运用到跨学科实践活动中，让家国情怀的价值引领更加有效。以境载理，以辩明理，在情境、任务与活动中架起发展学生学科核心素养的桥梁，实现学生知情意行的统一。

五、完善劳育评价体系，提供劳动教育制度保障

当前，高中思想政治课程关于劳动教育的评价方式、评价功能、评价主体过于单一。为激发学生的劳动意识，培养学生的劳动情感，首先要丰富评价内容，不仅要评价学生对劳动知识的掌握情况，也要对学生的劳动意志、劳动态度、劳动情感等方面进行评价。其次要丰富评价方式，将过程性评价与终结性评价相结合，确保评价结果客观真实。最后要丰富评价主体，促进评价的科学化和民主化。教师不再是唯一的评价主体，学生、家长、专家等都可以成为课堂评价的主体。为防止评价流于形式，更好地将评价的作用落到实处，教师可以将评价结果作为综合测试的一项重要考核依据，根据评价结果鼓励和引导学生，使学生根据评价结果不断发现自身的劳动问题，树立正确的劳动观，养成热爱劳动、尊重劳动、勤于劳动的好习惯。

【案例】必修2《经济与社会》第四课第一框"我国的个人收入分配"教学片段

教师针对学生在各环节的学习表现进行了频率适中的关注与指导，借助副板书将过程性评价贯穿课堂，及时捕捉六方村民代表的核心诉求，引导他们明辨慎思。教师善于抓住教育契机，在农技指导员谈到指导下庄村获得的收入不够用时，果断开展即时性评价，提醒他要树立正确的消费观，同时指出我国近年来一直致力于增加劳动者特别是一线劳动者的劳动报酬。教师对农技指导员的陈述进行了正面表扬，同时也指出不足，褒贬结合，注重发展性评价，激发学生的学习动力，让学习真实发生，有效达成本课教学目标，实现教、学、评有机统一。

总之，在高中思想政治教学中渗透劳动教育，有利于强化劳动教育的育人价值，拓宽高中阶段劳动教育的实践路径，进一步落实立德树人根本任务，提升高中生的劳动素养，促进学科协同发展。高中思想政治教师应立足教材，深入挖掘高中思想政治课主要模块中关于劳动教育的内容；有效开发和利用本土课程资源，优化劳动教育案例；科学设置教学目标，加强劳动价值引导；创新思想政治教学方法，采用"议题式教学"激发学生的劳动情感；完善劳动教育评价体系，提供劳动教育制度保障，弘扬劳动精神，落实学科核心素养的培育。

在培养担当民族复兴大任时代新人的教育过程中，上好思想政治课至关重要。作为高中思想政治课程新增的教学模块，统编教材必修 1《中国特色社会主义》承载着全套教材总论的内容定位，承担着培养学生道路自信、理论自信、制度自信、文化自信的重要使命。如何准确理解必修 1《中国特色社会主义》的作用，如何把必修 1 上出思想政治课的"味道"？成为广大一线教师迫切需要解决的关键问题。

问题分析

一、问题的提出

思想政治课要受到学生的普遍欢迎，实现特定的教育教学目标，必须要有"味道"。真正的思想政治课应该具有"政治味""政策味""德育味""趣味""生活味""哲学味""情感味""文化韵味""艺术味"等味道。其中政治味是根本，政策味是方向，德育味是核心，趣味是调节剂，生活味是源泉，哲学味是升华，情感味是融合剂，文化韵味和艺术味如鸟之两翼。[①]

由于必修 1《中国特色社会主义》采用的是历史叙事方式，因此在教学过程中，教师普遍把历史性知识的阐述与讲解置于教学的首要位置，对教学内容和教学目的的处理往往存在一些偏差，没有上出思想政治课应有的"味道"。

1. "以点带面"被虚化

必修 1 这本教材只有四课，共 9 个框题，薄薄的一本书，有的老师认为两个月就可以完成全部教学任务，但一看具体内容，其中仅"探究与分享"就有 40 个，与原来相比明显增多。内容之多，已超出我们的想象。例如，第一课"社会主义从空想到科学、从理论到实践的发展"的篇幅达 19 页，讲了四种社会形态，每一种社会形态应如何讲解，已然让我们无从下手。

教材主线是用"习近平新时代中国特色社会主义"思想铸魂育人，"突出主线，以点带面"是教材的编写特点。在实际运用中却存在既没有把"点"讲好，也没有照顾好"面"的问题。面对教学内容多、教学时间紧等问题，教师对重难点的把握不到位，样样都想讲。有的教师认为政治概念多，课时有限，又要在课堂上组织学生充分思考、讨论和回答问题，常常出现教学任务不能完成或者草草完成的情况，从而使得"以点

[①]　毕生贵. 思想政治课要有"味道"："五味杂陈"的教学内容才更吸引人［J］. 考试周刊，2019（87）：119-120.

带面"被虚化。

2. 政治历史"混沌化"

教材采用的是历史叙述方式，立足历史视角、国际视野，从理论和实践两个维度引导学生感悟中国特色社会主义的发展历程及必然性。然而从实际教学情况来看，有的教师说，刚开始讲授第一课，不仅学生觉得像是在上历史课，老师也觉得像是在讲历史课。例如，在讲述"胜利的征程——新民主主义革命"这一框时，授课教师无从下手，无法有效分清历史课与思想政治课的区别。教师本想把这一课讲成思想政治课，但讲的实际效果却是思想政治课与历史课混沌不分，学生亦无法弄清需要掌握的知识，学科核心素养目标也无法完成。

3. 教师知识储备"陈旧化"

2019 年 9 月秋季学期开始使用的统编教材与以往教材最大的不同是新增了必修内容"中国特色社会主义"，作为新增的知识，中学教师在教学中还很少触及，对于这方面知识的获取还主要来自上大学时所学的内容，获得的知识内容也较为陈旧，对于中国特色社会主义的发展史也没有进行系统的学习。

教师要真正讲出本节课的特色，实现教育教学目标，需要储备更多与思想政治学科相关的知识。例如，如果没有透彻理解马克思《政治经济学》中的剩余价值理念、地租等问题，便无法向学生解释清楚资本主义为什么必然会灭亡、社会主义为什么必然会胜利，对学生的教授也就只能停留在简单的说教阶段。

二、问题的价值

思想政治课程是落实立德树人根本任务的关键课程，相对于其他课程，彰显中国特色社会主义的时代主题就是其核心价值。与以往的统编教材相比，整个必修教材体系兼具"讲理"与"讲例"，在中国共产党为什么能、马克思主义为什么行、中国特色社会主义为什么好等方面都作了全面回答。必修 1《中国特色社会主义》更是充分彰显思想政治学科特色，用中国话语体系解释中国实践，全面展现中国实践之果。

1. 提升学生的马克思主义理论素养

必修 1《中国特色社会主义》着眼于人类社会的发展历程，立足于中国特色社会主义的伟大实践，明确中国特色社会主义是科学社会主义理论逻辑与中国社会发展历史逻辑的辩证统一，中国特色社会主义已进入新时代。

高中阶段是学生直接接受马克思主义理论教育的"拔节孕穗期"，教师上好必修 1《中国特色社会主义》，便是系好了高中思想政治学习的第一颗"扣子"，既有助于提升学生的马克思主义理论素养，又有助于引导学生树立为共产主义远大理想和中国特色社会主义共同理想而奋斗的信念。

2. 提升教师的专业素养

通过对必修 1《中国特色社会主义》教学过程中一些误区的梳理，着力解决政治历史"混沌化"、教师知识储备"陈旧化"等问题，让教师在教育教学过程中正确把握教材特点，将思想政治课上出其特有的"味道"，同时通过对中国特色社会主义知识的系统学习和既往知识的温习，提升教师的专业素养。

问题解决

一、解读教材，明确方向

1. 把握教材定位

根据新版课程标准，统编版高中思想政治教材在整合实验版课程标准规定的四本必修教材的基础上，新增必修模块"中国特色社会主义"。《中国特色社会主义》教材集中讲述社会发展史以及中国特色社会主义的创立、发展与完善，帮助学生认识中国特色社会主义的历史、现实与未来，从而树立共产主义远大理想和中国特色社会主义共同理想。

根据教材定位，全面准确掌握教材的核心问题、重点问题和难点问题（表17-1），可以使我们在教学过程中做到有的放矢，解决教学重难点不突出、眉毛胡子一把抓等问题，也可以有效解决教学时间不足的问题。

表17-1 必修1《中国特色社会主义》的核心问题、重点问题和难点问题

课次	核心问题	重点问题	难点问题
第一课 社会主义从空想到科学、从理论到实践的发展	1. 如何认识人类社会发展规律？ 2. 怎样看待资本主义社会的兴衰？ 3. 科学社会主义为什么科学？	1. 原始社会的生产力发展状况、原始社会生产关系的特点、原始社会氏族管理方式、私有制的产生及其对原始社会解体的作用。 2. 阶级和国家产生的过程。 3. 资本主义生产关系的特点及其矛盾运动	1. 如何认识资本主义发展的历史进程？ 2. 如何认识社会主义发展的历史进程？
第二课 只有社会主义才能救中国	1. 马克思主义为什么行？ 2. 中国共产党为什么能？ 3. 社会主义为什么好？	1. 近代中国人民的各种尝试和斗争没有改变中国人民悲惨命运的原因。 2. 中国共产党成立的时代背景和历史意义。 3. 新民主主义革命和社会主义革命的关系以及中华人民共和国成立的重大意义。 4. 中国走上社会主义道路是历史发展的必然，中国确立社会主义制度的伟大意义。 5. 理解马克思主义基本原理与中国实际进行第二次结合的必要性，以及社会主义建设道路初步探索取得的理论成果	1. 新民主主义革命和社会主义革命的关系。 2. 新中国成立前后两个时期的关系。 3. 为什么只有社会主义才能救中国？

课次	核心问题	重点问题	难点问题
第三课 只有中国特色社会主义才能发展中国	1. 中国特色社会主义道路是如何开辟的？ 2. 中国特色社会主义理论体系是如何形成的？ 3. 中国特色社会主义制度是如何确立的？ 4. 中国特色社会主义文化是如何发展的？ 5. 为什么说只有中国特色社会主义才能发展中国、发展社会主义？ 6. 如何坚定中国特色社会主义道路自信、理论自信、制度自信、文化自信？	1. 十一届三中全会取得的丰富成果，理解重新确立马克思主义思想路线、政治路线、组织路线和作出实行改革开放这一重要决策的伟大意义。 2. 改革开放的历史进程、主要内容及意义。 3. 十一届三中全会和十八届三中全会的意义、改革开放 40 年来召开的八次党的代表大会的意义。 4. 中国特色社会主义理论的丰富、发展与完善。 5. 中国特色社会主义理论体系的形成（中国特色社会主义制度、中国特色社会主义文化）	1. 改革开放与中国特色社会主义的关系。 2. 中国特色社会主义理论体系（四个自信之间的关系）
第四课 只有坚持和发展中国特色社会主义才能实现中华民族伟大复兴	为什么说中国特色社会主义进入了新时代？	1. 中国特色社会主义进入新时代的依据、内涵和意义。 2. 当代中国发展主要问题的根本着力点。 3. 通过对比中国特色社会主义进入新时代的变与不变，明确我国仍处于并将长期处于社会主义初级阶段。 4. 中华民族最伟大的梦想，理解中国梦的本质。 5. 全面建设社会主义现代化国家新征程，理解党和国家当前为实现新时代新征程新目标的工作重点。 6. 习近平新时代中国特色社会主义思想的时代背景、精神实质和活的灵魂。 7. 习近平新时代中国特色社会主义思想的核心要义、主要内容、历史地位和指导意义	1. 中国特色社会主义进入新时代。 2. 习近平新时代中国特色社会主义思想

163

教学关键问题 17　如何把必修 1 上出思想政治课的「味道」？

2. 厘清教材逻辑

教师讲授旧版教材时之所以会觉得比较容易，最主要的原因是对这四本教材的逻辑体系非常清楚。例如，《经济生活》是从社会再生产的四个环节来讲的，共分为四个单元，教师在教学过程中大都能够游刃有余。要想讲好《中国特色社会主义》，我们也要厘清其逻辑体系。从整个高中思想政治课程体系来看，这本教材在整个必修体系中相当于总纲，起着"一拖三"的作用。我们可以从三个不同的维度去建构这本教材的逻辑体系（表 17-2）。

表 17-2　必修 1《中国特色社会主义》的逻辑体系

维度一	维度二	维度三
1. 人类社会发展的进程与趋势。 2. 中国特色社会主义的开创与发展。 （1）站起来：只有社会主义才能救中国。 （2）富起来：只有中国特色社会主义才能发展中国。 （3）强起来：只有坚持和发展中国特色社会主义才能实现中华民族的伟大复兴	1. 人类社会发展历史的源说（社会）。 2. 世界社会主义发展历史的源说（社会主义）。 3. 中国社会主义发展历史的源说（中国特色社会主义）	1. 社会主义。 （1）从空想到科学。 （2）从理论到实践。 2. 中国特色社会主义。 （1）创立与发展。 （2）新时代与民族复兴。 主线：中国特色社会主义的过去、现在和将来

二、创设情境，增强理解

高考评价体系规定高考的考查载体是情境，以此承载考查内容，实现考查要求，因而教师在教学过程中要注重情境创设，让课程内容立体化、情境化、鲜活化，实现"学习内容活动化、活动设计内容化"，做到无情境不教学，无问题不教学，将原本理论化、抽象化的知识通过创设贴合学生实际的情境，使教学内容具像化。

1. 以学科大概念构筑情境

开学至今，接近期中考试，必修 1《中国特色社会主义》这本新教材也快讲授结束。现在回顾，发现自己在新教材的使用上把握不住方向，犯了很严重的错误，讲授第一课第一框"原始社会的解体和阶级社会的演进"，我用了近三个星期的时间。这框内容涉及太多历史史实的内容，学生缺乏历史知识，难以理解教材内容，所以在授课过程中，我恨不得把几种社会形态在教材上的每个知识点都讲得面面俱到，同时补充了大量的历史知识，但这样的结果是没有按时完成教学计划。如果让我再上一次，我会在备课过程中对教学内容进行翻天覆地的调整，否则仍会出现方向上的偏差。[1]

透过这位教师的教学反思，我们需要思考以下问题：如何避免出现"方向偏差"？如何选择教学内容？如何处理思想政治学科与历史学科的关系？教师只有回答好以上问题，才能真正上好必修 1《中国特色社会主义》，否则在教学中仍将重蹈覆辙。

新版课程标准明确提出要进一步精选教学内容，重视以学科大概念为核心，使课程内容结构化，以主题为引领，使课程内容情境化，促进学科核心素养的落实。因此，解决上述问题需要教师在教学过程中紧紧抓住必修 1《中国特色社会主义》中的学科大概念，牢固树立学科大概念意识。

大概念以各种形式体现——一个词、一个短语或者一个问题，也就是说，一个核心概念、一个基本问题或一个正式理论都是大概念，只是用不同的方式表达出来而已。"生产力和生产关系的矛盾运动"是一个短语的核心概念；"生产力是最活跃、最革命

---

[1]　改编自：黄兰珍. 统编版《思想政治》教材教学效果分析及问题研究：以必修 1《中国特色社会主义》为例 [J]. 教育参考 2019（6）：89-94，112.

的因素，总是处在不断进步的变化中，是社会发展的最终决定力量"是以句子表达的学科观点。大概念并非是包含很多内容、庞大的，而是这个学科的"核心"。迁移是大概念的本质和价值所在，它能够使离散的事实和技能相互联系并有一定意义。[①]

必修1《中国特色社会主义》第一课用"生产力和生产关系的矛盾运动"这个大概念整合各种社会形态依次更替的事实，呈现不同社会形态下生产力和生产关系的特点，多次再现生产力与生产关系相互作用的现象。这个大概念有助于学习者将第一课中孤立、零散的事实性知识和技能整合起来。抓住这个大概念，尤其是抓住单元教学中的核心学科大概念，就能有效地避免深挖知识本身，避免学习停留在具体的社会形态知识点本身，避免在教学过程中补充过多的史实性知识，使得学科特质弱化，让学生分不清教师所讲的是思想政治课还是历史课。如果教师没有学科大概念意识，隐藏在教材中的"生产力和生产关系的矛盾运动"大概念就无法被教师有效揭示，反而会被细化的知识点所掩盖。因此，教师在组织教学内容时，一定要从构建包罗万象的单纯知识点的逻辑结构转向构建大概念的框架，不必追求知识的大而全，而是要抓住核心问题。明白这个道理之后，必修1第一课的重点就是完成四个核心问题：怎样揭示人类社会发展的奥秘？怎样看待资本主义社会的兴衰？科学社会主义为什么科学？不同国家、地区的历史各具特色是否有悖社会发展的一般过程？这四个核心问题涉及的学科大概念如图17-1所示。

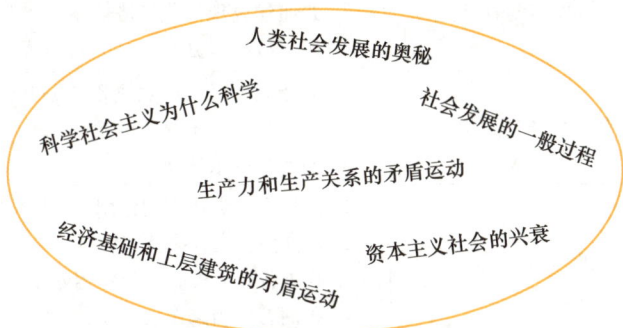

图 17-1 "社会主义从空想到科学、从理论到实践的发展"学科大概念

教师在教学的过程中要发挥理论的先导作用，对学科大概念要从深度和广度上进行解读。例如，整本教材都在讲生产力与生产关系的矛盾运动，经济基础和上层建筑的矛盾运动。这些概念需要在进入课堂时就要给学生讲清楚。又如，我们在讲社会主义制度在中国的确立时，首先要给学生讲清楚什么是社会主义制度，这是进行教学的基础。当然，大概念作为学科的核心，需要进一步被揭示，必须深入探究，并围绕大概念来设计问题及表现性任务，反映大概念的迁移特点，将知识的迁移放在教学的优先问题之中。思想政治课与历史课的不同之处在于需要更多地透过这些史实看到现象的共性和本质，对史实进行抽象概括和总结。

2. 以议题为载体构建课堂

将必修1上出思想政治课的"味道"，与历史课进行有效切割的另一条重要路径是

---

① 黄兰珍．统编版《思想政治》教材教学效果分析及问题研究：以必修1《中国特色社会主义》为例［J］．教育参考．2019（6）：89-94，112．

运用议题式教学模式来创设适配的情境，在新版课程标准的"教学提示"根据不同内容要求给出了 35 个议题（表 17-3），其中必修 1《中国特色社会主义》7 个、必修 2《经济与社会》6 个、必修 3《政治与法治》11 个、必修 4《哲学与文化》11 个。

表 17-3　必修教材议题

教材	内容要求	教学提示（议题）
必修 1《中国特色社会主义》	人类社会发展的进程与趋势	1. 怎样揭示人类社会发展的奥秘？ 2. 怎样看待资本主义社会的兴衰？ 3. 科学社会主义为什么科学？ 4. 不同国家、地区的历史各具特色是否有悖社会发展的一般过程？
	中国特色社会主义的开创与发展	1. 社会主义为什么是近代中国历史发展的必然？ 2. 中国为什么能？ 3. 为什么要一脉相承、与时俱进？
必修 2《经济与社会》	经济制度与经济体制	1. 为什么要坚持"两个毫不动摇"？ 2. 为什么"两只手"优于"一只手"？ 3. 怎样保持经济平稳运行？
	经济发展与社会进步	1. 为什么发展必须以人民为中心？ 2. 如何建设现代化经济体系？ 3. 如何从收入分配中品味获得感？
必修 3《政治与法治》	中国共产党的领导	1. 为什么中国共产党执政是历史和人民的选择？ 2. 怎样高扬永不褪色的旗帜？ 3. 如何理解依法执政？
	人民当家作主	1. 怎样看人大代表的作用？ 2. 协商民主有什么优势？ 3. 我国各族人民怎样和睦相处？ 4. 我们怎样当家作主？
	依法治国	1. 公民参与立法有什么意义、有哪些途径？ 2. 如何增强政府的公信力和执行力？ 3. 为什么说司法公正是社会公正的最后防线？ 4. 法治如何让生活更美好？
必修 4《哲学与文化》	探索世界与追求真理	1. 哲学有什么用？ 2. 人的正确思想是从哪里来的？ 3. 为什么要具体问题具体分析？ 4. 为什么要一切以时间、地点和条件为转移？
	认识社会与价值选择	1. 人们为什么有不同的价值观？ 2. 面对价值冲突如何选择？ 3. 劳动对实现人生价值有何意义？ 4. 怎样才能内化于心、外化于行？
	文化传承与文化创新	1. 传统文化是包袱还是财富？ 2. 文化的力量有多大？ 3. 文化创新靠什么？

在进行议题教学的过程中一定要弄清楚什么是议题，以及议题、问题和主题之间的区别。议题指的是商议讨论的问题，政治学科的议题要具有可议性和学科价值导向性；问题指的是要解决的题目，有待解决的疑难事情；主题指的是文艺作品或社会活动所要表现的中心思想，泛指主要内容。思想政治课教学应当以主题统领，以议题提味，以问题"降辣（降低问题难度）"。教师在教学中要建构贴近学生思想、学习、生活实际的情境和议题。

【案例】 "社会主义制度在中国的确立"教学设计

一、驻足当下的路（新课导入）

观看改革开放以来我国取得的巨大成就的视频。

议题1：请用一个词谈谈你的观影感受。

二、回望来时的路（新课学习）

议题2：阅读材料，并结合本节知识，总结"从新民主主义向社会主义过渡"过程中与材料相对应的历史必然性。

议题3：观看视频，并结合所学知识，谈一谈社会主义制度确立后，我国都取得了哪些具体的历史成就。

议题4：结合本课所学知识，谈谈新中国成立初期取得巨大成就的主要原因是什么。

三、眺望未来的路（课堂总结）

写一写：我为新中国成立100周年献礼。

案例分析：教师在讲授此框时，有两大特点：一是将教材原有的顺序进行整合，采用倒叙的方式展开教学，从当下出发，贴近学生实际，让学生有话可说，有话能说，充分调动课堂氛围；二是注重结构的完整性，以"路"为统领、以"议"为根本完成整个教学过程，使教学紧凑有序。美中不足的便是议题的进阶性还有待提高。

【案例】 "社会主义制度在中国的确立"教学设计

主题一：建立社会主义制度的原因

议题1：中华人民共和国成立后应该选择哪一种发展模式？

主题二：建立社会主义制度的条件

议题2：当时的中国是否具备过渡到社会主义的条件？

主题三：评价中国建立和发展的社会主义制度

议题3：如何正确对待中国在社会主义建设时期取得的成果和经历的曲折？

案例分析：第二位老师在本框的教学设计中较好地弥补了第一位老师在议题设置上的不足，设置的议题有了层层递进的思考深度，更具思想政治学科的特质，也更能促进学生学科核心素养的提升。但是整个教学结构却并不太明晰，可能会使学生缺乏参与度和获得感。

教师要创设适配的情境和接近学生实际的情境，需要对教材进行整合处理，有时采用倒叙的方式（由当下到过去）可能会更好。同时要区分问题和议题，让主题明晰，议题有味，问题能动。第一位老师和第二位老师的教学设计经过整合处理后更能相得益彰。

【案例】"社会主义制度在中国的确立"教学设计重构（整合案例1、案例2）

一、驻足当下的路（新课导入）

观看改革开放以来我国取得的巨大成就视频。

议题1：请用一个词谈谈你的观影感受。

二、回望来时的路（新课学习）

议题2：中华人民共和国成立后应该选择哪一种发展模式？

议题3：当时的中国是否具备过渡到社会主义的条件？

议题4：如何正确对待中国在社会主义建设时期取得的成就和经历的曲折？

三、眺望未来的路（课堂总结）

写一写：我为新中国成立100周年献礼。

三、注重融合，彰显特色

必修1《中国特色社会主义》这本教材与历史学科高度融合，是不可回避的事实，所以教师在教学过程中一不留神就会把思想政治课上成历史课，究其原因主要有两个方面：一是教师困惑未解，二是教师对学情了解不够。教师对教材的主旨没有完全厘清弄明，对学生掌握史实性知识、思想政治学科知识的程度不清楚，在教学过程中习惯于补充过多的史实。那么我们应当如何在学科融合中呈现出思想政治学科的应有之义呢？最好的方法是在讲授新课前将教材中涉及的历史知识进行提取并汇编成学生课前预习材料，这样一方面可以弥补学生欠缺历史知识的问题，另一方面也可以大大节约课堂教学时间，用有限的课堂教学时间去解决教学内容中的核心问题、重点问题和难点问题。

【案例】"伟大的改革开放"教学设计

一、课堂导入

歌曲欣赏：春天的故事

设问：歌曲中的老人画了一个圈是指什么？有何特殊意义？

二、新课讲授

第一篇：看今朝，沧桑巨变

视频欣赏：40年中国经济逆袭史

要求：简短概述改革开放以来我国经济社会发生的变化。

第二篇：忆往昔，波澜壮阔

视频欣赏：改革开放史

要求：绘制改革开放历程图。

第三篇：向未来，永不止步

视频欣赏：1978—2021年世界各国GDP的动态变化

设问：1. 改革开放取得伟大成就的原因和意义是什么？

2. 为什么改革开放只有进行时，没有完成时？

案例分析：讲授本课之前，授课老师便将深圳市的相关资料和改革开放的基本背景整理好发给了同学们作为课前预习材料，为课堂导入问题的顺利开展提供了条件，同时采用倒叙式、主题式（主题与议题、问题相结合的方式）教学方法进行教学，取得了非常不错的效果。

学科知识的教学还应当统筹知识和经验，注意依托初中道德与法治教学的基础，以历史知识为支撑，既不重复又不脱节，形成有效互补，以寻求教学效率、效能和效果的最优化，讲出思想政治课的"味道"。

四、延伸学习，提高能力

教师要将必修1上出思想政治课的"味道"，要不断延伸学习，更新自己的知识，提高教育教学能力。一方面，要仔细研读教材、课程标准、课程标准解读，练好基本功，知道教材所讲；另一方面，要更新自己已有的知识，阅读经典文献，在学原著悟原理的过程中提升自身理论水平。恩格斯曾指出："讨论科学问题的人，最要紧，是把他所利用的著作先读通，不要解错著者的本意，尤其不要把他著作中原不包含的东西包括进去。"[①] 学习理论最有效的办法是读原著、学原文、悟原理。必修1内容的理论性较强，教师要在阅读马克思列宁主义原著以及习近平新时代中国特色社会主义思想相关著作的基础上，深刻理解本课内容的理论基础，在理解原理的基础上为学生讲好教材内容。

脱离考试的教学无法长青，提高教育教学能力还可以通过研究试题，以题定教，在试题研究中寻找教学的"味道"。通过研究试题，可以明确哪些内容需要讲，哪些内容重点讲。

【案例】山东省2020年普通高中学业水平等级考试思想政治试题

◆走近世界舞台中央

某同学应邀参加一场国际青少年交流活动，拟以"新时代全球治理的中国贡献"为题，撰写一份发言稿提纲。

---

① 马克思. 资本论：第3卷 [M]. 郭大力，王亚南，译. 上海：上海三联书店，2009：序.

新时代全球治理的中国贡献

各位朋友：

新中国成立 70 多年来，中国维护世界和平、促进共同发展的愿望从未改变，并以实际行动为之不懈努力。

新中国成立后，中国积极融入国际社会。第一，开创独立自主的新的外交关系。积极发展与社会主义国家的关系；积极发展同亚非拉发展中国家和部分西方国家的友好关系。第二，倡导和平共处五项原则。参加亚非会议，提出求同存异的方针，促进了亚非国家的团结与合作。第三，恢复或建立与许多国际组织的友好合作关系。恢复在联合国的合法席位，与欧洲经济共同体正式建立外交关系。

改革开放新时期，中国广泛参与国际事务。第一，进一步扩大国际交往。截至 2011 年底，与 170 多个国家建交，发展平等互利的外交关系。第二，参与更多的国际组织。加入世界贸易组织，全面融入联合国的各项治理机制。第三，不断拓展参与领域。在应对恐怖主义、气候变化等全球性问题上认真履行义务，推动建立国际新秩序。

进入新时代，＿＿＿＿＿＿＿＿＿＿＿＿＿＿＿＿＿＿＿＿＿＿＿＿＿＿＿＿＿

＿＿＿＿＿＿＿＿＿＿＿＿＿＿＿＿＿＿＿＿＿＿＿＿＿＿＿＿＿＿＿＿＿＿＿＿＿

综合运用所学知识，帮助该同学续写完发言稿提纲。

要求：① 围绕主题，形成总论点和分论点，内在逻辑一致；② 论据充分；③ 学科术语使用规范；④ 字数在 200 字左右。

【案例】重庆市 2020 年初中学业水平暨高中招生考试道德与法治试题（A 卷）

2020 年，新冠疫情席卷全球，阻断了我们出行的路；2020 年，网络直播方兴未艾，打通了通往更广阔世界的路。一分钟，能干啥？一分钟，看世界，观天下！某直播平台开展了"一分钟·观天下"直播活动，邀你化身网络主播，观世界风云，讲中国故事。请运用国情国策相关知识，结合下列素材（略），完成一份直播稿。

直播稿要求：立足中国，放眼世界，凸显中国自信；观点明确，条理清晰，100 字左右。

良好的试题能够恰当地反映学科任务。教师应在研究新一轮高考改革试点省份的高考试题和中考试题的过程中找寻初高中知识的连接点，明确教学目标；在指向学科核心素养的试题中找寻学科任务、评价情境和学科内容，明确教学方向。

高中阶段是学生接受马克思主义理论教育的"拔节孕穗期"，最需要精心引导和栽培。必修 1 以透彻的学理分析吸引学生，以彻底的思想理论说服学生，以真理的强大力量引导学生，深入浅出地帮助学生理解马克思主义基本原理及其最新成果。教师只有在准确理解教材定位、扎实提高专业素养的基础上运用思想政治学科特有的方式开展教育教学，才能真正将思想政治课上出"味道"，才能最大限度地发挥思想政治学科厚植爱国情、强国志、铸魂育人的作用。

视频资源 17-1

核心素养是指学生为了适应终身发展和社会发展的需要应具有的正确价值观、必备品格和关键能力。深度学习是培育学生核心素养的重要路径。走向学科核心素养的深度学习注重对知识的理解、生成和建构，突出学生的主体性、能动性和发展性，强调学习的挑战性、体验性和迁移性，并着意于情境的创设与利用。如何引导学生开展走向学科核心素养的深度学习成为广大一线教师迫切需要解决的关键问题。①

问题分析

一、问题的提出

1. 核心素养的提出

2016 年 9 月，《中国学生发展核心素养》总体框架正式发布。它以培养"全面发展的人"为核心，分为文化基础、自主发展、社会参与三个方面，综合表现为人文底蕴、科学精神、学会学习、健康生活、责任担当、实践创新六大素养。新版课程标准凝练了政治认同、科学精神、法治意识和公共参与 4 个思想政治学科核心素养。

2. 深度学习的实质

深度学习是相对于机械学习、表层学习、无意义学习而言的，是学习者在学习过程中认知、情感、思维高度统一的一种学习方式。深度学习突出学习者对所学内容的自我建构和深层理解，还特别强调学习者使用自我经验对所学内容的同化和顺应，再进一步内化成自身的认知结构，并在不同的情境中进行迁移。深度学习不仅关注学习结果，还特别注重学习过程，尤其是学习中的真实体验。因此，一般来说，学生的深度学习是指在专业教师引领下，学生围绕具有一定挑战性的不同主题，积极参加、体验获得、得到发展的学习过程。

由此可见，深度学习是一种强调学习过程与学习结果并重，最终使学生形成高阶思维、提升创新能力和精神影响，突出参与、体验和生成，并促进学生学科核心素养培育的学习方式。

3. 核心素养培育与深度学习的关系

核心素养培育与深度学习是目标与路径的关系。首先，核心素养培育是深度学习的价值所在和目标指向。核心素养提出了学生培养和发展的标准和目标，学生核心素

---

① 崔友兴. 基于核心素养培育的深度学习 [J]. 课程·教材·教法，2019（2）：66–71.

养的培育既需要教师的引导，更离不开学生的主动和自觉学习，这种主动和自觉往往在深度学习中体现得较为充分。深度学习的过程涉及学生的认知、情感、思维、价值等诸多因素，能更好地体现核心素养培育的价值和目标指向。其次，深度学习是核心素养培育的重要路径之一。核心素养培育需要学生通过思考、探究、推理、反思等一系列深度学习过程，在直接和间接的学习体验与感悟中，形成自己的知识架构、专业智慧、问题解决能力和优良学习品格。在深度学习过程中，学生将实现对知识、能力、情感、价值观等的完整统合，不断培育核心素养。最后，深度学习也体现了学生的核心素养发展水平。深度学习是蕴含知识、能力、思维、辨别、判断等诸多要素的一种素养培育方式。深度学习过程将不断促进学生的决策、甄别、审慎、反思、批判等高阶思维的发展，其本身就体现着学生的核心素养发展水平。

二、问题的价值

1. 强调学习的高效投入，形成优良学习品格

学习的高效投入是深度学习的基本要求，包括学习的认知高效投入和意志高效投入。前者主要体现在学生对高中思想政治学习的心智投入层面，包括学生的归纳、演绎、分类、推理等认知层面的思维活动，旨在实现高层次学习目标。后者主要体现在学生对高中思想政治学习的主动性层面，以及学习态度、探究精神和学习专注力等情感意志层面。

高中思想政治深度学习应强调思想政治学科的铸魂育人功能，必须基于学生情感意志的高效投入和认知心智的高效投入。这些既是高中思想政治深度学习发生的内生动力保障，也是衡量学科深度学习品格发展水平的重要标志。

2. 注重知识的理解与重构使用，培育学生的核心素养

追求学习内容的本质、知识的深层理解与重构运用是深度学习的核心目标。在深度学习中，知识的获得不是学科知识的简单相加与重复记忆，而是在深层理解基础上对知识的重构与运用。因此，高中思想政治深度学习源于对未知世界的不断探索，强调学生的理解性学习和多维知识的整合与重构。这就要求学生对所学思想政治知识追本溯源，深入探究这些学科知识背后的思想与方法，对学科知识的取舍做出合理的判断与把握，从而生成重构的知识与对社会的意义。

由此可见，深度学习的过程是一个理性探索的过程，强调学生在学习高中思想政治课程过程中的深入思考与感受体验以及对所学内容的融会贯通，以实现学习目标，发展高阶思维能力，培育学生的核心素养。

3. 促进学习结果发生质变，直指核心素养提升

实现学习的迁移使用是深度学习的发展方向。这种学习的迁移使用是指在一种情境活动中获得的知识或技能对其他情境学习的影响或在其他情境中的合理运用。众所周知，高中思想政治探究的是人类社会运行的客观规律，人们对其中某一事物规律的认识与掌握通常会成为认识其他事物及其规律的基础或客观依据。因此，高中思想政治深度学习要求学生既要理解学科内容的结构化知识，更要对所学内容进行批判性理解和吸收，从

而掌握复杂概念与情境相结合的非结构化知识或技能，并将这种深加工的知识或技能用于新的情境，使学习结果发生质变和迁移，实现"举一反三"。

总之，高中思想政治的深度学习是一种走向核心素养的学习方式。它强调学习的高效投入，注重知识的理解与重构使用，最终促进学习结果发生质变，形成优良学习力和学习品格，直指学生核心素养的提升。[①]

🖥 问题解决

一、提炼基于理解和批判的素养目标，在深刻思维中引导学生深度学习

教学目标是教育者对教学活动所要达到的结果的预设，是对学习者发展的预期，引领着教学活动的发展方向。从"双基"（基础知识、基本技能）到"三维目标"（知识与技能、过程与方法、情感态度与价值观），再到"学科核心素养"，我们可以发现学生培养要求与规格的转变，以及教学目标内涵的丰富性与具体化。在一定程度上，判定学习行为发生的依据在于学生思维的形成与运用，尤其是循证、甄别、质疑、反思、批判等高阶思维的运用是深度学习的重要表征。为此，培养学生的深刻思维，促进深度学习的教学目标设计，需要立足学生高阶思维的形成。这就意味着教师应该将高阶思维的发展作为教学目标的一条暗线贯穿课堂教学始终，无论是知识与技能方面、过程与方法方面，还是情感态度与价值观方面，都要始终将分析、评价、创造作为教学目标的重点关注对象。在学生掌握基础知识和基本理论的基础上，通过层级式、梯度式、立体式教学目标设计，提升学生的理解、反思和批判能力，强调学生对知识的具体内容、知识之间的内在逻辑关系的梳理和理解，对学习范畴、学习方法、学习结果的深度反思，对已有观点、个体经验和先在假设的质疑和批判，进而锻造学生的思维品质，实现深度学习，促进学科核心素养的培育。

【案例】必修课程模块2"经济与社会"深刻思维的素养目标提炼

必修课程模块2 "经济与社会"内容要求与教学提示（节选）

内容要求	教学提示
1.2 了解各种所有制经济的地位与作用，阐释公有制经济与非公有制经济相互促进、共同发展，明确坚持毫不动摇巩固和发展公有制经济，毫不动摇鼓励、支持、引导非公有制经济发展	以"为什么要坚持'两个毫不动摇'"为议题，探究我国社会主义基本经济制度的优越性。可调研某项公共工程，印证坚持公有制主体地位、发挥国有经济主导作用的必要性和重要性。可通过查阅资料、专家讲座，了解混合所有制经济是如何实现公有制经济与非公有制经济相互促进、共同发展的；或就如何完善混合所有制经济改革进行调研，提出对策建议。可通过问卷调查或访谈，了解发展非公有制经济对经济发展和提高人民生活水平的意义

① 康淑敏．基于学科素养培育的深度学习研究［J］．教育研究，2016（7）：111–118.

以"为什么要坚持'两个毫不动摇'"为议题，通过"调研""查阅资料""专家讲座"等活动，印证和了解我国基本经济制度的必要性和重要性，通过"问卷调查或访谈"了解发展非公有制经济的重要作用，通过"调研"就如何完善混合所有制经济改革提出对策等。这些规划和安排能够让学生在实践活动的历练中、在自主辨析的思考中感受真理的力量，坚定对社会主义经济制度的信念，体验并学会调查研究的方法，培育科学求实的精神和参与经济生活的本领。"议题"不仅为学生提供了讨论的话题，还提供了活动的路径、要求等建议，使"内容要求"的知识性提示得以实现，并搭建起由知到信、由信到行、由行到自觉承担责任的桥梁，必将对学生学科核心素养的形成起到积极的促进作用。

学科核心素养是学科育人价值的集中体现，是学生通过学科学习而逐步形成的正确价值观、必备品格和关键能力。思想政治学科核心素养主要包括政治认同、科学精神、法治意识和公共参与。众所周知，知与信、信与行、价值判断与价值选择之间存在一道鸿沟，需要靠实践活动去架起实现的桥梁。

二、创设真实的具有挑战性的复合情境，在深度体验中引导学生深度学习

新版课程标准按情境创设的复杂程度将情境分为简单情境、一般情境、复杂情境和具有挑战性的复杂情境，按情境创设的要求将情境分为真实情境和辨析性情境。那么，开展走向核心素养的深度学习究竟要选择和设计怎样的情境？是不是越复杂越好，越有挑战性越好呢？答案是否定的。既然思维在等级上有高阶思维与低阶思维之分，那么就需要创设与思维等级要求相匹配的情境。简单情境、一般情境对应的是低阶思维，复杂情境、具有挑战性的复杂情境对应的是高阶思维。深度学习要求培养学生的高阶思维，所以应与创设复杂情境和具有挑战性的复杂情境相对应。教师要对情境素材进行结构化改造，使其不是一眼就能看穿的事件，而是充满思辨性的曲折的事件，让学生深度体验，在矛盾和斗争之中升华自己的高阶思维，在深度学习中实现知识向学科关键能力和核心素养的转化。

【案例】人教版必修4《生活与哲学》"如何实现人生价值"教学情境创设

以"如何实现人生价值"为题上一节高三政治复习课，教学目标是学生能做出正确的价值判断与价值选择，坚持正确的价值取向，积极与人民群众的实践相结合。通常教师在设计此课时多采用榜样示范法，选用的情境常为《感动中国》先进人物的事迹或者媒体报道的最美的人和优秀事迹。毫无疑问，选择这些先进人物和优秀事迹确实可以顺利完成这节课的教学。但是，从小学到高中经常性、重复性的榜样示范也会让学生在学习中感觉片面单一。教师可以创设更加具有挑战性的辨析性情境，让学生开展卓有成效的探究，并在探究过程中把正确的人生价值内化于心、外化于行。

因此，教学设计的预设可以突破本单元知识限制，将四本必修教材和选修3教材融入其中，实施问题化教学。例如，以"把脉特朗普总统的国家观"为情境素材，采

取主题情境探究的模式展开教学。通过特朗普总统频频退群、坚持美国优先、挥舞贸易保护主义大棒和开启美朝会谈等一系列具有辨析性的复合情境，让学生在复杂且富有挑战性的情境中深度体验、辩证思考。以"特朗普开启美朝会谈"情境为例，一方面，特朗普试图开启朝核会谈确实在一定程度上有利于维护朝鲜半岛乃至东北亚地区的和平与稳定；另一方面，我们也必须让学生清楚，朝鲜半岛的紧张局势也是美国一手造成的，朝核会谈更多的是要维护美国及其盟友的利益。不出所料，这个充满思辨的情境激发了学生的兴趣，学生在分析和探究中呈现出一种国际关系研究专家的姿态。

在分析了特朗普的价值观后，再对照我国提出的"构建人类命运共同体"方案中蕴含的价值观，学生的思维层次在辩证分析和论证中实现了提升。

开展走向核心素养的深度学习需要打破独白式的、片面单一的、枯燥乏味的，甚至是令人压抑的教学情境，创设真实的具有挑战性的复杂情境。这些教学情境与学生的思想、学习、生活实际密切关联，与学生的现实生活关系紧密，学生只有置身于这些教学情境中，才能够深度体验、不断探究和辩证思考，才能聚焦论辩、质疑、批判、协作等高阶思维的提升，才能在深度学习中实现学科核心素养的培育。

三、设计具有思辨性和驱动性的问题，用议题和探究性问题引导学生深度学习

走向核心素养的深度学习的课堂教学在问题设置上有两个层次。首先，要把课程的核心知识转化为思辨性议题，并在思辨性议题的引领下通过具体的问题开展探究活动。议题与问题的关系应该是整体与部分的关系，一个议题下可以设定多个问题，每个问题都要以议题为核心，围绕议题展开。其次，要依据课程的重难点设计具有驱动性的问题。设计的问题要带有思辨性、争议性和两难性。这些问题结合真实的、富有挑战性的复杂情境，既可以激发学生思维的积极性，开启高阶思维模式，也可以体现学生真实的学科核心素养水平。

【案例】人教版必修4《生活与哲学》"实践是认识的基础"驱动性问题设计

在设计"实践是认识的基础"一课时，教师围绕课程教学内容设计了三个问题。

1. "秀才不出门，全知天下事"与"秀才不出门，难知天下事"，你认同哪个观点？

2. "兴趣是最好的老师"与"实践是认识发展的动力"相互矛盾吗？

3. 真理到底应用什么来检验？用多数人的认识来检验，用权威理论来检验，还是用实践来检验，请选择并说明理由。

每个问题都有思辨性特征，教师引导学生对这些问题进行思辨，可以驱动学生不断做出判断、理解与反思，在深度学习中提升学科核心素养水平。

【案例】人教版必修4《生活与哲学》"如何实现人生价值"驱动性问题设计

以"如何实现人生价值"为题上一节高三思想政治复习课，以美国前总统特朗普

的所作所为和自认为最应该获得诺贝尔和平奖为情境，设计的驱动性问题如下：

1. 特朗普应该获得诺贝尔和平奖吗？

2. 以俄罗斯、伊朗等国呼吁联合国总部搬离美国设问：联合国总部应该搬离美国吗？你愿意联合国总部搬到中国吗？

这些问题都具有驱动性，能充分吸引学生的注意力，学生的批判性思维和创造性思维在深度思考中得到了培养，有助于学生实现深度学习。

四、开展体验性探究活动，在深度体验和探究中引导学生深度学习

与传统照本宣科的知识性教学相比，深度学习更需要借助活动型课程让学生在体验中获得知识。新版课程标准把高中思想政治课程定位为综合性、活动型学科课程，要求课程内容活动化和活动内容课程化。显然，课程内容与活动内容的深度融合是新课改的重要标志，让学生动起来，尤其是让学生的思维动起来是实现新课改目标的关键所在。为此，教师要从落后的"保姆式"课堂教学模式中走出来，让学生在自主学习中有所获、有所得。与其直接把过程与结果都教给学生，不如鼓励学生在活动体验中得出结论。"授人以鱼，不如授之以渔"，走向核心素养的深度学习课堂教学不妨"渔"和"鱼"双授，让学生既得其法，又得其果。

【案例】必修1《中国特色社会主义》"人类社会发展历程"体验性探究活动设计

在设计"人类社会发展历程"这一课时，教师要引导学生对原始社会与奴隶社会这两种社会形态进行比较，原来设定的活动是"为什么奴隶社会与原始社会相比具有历史进步性"。这一活动不仅让学生难以真实体验，也失去了探究价值。因为，比较原始社会与奴隶社会的优劣不该由授课教师直接给出结论，而是应该把判断和选择权交给学生，让学生置身于真实情境中开展探究活动，做出自主判断。因此，该课时的活动修改为：如果此时你有一个穿越时空的机会，你会选择穿越到原始社会还是奴隶社会？

与前一个活动设计相比，这个活动能让学生置身于特定的真实情境，在体验中开展探究活动。这个探究性问题充满了思辨性，更能激发学生的高阶思维，更能培养学生的科学精神，更能引导学生开展深度学习。

深度学习的过程是学生主体性、积极性和能动性高度彰显的过程。为此，促进学生深度体验、走向深度学习需要创设体验性探究活动，并引导学生积极实践。体验性探究活动可以将符号化的知识"打开"，将静态的知识"激活"，有助于学生全身心地体验知识本身蕴含的丰富而复杂的内涵与意义。这样的过程便是学生主动探索、发现、经历知识形成的过程，是学生深度学习的机制。开展走向核心素养的深度学习课堂活动，教师讲出来不如让学生说出来，学生说出来不如让学生做出来。体验是最好的学习方式之一。体验性探究活动既包括学生身体在空间内的"活动"，又涉及学生内在思

维的"活动"，是学生在活动中的学习实践。学生在体验性探究活动中可以真正进入学习状态，促进知识、能力、情感、思想与价值的深度整合，开展深度学习，培养学科核心素养。

五、更新评价理念，创新评价方式，在多维度评价中引导学生深度学习

在以往的课堂教学评价中，当堂检测及课后考试是教师对学生进行课堂效果评价的主要方式，这种评价主要是终结性评价，忽视了对学生课堂表现的过程性评价。基于学科核心素养的高中思想政治课深度教学要采用过程性评价与终结评价相结合的方式，丰富课堂评价语言，采用教师评价、同伴互评、学生自评相结合的方式，对学生进行及时有效的评价。

走向核心素养的深度学习的教学过程是一个连续动态的过程。基于核心素养的评价应该是对学生综合能力及素养的多方面评价，不仅要有终结性评价，教师更要在教学过程中对学生在学习过程中的表现及结果进行评价。过程性评价是对学生在学习过程中的智力表现、能力发展和学业成绩进行及时评价，肯定学生的成绩，指出存在的问题与不足，其最终目的在于及时反映学生的学习情况，让学生在学习过程中不断反思与总结，从而促进学生能力和素养的提升。

教师课堂评价语言既包括口头语言，也包括身体语言。它是一门让学生积极参与课堂的艺术，也是促进教学深度的重要举措。教师要避免简单使用"好""不错""很棒"等概括性话语，要善于积累丰富的不同类型的评价语言，提升自己的评价语言技巧。[①]

核心素养理念下高中思想政治课实施深度教学，要注重评价主体的丰富性、评价内容的综合化和评价方式的多样化。同时，评价要关注学生的发展过程、思维活动和具体表现。例如，在"文化遗产保护"一课中，教师要求学生对我国文化遗产保护现状进行调查，并将其整理成一份调查报告。评价时，可以采用教师评价、同伴互评、学生自评相结合的方式，对学生的调查报告（占40%）和学生在调查过程中的学习热情、学习态度、搜集资料及整理资料的能力等（占60%）进行评价，实现评价内容综合化。评价结果以优、良、差三种形式呈现，如此，保证评价的合理性和科学性，推动高中思想政治课深度教学目标实现。教师要秉持多元视角，对学生的学习活动进行多维度、立体化的综合性评价，以便获得学生学习与发展的真实信息，并及时反馈，助力学生进行走向核心素养的深度学习。

深度学习离不开对教材知识的正确处理，但这种处理已不是传统的、碎片化的知识处理，而是需要我们明确素养目标，以大概念为核心对教材知识进行创造性开发和多次开发。在新课教学时，可以按照学科课程的知识体系组织课堂教学，使课堂教学在严谨的逻辑思维中展开。随着教学内容的增加，可以通过大概念实现知识跨课时、跨章节、跨单元、跨模块甚至跨学科整合，构建完整的知识体系。复习课和习题评讲课也需要以大概念为核心构

视频资源 18-1

---

① 谢小花. 课堂深度教学的辅助元素［J］. 上海教育科研，2016（12）：66-68，27.

建知识体系，让学生的高阶思维得到充分锻炼，提升学生的核心素养。①

　　总之，教师在引导学生开展走向核心素养的深度学习时，需要提炼基于理解和批判的素养目标，创设真实的具有挑战性的复杂情境，设计具有思辨性和驱动性的问题，开展体验性探究活动，不断更新评价理念，创新评价方式，引导学生在高中思想政治课堂的深度体验和探究生成中发展高阶思维。

---

①　王德明. 高阶思维与高中思想政治新课标的深度融合 ［J］. 江苏教育，2020（75）：7-10.

如何做到学科理论性与学生兴趣性的有机统一？

习近平总书记在学校思想政治理论课教师座谈会上强调，推动思想政治课改革创新，不断增强思政课的思想性、理论性和亲和力、针对性。这为思想政治课程教学提供了基本遵循。如何在日常教学中坚持学科理论性和学生兴趣性有机统一，关乎学科核心素养浸润与学生个体成长。如何科学把握学科理论性与学生兴趣性的内在关系，准确理解学科理论性与学生兴趣性的有机统一，以及指向社会本位与个体本位相融合的课程价值取向，如何有效开展适切性教学，推动思政"小课堂"走向社会"大课堂"，循序渐进地开展思想政治教学，成为广大一线教师迫切需要解决的关键问题。

⚙ 问题分析

一、问题的提出

坚持学科理论性与学生兴趣性有机统一，指向社会本位与个体本位相融合的课程价值取向。社会本位课程价值取向关注社会发展的客观要求和社会需要的满足，强调课程的政治教化功能，往往忽视个体价值，学生的主体性、主动性难以激活。思想政治理论具有较强的政治性和学理性，要想用理论回应时代和社会发展的新动向、新问题，解决在思想政治课堂上学生抬头率不高、兴趣不足、热情不够的问题，让"不食人间烟火"的理论走进学生心里、经得起学生追问，使学生真的愿意学理论、信理论、用理论，必须增强理论的吸引力、感染力和说服力。从这个角度来说，增强思想政治学科理论性和学生兴趣性非常必要。但教师在正确处理学科理论性和学生兴趣性的关系时往往存在以下不足。

1. 忽视学科理论根基

思想政治理论课是一门意识形态课程，需要满足党、国家和社会的需求，政治性和学理性是其本质属性。关于教师素养，习近平总书记强调，要有学识魅力，用真理的力量感召学生，以深厚的理论功底赢得学生；要以透彻的学理分析回应学生，以彻底的思想理论说服学生，用真理的强大力量引导学生。这突出了思想政治课坚持学科理论性的"守正"。理论是对自然和社会现象进行的高度凝练和逻辑化总结，因而它总是以抽象的、枯燥的、灰色的、冰冷的形态呈现。[①] 学科理论是"灰色"的，学生兴趣是"缤纷"的。为增强思想政治教学的生动性、针对性，以及亲和力、吸引力，各种

---

① 阎占定. 思想政治理论课教学要讲出理论的温度 [J]. 思想理论教育，2020（2）：63-67.

教学方法创新层出不穷，不可避免地出现学科理论在思想引领、价值建构和育人功能等方面的缺失，导致理论"空心化"，偏离思想政治课内涵式发展轨道。

2. 学科理论与隐性价值疏离

受传统实体性思维影响，一些教师的思想政治教学只重视学科理论性，将知识内蕴的精神边缘化。

3. 意识形态目标与育人目标出现偏颇

思想政治课要努力培养担当民族复兴大任的时代新人，培养德智体美劳全面发展的社会主义建设者和接班人。因此，思想政治学科的培养目标包括意识形态目标和育人目标，其核心要旨是以个体全面发展适应社会发展。但在实际教学中存在取消意识形态目标的"价值中立论"，或过分强调个体需求，倚重学生偏好，偏离思想政治课意识形态教育的使命轨道。

二、问题的价值

习近平总书记在学校思想政治理论课教师座谈会上强调，坚持政治性和学理性相统一。以透彻的学理分析回应学生，以彻底的思想理论说服学生，用真理的强大力量引导学生。坚持价值性和知识性相统一。要寓价值观引导于知识传授之中。

思想政治教学坚持学科理论性与学生兴趣性有机统一，有利于教育主体用厚实的理论滋养学生成长，在理论传播中实现价值引领，在价值传播中凝练知识内蕴，让立德树人润物无声。

1. 有利于实现个人成长需求与时代发展要求的同频共振

理论是时代的产物。一个时代有一个时代的主题，一代人有一代人的使命。思想政治学科丰富的理论来自广袤的社会生活和人民群众的实践活动。学科理论要满足新时代教育对象的需要，与学生的生活实践相呼应，以学科理论的创新性、科学性、示范性引导和驱动学生释难解惑，明理增信，真学真用，增强理论的说服力和学生的认同感。

2. 有利于实现个人成长规律与适切性教学样态的同向同行

在存在主义看来，教育的目的是使学生认识到自己的存在，形成自己独特的生活方式，养成正确的生活态度。[①] 对正处于"拔节孕穗期"的青少年，思想政治课要充分尊重学生成长的"穗"，与学生的阶段性表征耦合，在学生的观念、能力、精神、素养上"拔节"，引导学生做出适切选择，体现对学生成长发展的深切关怀，增强理论的生命力和学生的效能感。

3. 实现个体本位价值与社会本位价值的和谐共生

坚持学科理论性与学生兴趣性有机统一，将学生生活实践、思想情感的个体"小背景"与思想政治教学进行契合，将多元、丰富、开放的社会"大背景"与学生的美好生活、理想信念、未来规划进行内在关联，有利于激活学习主体，达成铸魂育人价值旨趣，增强理论的穿透力和学生的价值感。

---

① 韦世艺. 论思政课教师课程观的时代转向 [J]. 中学政治教学参考，2021（3）：91-93.

一、正确处理学科理论性与学生兴趣性的内在关系

1. 以学科理论性引导学生兴趣性

思想政治课要求我们理直气壮地讲政治，站在政治立场，强化政治认同，警惕政治虚无主义和中性论；用最新的理论成果和科学严谨的学理解决学生困惑，满足学生期待，帮助学生拓宽视野，理性分辨，塑造价值，烘托情怀，提升素养。离开学科的理论性，学生的兴趣性就会偏离方向，失去航向，变得"无意义"。

2. 以学生兴趣性支撑学科理论性

李克强总理在 2021 年政府工作报告中提出：努力让广大学生健康快乐成长，让每个孩子都有人生出彩的机会。课堂是学生成长的主渠道，思想政治教学要贴近学生，讲学生想知道的事，听得懂的话，帮助学生找到出彩的机会。教师只有给学生留下深刻印象，以理育人，以理导行，才能让学生不断保持兴趣并培养持久兴趣。教师是学生成长和发展的关切者、守护者，要赋予学科理论实践价值和社会价值。学生是课堂的参与者、建构者，离开学生的兴趣性，学科的理论性就会兴味索然。

3. 坚持学科理论性和学生兴趣性相融合

以学科理论性引导学生兴趣性，以学生兴趣性支撑学科理论性。理论是过程愉悦、念念不忘、兴趣生长的理论，兴趣是政治导向、思维启迪、思想引领的兴趣，二者有机融合，相互促进，共同发展，是思想政治课立德树人的初心所在。

二、把脉"拔节孕穗"教学实情，开展适切性教学活动

习近平总书记明确指出："在大中小学循序渐进、螺旋上升地开设思政课非常必要，是培养一代又一代社会主义建设者和接班人的重要保障。"思想政治课是思想政治教育的关键课程，循序渐进、螺旋上升地开好思想政治课是牢牢掌握意识形态工作领导权，坚持社会主义办学方向，落实立德树人根本任务的重要保证。坚持学科理论性与学生兴趣性有机统一于立德树人的教育方向，需要遵循人的成长发展规律，把脉"拔节孕穗"教学实情，开展适切性教学活动，循序渐进地进行思想政治教学，促进学科内涵发展在向度上实现质的提升。

1. 确立适切性教学目标和主题

教学目标是教学实践的灵魂和方向标。新版课程标准明确了思想政治学科核心素养，即政治认同、科学精神、法治意识和公共参与。学生学科素养培育指向思想政治学科内涵向度、学生兴趣关照、师生生命质态。

【案例】人教版选修 6《公民道德与伦理常识》专题五第一课"现代文明的环境危机"教学片段 1

学生对有关环境的伦理观比较陌生，对环境危机折射的伦理观知识储备较少，对树立健全的环境意识的社会经验不足。因此，教师设置了"流浪地球几重警示 守护绿色美丽家园"主题，拉近学生距离，让学生明晰错误的伦理观、价值观对环境危机的影响，培养科学精神。引导学生进一步思考"如何才能守护绿色美丽家园"，激发学生的主人翁意识和责任意识，培养公共参与意识。在环保路上，我们的家园不断受到狭隘的人类主宰论、片面的发展观、物欲主义与消费主义幸福观、科技万能论侵蚀，需要正确的伦理观、道德观进行调节和规范，倡导"绿水青山就是金山银山"生态文明观。2018 年，我国将生态文明建设写入宪法，有助于指导学生认同环境科学知识及正确的环境伦理和价值观，强化法治意识，增强政治认同。

适切性教学主题更容易引起学生共鸣，让理论"接地气"，让学生"入境"，静待学生核心素养形成。

2. 学科理论的逻辑优化

按照"是什么、为什么、怎么办"的知识逻辑，把学科核心素养对学生的能力要求分层级。纵观教材，对环境问题及其表现这一了解类知识归为"是什么"；对环境危机的伦理反思、树立健全的环境意识这一理解类知识归为"为什么""怎么办"。但立足时代现实，结合时代发展要求，聚焦社会热点，我们应该树立怎样的环境价值观，本框没有持续进行深化，且没有进一步提出解决环境危机问题的措施，不利于学生逻辑思维建构。只有知道"怎么办"，学生才能建构完整的知识体系和实践逻辑。只有加强学科理论的逻辑优化，才能帮助"时代的人"正确认识、分析、解决"人的时代"问题，让理论生根，让兴趣点燃。

3. 构建适切的教学情境

适切的教学情境是联通学科理论与学生兴趣的载体，是学科逻辑与生活逻辑的纽带，是理论迁移、价值塑造与自我建构、个体发展的通道。

（1）通达学科理论与生活实践深度联系的逻辑美。适切、有效的教学情境是连接学科与生活场景的桥梁。教师应基于学生的生活实际、认知起点对情境进行结构化加工，突出主题情境，让学科理论回归生活，让学生在真实情境中建立知识、现象与经验的内在关联，以学习为中心，凸显学习主体效应。

电影《流浪地球》契合学生对科幻题材电影作品的喜好和需求，易于引起学生的注意、期望等心理活动。有关环境危机及表现，学生具备一定的感性认知，但有关"环境危机的伦理反思"学生了解不多，概念较为抽象。依托《流浪地球》电影素材，教师设置了"第一篇章 流浪地球何以为家""第二篇章 流浪地球几重警示""第三篇章 绿色心语并肩前行"，创设情境主题线，使"环境问题及其表现""环境危机的伦理反思""树立健全的环境意识"等学科知识线与"环境问题"提出、"环境问题表现"解释、"环境危机"反思、"环境伦理观"比较、"环境知识、价值观"验证、"环境保护"选择等生活实践线相互照应。

（2）通达学科理论与核心素养深度联系的内涵美。教师设置问题链，师生共同挑战，解决情境逻辑冲突，打破、重组情境关联认知，推进理论与生活逻辑修正、调适、重构，提高解决实际问题的能力，实现知识再生产。在真实、生动、具体、有梯度的情境中共情共鸣，潜移默化地培育学科核心素养，实现价值内化，让课堂灵动起来。

【案例】"现代文明的环境危机"教学片段 2

师：环境污染与生态危机构成的环境问题有哪些表现？

生 1：北极环境被破坏，北极熊变瘦了。

生 2：地球上煤的储量还可以用 70 年。

生 3：部分地区 PM2.5 指数超标，甚至超 500，空气污染严重。

案例分析：教师通过提问了解到学生对环境问题的表现大多为基于生活经验的感性认识。根据生 3 的回答，教师指出环境问题的表现也包含雾霾，这是全球的问题，雾霾的产生与工业化的进程相关。教师发现部分学生对环境问题的表现只有一些碎片化的认识，学生对环境问题及其表现的成因，审视伦理价值观的角度，错误伦理观、价值观对环境危机的影响等认识比较模糊、陌生、匮乏。

【案例】"现代文明的环境危机"教学片段 3

第一组："亲，你有一份联合国的重磅报告请查收"

第二组："买买买背后的垃圾王国"

第三组：展示珠穆朗玛峰天朗气清的图片，再出示日喀则市定日县珠峰管理局公告：禁止任何单位和个人进入珠穆朗玛峰国家级自然保护区绒布寺以上核心区域旅游

根据情境设置以下问题链：

1. 联合国重磅报告显示"全球升温 1.5 摄氏度"，当全球升温达到 2 摄氏度时人类将面临什么？

2. 全球气温升幅必须控制在多少摄氏度以内？

3. "1.5 摄氏度"将是地球这个危症"病人"所能承受的极限，我们现在已经用掉多少份额了？怎么用的？

4. 世界最高垃圾场是怎样形成的？

5. "一些人认为有专门的清理工把珠峰上的垃圾带下来，或使用高科技将垃圾带走，就能解决珠峰环境污染问题"，你怎么看待这种观点？

6. 珠峰产业链能够带来可观收益，当地政府该不该关闭珠峰大本营？

案例分析：第一组情境素材让学生知道了环境危机问题的严峻，我们已经用掉了"1.5 摄氏度"的份额，余额严重不足。第二组情境素材让学生体会到"下单爽歪歪，用后垃圾场""用之不觉，失之难存"之殇，提炼出物欲主义与消费主义幸福观对环境危机的影响。第三组情境素材让学生明白了人类主宰论对"世界最高垃圾场"带来的任性之殇，科技创新促进人类文明发展进步，也给人类带来了环境之殇，进而客观、辩证地认识到"科技是一把双刃剑"，折射了科技万能论的短视与片面。对"珠峰产业链能够带来可观收益，当地政府该不该关闭珠峰大本营"进行思维碰撞，引导学生认

识到"永久关停，关掉了珠峰产业链，也关掉了当地村民的谋生之路"，所以关闭的是绒布寺以上核心区域。一位学生当即调用了地理学科知识："自然保护区按功能划分为核心区、缓冲区和实验区。关闭的是核心区，我认为是合理的。教师顺势引导学生得出结论：当地政府做到了保护环境与发展经济协调统一，并非只重视经济发展的数量和规模，忽略经济发展的质量和效益，而是将经济发展与社会公平、人民福祉相连接。师生在情境互动体验中，进行了政治、地理学科知识的融合及原有知识的迁移，思维有张力，教学有实效。而后，大部分同学开始不由自主地交流、争论"世界最高垃圾场应该怎么清理"，一石激起千层浪。

层层递进的逻辑冲突一次又一次打破学生刚刚建构的部分认知，学生运用理性思维一次次整合三组情境关联的信息，逐渐认识到错误伦理观、价值观对环境危机的影响，引发对"如何才能带走世界最高峰的垃圾"这一实际问题的思考、追问，实现知识重构、思维创新、环境保护素养提升，以及理论与素养深度联系的内涵美。

4. 政治表达转化为生活表达

思想政治课具有明显的政治属性，政治话语表达是内核。教师用严谨、严密、严格的政治话语教育引导、宣传渗透党的理论和国家意志主张，用专业、深刻、标准的学科话语阐释、论证学科理论和知识系统，往往让人感到"距离远、有点空"。巧用生活话语表达政治话语、学科话语，讲真话、实话，说"心里话"，能够让学生听懂，听进去，爱听，听了信。

【案例】"现代文明的环境危机"教学片段4

片段1：对环境污染与生态危机构成的环境问题表现，教师用"天然气、煤、石油属于不可再生资源，对不起，剩下的余额不足，最多可以再用50年"表达资源短缺，用"世界人口已经接近76亿（截至2021年10月），2100年将接近112亿，从'人人人'到'众众众'"表达人口剧增，用"世界平均一个小时就有3个物种被贴上灭亡标签，每天约有75个物种灭绝"表达生态系统危机。

片段2：重温电影《流浪地球》，一场前所未有的浩劫之后，人类居住在地下城，可以撸串，可以购买重口味食物蚯蚓干。回看我们现在的消费情况，2021年"双十一"全网交易额超9600亿，当日包裹数达11.58亿个。一时剁手爽，用后垃圾场，"买买买"的背后是大量花上百年都难以降解的快递垃圾。2016年我国快递包裹超313亿个，可以铺满约40万个足球场；2018年500亿个，可以铺满约64万个足球场。我国每年的快递件数以100亿个的速度增长，意味着2018年有2800万棵大树变成了快递包裹。2021年，我国快递业务量已超1000亿个。

教师为突破"物欲主义与消费主义幸福观"这一教学难点，用大家朗朗上口、浅显易懂的语言"下单一时爽，用完垃圾场""我消费我存在、我消费我幸福"进行生動活泼的表达，激发学生对实际问题进行思考的兴趣。

5. 捕捉价值冲突，启动价值博弈

一段时间以来，一些教育教学工作者对学生价值冲突的漠视、排斥、淡化，导致了许多问题。教育是价值引导和自主建构的统一。① 教师要善于发现、捕捉价值冲突，创设、启动价值博弈，帮助学生在多元价值观中澄清、辨明，引导学生做出正确的价值判断与价值选择，重塑主流价值观。

【案例】"现代文明的环境危机"教学片段5

珠峰怎么了？世界最高峰变成了世界最高垃圾场。1953 年之后，珠峰就变"脏"了，平均每年有10000 多千克的人类排泄物被留在山上。在海拔8000 多米的死亡地带，超过150 具登山者尸体，40000 多千克堆积如山难以降解的垃圾，约 12 吨排泄物，纷纷暴露在阳光下，正在污染供养着超过10 亿人口的冰山水源。

1. 世界最高垃圾场是怎样形成的？

2. "一些人认为有专门的清理工把珠峰上的垃圾带下来，或者使用高科技将垃圾带走，就能解决珠峰环境污染问题"，你怎么看待这种观点？

3. 珠峰产业链带来可观收益，当地政府该不该关闭珠峰大本营？

大部分学生认为用高科技就能把珠峰上的垃圾清理掉，但在这个情境中高科技并未带走珠峰上的垃圾。珠峰产业链既然可以带来可观收益，当地政府究竟该不该关闭珠峰大本营，这在学生心中形成了价值冲突。学生在不同"价值较量"中碰撞、互动、启发，教师引导学生将环境保护与经济发展、民生福祉、环境科学知识、环境伦理价值观整合在一起，辩证地看待科技万能论和片面发展观。然后将学生生成的浅表的、碎片化的体验与认知加以重塑和再建构，并站在国家、民族、世界的角度向学生渗透人文关怀、责任担当，形成开放包容的成长场域。

6. "主旋律+微生活"的叙事方式

思想政治课自身的政治功能和价值属性使其根据国家、民族、历史发展需要传播主流价值观、开展宏大叙事是应然之义。价值观多元化、知识碎片化使个体对自我的尊重与实现越来越强烈，反对以统整、普遍遮蔽个体生命质态是实然之义。寻求个人命运与国家宏大背景的契合，寻求个人体验与国家民族前途命运相连，将"大道理"融入个人"微生活"是题中之义。

【案例】"现代文明的环境危机"教学片段6

为突破难点"树立健全的环境意识——准确的环境科学知识、正确的环境价值观念"，为回应同学们对"谁带走珠穆朗玛峰垃圾"的困惑与好奇，教师选取了"交付生命的珠峰清道夫"的故事。珠峰清道夫们用自己的双手还珠峰一片雪白，用自己的

---

① 肖川. 教育的视界 [M]. 长沙：岳麓书社，2003：118.

生命还世间一片净土。艺术家们把珠峰垃圾做成艺术品，变废为宝，唤起人们保护珠峰女神、捍卫地球母亲的环境保护意识。

学生在"流浪地球几重警示 守护绿色美丽家园"的"大故事"宏观脉络下，通过珠峰清道夫"微故事"体验与感悟，将"绿水青山就是金山银山"的主流价值观入脑入心，与狭隘的人类主宰论、片面的发展观、物欲主义与消费主义幸福观、科技万能论划清界限，凝聚"构建个人与社会休戚与共的命运共同体"的社会共识。

【案例】"现代文明的环境危机"教学片段7

立足新时代，教师选取了习近平总书记提出的"要像保护自己的眼睛一样保护生态环境，像对待生命一样对待生态环境"。这是我国为构建人类命运共同体涌现出的典型事件，有利于学生的生态文明价值观升华，有利于学生认同全球治理体系中的中国智慧和中国方案。

视频资源 19-1

宏观叙事的抽象、归纳、理性与微观叙事的具象、演绎、感性互为补充，有利于讲活理论、讲实道理、讲清现实。

三、思想政治一体化视域下思想政治"小课堂"走向社会"大课堂"

实践性是马克思理论区别于其他理论的显著特征。理论源于实践，人们在实践中认识、发现、检验和发展理论，在实践中加深对理论的理解、认同、践行。用理论解决现实问题，拨开思想迷雾，是激发学生兴趣、提高学科核心素养、增强解决问题能力的动力所在。

1. 优化课程资源，共建共享协同育人

聚合区域内社会实践资源，采取区域协同推进思路，建设区域思想政治一体化区本课程，开发本区社会实践体验版图。例如，开展主题为"传承红色基因 赓续革命薪火"的红色教育，如参观重庆红岩革命纪念馆、重庆歌乐山烈士陵园、邱少云烈士纪念馆、刘伯承同志纪念馆、聂荣臻元帅陈列馆、赵世炎烈士故居、杨闇公旧居和陵园、万州革命烈士陵园等爱国主义教育基地，举办"建党百年 学习四史"知识竞赛等；开展主题为"职业体验圆梦记"的生涯规划和职业体验教育，校企合作开发职业体验基地及职业体验课程；开展主题为"科技环保 绿动未来"的环保教育，如参观重庆科技馆、重庆中国三峡博物馆、重庆自然博物馆基地，举行科普校园行、学校科技节等系列活动；开展主题为"非遗传承 匠心育人"的文化传承教育，举行非遗文化体验制作、与非遗传承人"摆龙门阵"、非遗传承进校园等活动，创造性开发各具特色的校本课程和精品课程，力促区域、学校、社会联动，学段与学科联动，小课堂与大课堂联动，线上与线下联动，巩固思想政治教育阵地，形成协同育人的序列化课程链，为学科理论传授、学科核心素养培育、学生价值观引领开辟更广阔的空间。

【案例】学校"和合灵动"校本课程示例

在新一轮课程改革中，学校遵循个性、科学、多元、实用的原则，以"整合资源，合作共进"为导向，以培育传统美德的现代青年为目标，以社会主义核心价值观引领下的善、孝、信、礼、和为滋养，以灵动课堂为载体，以校本教材为依托，以精品课程为示范，构建了独具学校"和合"文化内核的"和合·灵动"课程体系。该课程体系包括"和润·灵动"、"和畅·灵动"和"和韵·灵动"三个模块。

"和润·灵动"包含和善、崇孝、信义、明礼、和美五个维度，分别设置了崇善课程、敬亲课程、国学课程、儒雅课程、学耕课程和行走课程。

"和畅·灵动"模块设置了初高中衔接课程（语文、数学、英语、物理、化学、生物学、历史、政治、地理、艺术、体育与健康等必修课程及与学科对应的选修课程）。初高中思想政治学科衔接以重庆市精品课程"经济新视界"为主要课程资源，开设了学习强国经验分享、抖音正能量等课程。

"和韵·灵动"模块设置了创客课程——SolidWorks与智能车。

2. 重视教师梯队建设，协同推进教研训一体化

在"思政一体化"大背景下，教师需要树立"协同"育人观，加强教研训一体化，对同一主题在不同学段进行逐级递进、螺旋上升的教学课例研究。例如，围绕"环境保护 绿色生活"主题，小学阶段重在培养学生的道德情感，讲"环保意识"，教学设计偏重于播放视频资源、结合图片展示，说出环境危机的表现及"环保小卫士"的做法；初中阶段重在打牢学生的思想基础，讲"环保知识"，教学设计偏重于讲述环保小卫士的故事或设置两难情境；高中阶段重在提高学生的政治素养，讲"环境伦理观"，主要采用议题式教学；大学阶段重在增强学生的使命担当，讲"环保精神"，教学设计偏重于现状调研、现场参与体验、撰写调研报告。突出学段重点，分层螺旋上升，教学有针对性、亲和力，理论有学理性、实操性。

思想政治教师是提高课堂实效和协同育人的关键。"思政一体化"绝不是思想政治老师"单枪匹马""单打独斗"。教师可以邀请心理咨询师、法律顾问、课改专家或在校大学生、研究生等各行各业的优秀"社会人"组成宣讲团，壮大、补充、优化思政"讲师团"，在知识点分布、教材结构化处理、思维和视野拓展、教学经验分享等方面加强沟通互动、协同互助，重视科研课题、学科资源共建共享，形成教研训共同体。

3. 社会实践课程回归，共鸣共情提升理论实操力

教师在借助社会资源开展社会实践活动时，学生理论储备不足，教师理论点拨不到位，活动过程中理论引导不及时，活动后理论提炼、升华不给力，社会实践与理论教学目的分离等问题时有发生。针对这些问题，教师应采取相应的措施予以解决。例如，在讲"人民代表大会制度的优越性"时，可以组织学生采访学校的人大代表，模拟代表履职，协助人大代表写议案，活动后分享展示议案，评选最佳议案。教师要积极引导学生发现、比较、论证、总结实践中的困难和问题，不断丰富理论知识，增加理论的深度和厚度，增强学科理论的共鸣，不断提高解决实际问题的能力，在活动中坚定社会主义道路自信、理论自信、制度自信、文化自信。

　　思想政治课坚持理论性与兴趣性相统一，体现了社会本位与个体本位课程价值观的有机统一，教师要把强化政治认同、坚定"四个自信"的思想贯穿其中，统一于立德铸魂的育人旨趣；把脉"拔节孕穗"教学实情，循序渐进、螺旋上升地开展适切性教学活动，让学校"小课堂"牵手社会"大课堂"，把"有意义"讲得"有意思"，使学生兴趣怡然、学思渐悟、笃信笃行。让学生真心喜爱、终身受益、毕生难忘是我们的初心和使命。

单元 4 基于学科核心素养的学习评价

教学关键问题 20 如何基于学科核心素养、学业要求和学业质量水平开展过程性评价？

教育部发布的《关于全面深化课程改革　落实立德树人根本任务的意见》提出了立德树人这一根本任务和各学段学生发展核心素养体系的要求。新版课程标准指出：高中思想政治课程是落实立德树人根本任务的关键课程，以培育社会主义核心价值观为目的，是帮助学生确立正确的政治方向、提高思想政治学科核心素养、增强社会理解和参与能力的综合性、活动型学科课程。

基于思想政治学科核心素养，课程标准明确了高中思想政治课程每一个模块的学业要求，也对学业质量水平进行了详细描述。同时，课程标准还提出：建立促进学生思想政治学科核心素养发展的评价机制。评价要将过程性评价与终结性评价相结合，着重评估学生解决情境化问题的过程和结果，反映学生所表现出来的思想政治学科核心素养发展水平。这些规定无不要求我们围绕学科核心素养开展过程性评价。如何基于学科核心素养、学业要求和学业质量水平开展过程性评价，是高中思想政治教学实践中亟须解决的关键问题。

问题分析

一、问题的提出

过程性评价不同于终结性评价，是一个动态的过程，需要经历一定的阶段才能完成。过程性评价以多元智能理论、人本主义教学理论和建构主义理论为基础，强调教学评价是动态、系统、多元的，而非单一、静止的，教学评价应以学生为中心，关注学生的学习过程本身，而不应仅关注结果或考试成绩。

高中思想政治过程性评价就是基于思想政治学科核心素养，依据学业要求和学业质量水平要求，综合运用各种评价方法，对思想政治教学过程中学生的表现和行为进行评价，以便全面衡量学生思想政治学科核心素养发展水平。高中思想政治过程性评价全面关注学生的学习过程，关注学生在习得知识过程中的体验，考查学生在学习课程的同时是否提升学科核心素养。

过程性评价强调更全面、更综合地评价学生在学习过程中的各种表现，改变了终结性评价"一锤定音"的评价模式，能有效弥补终结性评价只注重结果的不足。广大教师已深刻认识到过程性评价所具有的灵活、全面、深入、持续等优势，在教学实践中广泛运用观察法等过程性评价方法。但不可否认的是，在开展过程性评价时还存在一些不足。

1. 缺乏统一的评价标准和规范的评价体系

评价是主体对客体价值的认知与判断，具有很强的主观性，如果没有客观的评价标准，就很难得到客观公正的评价结果。虽然课程标准是统一的，但教师对其理解却各有不同，因此制定的过程性评价标准各不相同，有的评价者从传统的三维目标等角度制定，有的从语言表达能力、团结协作能力、社会实践能力等角度制定，有的从政治认同、科学精神、法治意识、公共参与等学科核心素养角度制定。

2. 评价方法过于简单化

过程性评价可使用的方法很多，如成长档案袋、学习日志、课堂观察等，教师在过程性评价中应该综合运用各种评价方法。在教学实践中使用最多的是问答法、观察法等操作性较强的方法。这几种方法都有各自的局限性：问答法虽然能快速判断学生对知识的掌握情况，但无法对学生的学科核心素养达成情况做出评价；观察法主要是对学生课堂行为的观察，很少拓展到课堂以外。因此，课堂上的过程性评价是不全面、不科学的。

3. 评价内容单一化

由于教师对过程性评价的理解偏差或认识不到位，以及在教学实践中开展过程性评价的氛围不浓厚，在应试教育背景下，过程性评价的内容主要以知识为主，忽略了对关键能力、学科素养、核心价值的评价，尤其是一到学期末或者高三更是针对不同的专题或知识点进行"魔鬼式"训练，不注重学生逻辑思维的培养和在学习过程中的情感表达。

二、问题的价值

学科核心素养、学业要求和学业质量水平三者是紧密联系、有机统一的。学科核心素养是制定学业要求和学业质量水平的依据，学业要求是学科核心素养对每一个模块要求的细化，学业质量水平也是基于学科核心素养的要求，把学科核心素养融入课程内容之中，划分为四个递进的水平。学业要求和学业质量水平是为达成学科核心素养服务的，通过对学生学业要求的完成情况和所达到的学业质量水平的评价来衡量学生所表现出来的核心素养水平。

1. 有利于实现高中思想政治学科核心素养目标

高中思想政治课程以三年为周期，教学目标也由以前的三维目标转变为学科核心素养目标。这一课程目标的实现并非一蹴而就，而是需要一个过程。同时评价学科核心素养目标的达成情况并非通过学业水平考试或者高考这些终结性考试就能得出科学、客观的结果。过程性评价更关注学生的学习过程本身，有助于教师及时掌握学生的学习情况，适时调整教学计划，以引导学生更好地发展，最终实现培养学生学科核心素养的目标。

2. 有利于活动性学科课程的开展

高中思想政治课程是一门综合性、活动型学科课程，要求教师将课程内容活动化，活动内容课程化，关注学生的社会实践能力和合作探究能力。这就需要教师在教学过程中创设活动情境，让学生通过自主学习、小组讨论、合作探究等方式参与课程学习。学生参与活动时，教师要用过程性评价方法考查学生在活动中的态度、参与程度和行为表现，以此来衡量学生的学科核心素养发展水平。

3. 有利于促进学生全面发展

随着教育观念的逐步转变，学生在教学过程中的主体地位日益凸显，学生不再是教学活动的被动接受者，而是主动参与者。过程性评价更加关注学生在学习过程中的行为表现，关注学生的个性特点和全面发展，关注学生综合素质的提升。过程性评价能对学生全面发展达到了怎样的水平、取得了怎样的成绩做出及时反馈，也可以帮助学生认识自己的长处和不足，以便达到更高的发展水平，实现全面发展。

📠 问题解决

一、开展过程性评价应遵循的原则

过程性评价是基于评价者对学生学习过程中的行为表现做出的判断，具有主观性，为了防止评价者在评价过程中主观臆断，提高评价结果的科学性、公平性、可信度和指导性，在开展过程性评价时要遵循一定的原则。

1. 客观性原则

虽然评价者在开展过程性评价的过程中具有充分的自主权和自主性，但评价者不能依据自身固有的经验或者先入为主的观念去评价学生的学习过程。在评价过程中，评价者应该客观地观察和记录学生在学习过程中的行为表现，参照过程性评价标准，结合思想政治课程教学的客观规律和学生身心发展的客观情况，对学生的学科核心素养水平进行客观评价。

2. 综合性原则

高中思想政治课程是一门综合性学科课程，不仅学科内容、学科核心素养具有综合性，对学生也是从正确价值观、必备品格和关键能力等方面进行综合考查。同时，每个学生都是独立且完整的个体，他们的行为表现各有特点。因此对学生开展过程性评价要从整体着眼，将评价活动贯穿学生学习思想政治课程的全过程，评价时要综合各种因素和指标，从不同的视角和维度对学生进行全面而系统的综合性评价。

3. 发展性原则

学生所处的学习环境是不断变化和发展的，学生的身心发展是一个动态过程，高中思想政治教学活动也是一个动态过程，因此开展过程性评价也应该是一个动态过程，不能一锤定音、一蹴而就。过程性评价不是为了形成评价报告，而是为了更好地指导学生朝着正确的方向发展。在过程性评价中，评价者要坚持发展的观点，将阶段性评价结果及时反馈给学生，指导学生正确认识自己，及时处理反馈的问题，促进学生朝着更高水平的学科核心素养方向发展。

4. 特殊性原则

高中思想政治课程由四个必修模块、三个选择性必修模块和三个选修模块构成，内容各异。学科核心素养、学业要求和学业质量水平在不同模块中有具体的侧重点，因此在开展过程性评价时要结合每个模块的要求去评价，尊重内容的特殊性。以四个必修模块为例，"中国特色社会主义"侧重培养政治认同素养，"经济与社会"侧重培养政治认同和公共参与素养，"政治与法治"在政治认同、法治意识和公共参与上都有所体现，"哲学与文化"侧重培养科学精神素养。每个模块的学习都有其特殊性，因此在制定评价标准时也应该有所侧重，有针对性地开展评价。此外，评价不同的课型侧重点也有所不同，活动型课程既评价达成观点的过程，也评价教学设计实现的效果；辨析式学习过程凸显引领价值；综合性教学重点考查学生整合知识、理论联系实际、分析和解决问题的能力。

5. 多元化原则

学生的思想政治学科核心素养不仅在课堂上呈现出来，在课余时间和生活实践中也会有所呈现。因此，教师要转变单一评价主体的状况，鼓励学生、家长和社会团体等参与高中思想政治过程性评价。只有坚持评价主体的多元化，才能更全面、系统地考查学生的学习过程。

二、开展过程性评价的对策

1. 强化学习指导，提升高中思想政治教师实施过程性评价的素养和能力

过程性评价难以在高中思想政治教学中深入开展，与应试教育大背景、学校或教育主管部门不重视、教师自身认识不到位等方面有很大的关系。要想使过程性评价成为常态，国家、学校、教师必须共同努力，加强指导、强化学习、转变认识。

有关过程性评价的研究成果虽然很多，但大多局限于从宏观、理论层面进行研究，与具体学科结合的相对较少，与高中思想政治学科相结合的就更少了，尤其是结合课程标准、学科核心素养等方面研究过程性评价的更是少之又少。这就需要从国家层面加强指导，组建高中思想政治过程性评价专家团队，对过程性评价的评价标准、评价体系、评价主体、评价内容、评价方式等方面进行系统研究，为教师在核心素养背景下开展高中思想政治课程过程性评价提供指导，并对各省市、各地区过程性评价实施情况进行监督和管理。

学校是进行高中思想政治课程教学的主阵地，也是开展过程性评价的主阵地。学校应该组织思想政治教师认真研读课程标准、开展过程性评价相关问题的研究；邀请在本领域有研究的专家学者对本校思想政治教师进行培训，并参与本校过程性评价标准的制定和实施情况的考核，督促教师深化过程性评价并积极付诸评价实践。

高中思想政治教师既是过程性评价的主体，也是过程性评价结果的受益者。因此，教师首先要转变"应试教育与过程性评价相对立"的观念，深刻认识过程性评价对培养学生核心素养、达成教学目标的重要性，综合运用过程性评价和终结性评价，关注学生的综合素质发展。其次，要认真研读课程标准和相关解读，把握课程标准要求，结合教学实践和学生身心特点，为学校过程性评价标准的制定建言献策。

2. 依据课程标准，科学制定高中思想政治过程性评价标准

课程标准是高中思想政治教学的纲领性文件，也是制定高中思想政治过程性评价

标准的基本遵循。教师应认真研读课程标准，理清学科核心素养、课程内容、学业要求、学业质量、学业评价等要素之间的关系，找准制定过程性评价标准的基本参考依据。通过认真研究课程标准不难发现，核心素养水平与相应的学业质量水平和学业要求对应，而这三者就是制定过程性评价标准的关键指标。以《中国特色社会主义》为例，其有关政治认同的主要评价指标如表 20-1 所示。

表 20-1　《中国特色社会主义》政治认同主要评价指标

核心素养水平	学业质量水平	学业要求
水平 1：能够面对简单情境问题，引证走中国特色社会主义道路的成功事例；表述马克思列宁主义、毛泽东思想、邓小平理论、"三个代表"重要思想、科学发展观、习近平新时代中国特色社会主义思想是中国共产党的行动指南	1-1 引用典型事例，证实选择中国特色社会主义道路的正确性；回顾改革开放的发展历程，表明中国特色社会主义理论体系是指导党和人民沿着中国特色社会主义道路实现中华民族伟大复兴的正确理论，习近平新时代中国特色社会主义思想是马克思主义中国化最新成果	通过本模块的学习，学生能够结合社会实践活动，了解人类社会发展的一般过程和基本规律；确信社会主义终将代替资本主义是不可抗拒的历史趋势；懂得中国特色社会主义是科学社会主义的成功实践，是中国近代历史发展的必然选择；理解坚持和发展中国特色社会主义，是实现中华民族伟大复兴中国梦的必由之路；展现中国特色社会主义道路自信、理论自信、制度自信、文化自信；坚定中国特色社会主义共同理想，树立共产主义远大理想
水平 2：能够面对一般情境问题，用中国近现代史证实只有社会主义才能救中国；明确马克思主义中国化的最新成果；分析具体事例表明中国特色社会主义制度的显著优势	2-1 通过对中国近现代史的回顾，依循历史逻辑证实走中国特色社会主义道路是历史和人民的选择；叙述马克思主义"一脉相承、与时俱进"的发展，明确习近平新时代中国特色社会主义思想是对马克思列宁主义、毛泽东思想、邓小平理论、"三个代表"重要思想、科学发展观的继承和发展，是马克思主义中国化最新成果	
水平 3：能够面对复杂情境问题，比较世界各国发展道路，论证只有中国特色社会主义才能发展中国；结合改革开放的实践，阐述马克思主义中国化最新成果的时代特征	3-1 选择恰当论据，在全球视野中比较各国发展道路，论证只有中国特色社会主义才能发展中国；结合改革开放的实践，阐述习近平新时代中国特色社会主义思想的精神实质	
水平 4：能够面对具有挑战性的复杂情境问题，回应各种封闭僵化或改旗易帜的主张，阐述走中国特色社会主义道路的坚定信念；辨析各种错误思潮的影响，阐述马克思主义中国化最新成果；跟进全面深化改革的进程，坚持中国特色社会主义制度不动摇	4-1 综合运用各种论据，辨析各种错误思潮，有创见地批驳封闭僵化或改旗易帜的主张，阐明走中国特色社会主义道路的坚定信念；阐述习近平新时代中国特色社会主义思想的丰富内涵，表达坚守本色、保持特色、锐意进取的意志；跟进全面深化改革的进程，论证坚持中国特色社会主义制度不动摇的理由	

每一个模块都可以通过对学科核心素养水平、学业质量水平和学业要求的梳理来明确本模块的主要教学目标和评价指标，再结合学期教学任务、课时教学目标和学生实际情况制定学期过程性评价表（表 20-2）。除此之外，教师还可以根据单元教学目标和课时教学目标制定单元评价单和课时评价单。

教学关键问题20　如何基于学科核心素养、学业要求和学业质量水平开展过程性评价？

表 20-2　高中思想政治课学期过程性评价表

评价项目	程度（在相应的描述下方打"√"）			
学生参与课堂教学	非常积极	比较积极	较少参与	基本不参与
学生对课堂教学内容的掌握	非常熟悉	比较熟悉	比较不熟悉	非常不熟悉
学生对相关课外活动的参与	非常积极	比较积极	较少参与	基本不参与
学生成长档案袋制作	内容充实、设计精美	内容较多、设计良好	内容较少、设计一般	内容很少、设计较差
学生对时政热点的关注度和敏锐度	非常关注	比较关注	较少关注	基本不关注

【案例】以必修 1《中国特色社会主义》第四课第三框"习近平新时代中国特色社会主义思想"为例制定课时评价单

课程标准要求：论证中国特色社会主义是当代中国发展的根本方向，坚定坚持和发展中国特色社会主义的自信。

教师结合新版课程标准和相关资料，制定了以下学习目标：

学习目标	核心素养
1. 通过阅读教材、观看视频，了解习近平新时代中国特色社会主义思想的产生过程，概述其产生的时代背景	科学精神：能够以科学的态度分析习近平新时代中国特色社会主义思想产生的时代背景
2. 通过阅读教材，探究议题，准确阐述习近平新时代中国特色社会主义思想的丰富内涵、核心内容、金钥匙、活的灵魂	政治认同：深切感受习近平新时代中国特色社会主义思想对建设中国特色社会主义的指导意义，自觉认同习近平新时代中国特色社会主义思想是党和国家必须长期坚持的指导思想，坚定中国特色社会主义发展信心
3. 通过时政信息交流分享，了解习近平新时代中国特色社会主义思想在现实中的具体表现，感知其现实意义	
4. 通过自主阅读和知识整合，阐述习近平新时代中国特色社会主义思想的原创性贡献及其历史地位，坚定中国特色社会主义理论自信	
5. 通过列举生活实例，分享践行习近平新时代中国特色社会主义思想的行为举措，牢固树立必须坚持习近平新时代中国特色社会主义思想的意识，自觉承担社会责任和历史担当	公共参与：与自身学习生活相结合，明确并积极践行坚持习近平新时代中国特色社会主义思想的实践要求

根据本节课的学习目标，教师制定了本节课的学生学习过程课时评价单。

学生学习过程课时评价单

学校：＿＿＿＿＿＿　　班级：＿＿＿＿＿＿　　姓名：＿＿＿＿＿＿

课题：习近平新时代中国特色社会主义思想　　　　时间：＿＿＿＿＿＿

学习任务	1. 观看视频1《新时代中国与世界白皮书》，通过小组合作探究、成果展示，分析习近平新时代中国特色社会主义思想产生的时代背景。 　2. 结合视频2《秦岭事件》，总结出这个事件所反映的治国理政思想。 　3. 观看视频3《抗击新冠肺炎疫情的中国行动白皮书》，感悟"中国行动"，自觉坚持"两个不动摇"。 　4. 分享践行习近平新时代中国特色社会主义思想的行为举措			
学习方式	理解感悟、合作学习、探究学习、分享交流、概括总结、情感升华			
评价指标	程度（从高到低分别为4、3、2、1分）			
课堂参与	非常积极	比较积极	较少参与	基本不参与
必备知识	完全掌握	基本掌握	掌握小部分	基本没掌握
合作探究	很强	较强	一般	欠缺
分享交流	积极主动，观点明确，表达能力强	主动分享，能表达部分观点，表达能力较强	被动分享，能阐明观点，表达能力一般	基本不参与，没有自己的观点或看法
情感升华	产生强烈的情感共鸣	产生较强的情感共鸣	基本认同	不认同
成绩				
权重				
课时总评				

3. 丰富评价主体，构建高中思想政治过程性评价共同体

高中思想政治教育与义务教育道德与法治教育相互衔接，需要学生、教师、学校、家庭、社会共同参与，形成教育合力，才能达成较高的教学目标。思想政治课的过程性评价也需要改变评价主体单一的现状，丰富评价主体，引入学生、家长、社会团体等评价主体，构建评价共同体。

（1）学生自我评价。在高中思想政治课程教学中，学生不仅是评价的对象，也应该是参与过程性评价的主体。教师应鼓励学生积极参与思想政治过程性评价，让学生站在评价者的角度对自己的学习过程有一个全面的审视，并依据评价结果对自己的学习过程进行反思，以便在今后的学习中适时调整，提高学习效率。

（2）学生互评。高中生大部分时间都在学校、班级内活动，彼此之间比较熟悉和了解，尤其是在学习小组内部，而且同龄人之间的交流更加顺畅。在班级或者学习小组开展学生互评，学生能站在同龄人的角度，使评价结果更真实、更客观、更符合学生实际。但由于学生缺乏评价经验，因此教师要加强引导，帮助学生掌握基本的评价技巧。

（3）家长参与。家长是学生平常接触最多的人，是更了解学生的人，能在生活细节或学生日常的行为表现中自然、实时观察评价学生。同时，家长评价不同于学习活动中专门开展的评价，不需要设置专门场地和利用专门时间，可以随时随地开展，能避免学生为迎合评价者而虚假配合的情况，可以最大限度地保证评价结果的客观、真实。但家长对学生的评价应尽量全面，不能只关注学生的成绩而忽略综合素质，要对学生的行为表现、品格特征、优缺点等有全面、客观的认识。家长评价问卷如表 20-3 所示。

表 20-3　家长评价问卷

您的孩子是否参加了本次实践活动？	是		否
您的孩子是否主动和您讨论过活动后的感受？	是		否
您是否对本次实践活动有所重视？	是		否
您是否与您的孩子一同参加了活动？	是		否
您是否了解您的孩子在活动中的表现？	是		否
您是从何种渠道了解到您的孩子在活动中的表现的？	现场观察	孩子转述	教师通知
您认为您的孩子在活动中的表现如何？	非常满意	比较满意	比较不满意	非常不满意

（4）社会团体评价。此外，社会团体、社区也可以参与学生的过程性评价，对学生的社会实践能力、公共参与素养进行评价，弥补过程性评价在社会实践评价方面的缺失，形成更系统科学的学生过程性评价结果。

【案例】制作"我和我的家乡"明信片活动的评价

活动内容：制作"我和我的家乡"明信片

请同学们利用周末发现家乡的变化，用一张照片或一张手绘图，配上一段文字，描述你对家乡变化的感想。要求结合"新发展理念"或"现代化经济体系"谈感想。

活动评价过程：

（1）向家长发放《家长评价问卷》，由学生周末放假带回给家长，家长观察评价学生收集材料、制作明信片的过程，并将评价结果用微信或QQ发给老师。

（2）教师收集学生作品和家长评价问卷，对学生作品进行初步筛选（去掉不符合要求的作品），掌握家长评价问卷反馈情况并录入电子表格。

（3）以学习小组为单位选送作品：教师公布合格作品名单，每个小组对本组的合格名单进行筛选（成员展示自己的作品，并进行简要讲解），小组成员共同推荐一件作品，如果特别优秀可以推选两件。

（4）选出获胜作品：教师对选送作品进行审核，选出三件作品；全班同学对小组选送作品进行评价，选出三件优秀作品；教师公布自己的评选结果，如果与学生结果相符，就从这三件作品中评出一二三等奖，如果有差异，则分别由教师、学生阐明选择的原因，教师和学生再共同确定最终获奖作品。其余未获奖的作品全部为优胜奖。

（5）给获胜学生颁发获奖证书和奖品，并将评价结果和作品装入学生成长档案袋。

4. 借助现代信息技术，综合运用多种评价方法

高中思想政治过程性评价是基于课程标准和教学过程的评价，评价所采用的方法不是单一的、固定的，只要能用于评价学生的学习过程，具有可操作性且能够形成科学评价结果的方法都可以运用。

过程性评价应坚持传统方法与现代信息技术相融合，利用现代信息技术在信息收集、数据处理等方面的优势，将评价过程中所收集的信息经过一系列处理后转化为科学的评价结果。此外，还应坚持量化评价与质性评价相结合。高中思想政治课的一部分目标无法通过量化的等级或者分数来评价，此时应该用描述性语言从质上进行分析，只有将两者结合起来，才能对学生的学习过程形成科学合理的评价结论。

【案例】必修1《中国特色社会主义》第四课第二框"实现中华民族伟大复兴的中国梦"教学片段

情境创设1：假如让同学们来一场说走就走的未来时空旅行，你所期待的未来旅行是什么样子的？

通过问题创设，引导学生结合国家发展状况畅想自己所期待的旅游，对学生的回答进行简要的评价和追问，观察学生政治认同等素养的达成情况。

情境创设2："我和2035有个约定"。畅想在2035年的自己（可从家庭、事业、社会与国家等角度切入），并在纸上写下相应的内容，限时3分钟。

让学生畅想在2035年的自己，引导学生对自己的未来有所思、有所规划，把自己的发展融入新时代新征程。在学生展示之后，教师用一个时光胶囊将大家的畅想封存，约定到2035年再一起开封。在这一过程性评价中，既要注重学生参与，也要结合同学

们的畅想进行积极引导和鼓励性评价，激励学生为新时代新征程贡献力量。对于这种无法进行量化评价的学习过程，采用激励型、引导型、追问型评价方式对学生的学习过程进行质性评价，远比知识检测等量化评价更科学。

视频资源 20-1

就具体方法而言，过程性评价可以综合运用问答法、课堂观察法、测验法、档案袋法等方式。教师在使用问答法时，问题的设计不能仅局限于对知识和能力的考查，可以多设置一些开放性或辨析式问题对学生的核心素养进行考查；在使用课堂观察法时，要注意评价时机，要在学生平常自然的状态下开展评价，尽量不让学生意识到评价工作正在开展，以免获取的信息不真实；在使用测验法时，要注意本次评价完成之后的后续跟踪，可以结合思想政治学科学生成长分析表（表 20-4）一起使用，在学生完成测验后填好学生成长分析表，以便持续记录学生在本学科的发展状况，对学生的学习过程进行动态评价。

表 20-4　思想政治学科学生成长分析表（学生用）

本次分数			本次年级排名		本学科愿景排名	
年级平均分			班级平均分		与愿景排名的差距	
大题号（分值）	题组	小题	知识点或考点	标准分值（100分）	实际得分	问题分析：1. 知识点问题；2. 提取信息能力较弱；3. 阅读理解能力较弱；4. 语言组织能力较弱；5. 思维能力较弱；6. 时政信息了解不够；7. 价值判断偏差；8. 粗心丢分（审题、计算、填涂错位等）；9. 心态问题等
选择题	共_____题			共___分	得分率	
	1			3		
	2			3		
	3			3		
	4			3		
	...			3		
非选择题	共_____题			共___分	得分率	
	16					
	...					
合计				100分	得分率	

自我分析及改进措施	
	学生本人签字:
指导教师建议	
	指导教师签字:

5. 优化评价环境，营造浓厚的评价氛围

过程性评价要在高中思想政治课程教学中有效开展，需要学校、家庭、社会创设有利条件，营造过程性评价氛围。首先，要营造常态化的班级评价氛围，让学生自评、互评成为一种常态，使学生形成评价自觉。其次，要在校园内营造注重过程性评价的氛围，教师、学校分管教学的领导都应在关注学生成绩和升学率的同时，关注学生的学习过程，关注学生的身心发展，关注学生核心素养的形成，把过程性评价纳入考评体系，让过程性评价的意识在广大师生中入脑入心。再次，要营造积极参与的家庭评价氛围，家长要经常与学校、教师沟通了解学生在校情况，关注学生在家里的行为表现，同时也要习得一些过程性评价方法和技巧，参与学生的成长过程，为学生更好地发展贡献力量。最后，要营造过程与结果并重的社会评价环境，高校在选拔学生时可参考过程性评价结果，各种社会招聘在选拔人才时也要关注学生的思想政治学科核心素养水平。只有不断优化评价环境，营造浓厚的评价氛围，才能让基于学科核心素养的过程性评价在高中思想政治课程教学中落地、落实。

在新时代中学思想政治教育教学实践发展中，学科核心素养的培养目标逐渐深入人心。思想政治教师不仅要将政治认同、科学精神、法治意识、公共参与等学科核心素养落实到教学过程中，还应落实到学科问题和作业的设计中，这对学生知识、能力和素养的培养也有重要作用。其中，探究性作业的设计更能对学生起到系统的训练和提升作用，其目标必须指向学生政治学科核心素养的培育。

问题分析

一、问题的提出

教师在设计指向学科核心素养的探究性作业时必须明确两个概念，一是高中政治学科核心素养，二是探究性作业。

新版课程标准指出，学业水平考试命题建议要根据完成任务的表现评价学科核心素养发展水平，注重情境对展示学科核心素养发展水平的价值，注重学科内容的整合性对评价学科核心素养的意义。准确把握思想政治学科核心素养与任务、情境、学科内容之间的关系，是依据学业质量标准测试学科核心素养发展水平的前提。其中，执行任务是将内在的学科核心素养外显为可观测行为表现的媒介，情境是运用学科内容、执行任务、展现学科核心素养发展水平的平台，学科内容是印证与考查学科核心素养发展水平的依托。

综合各种文献发现，与探究性作业相似的表述还有研究性作业和开放性作业。探究性作业是指学生在教师的指导下，有目的、有计划地从社会、生活及其相应的情境中选择和确立探究方向进行探讨、研究，并在探究过程中主动获取知识、应用知识并解决问题的过程。[1]研究性作业是研究性学习方式的一种有效载体，它是指学生在教师的指导下，以研究性学习的方式，围绕预设的感兴趣的主题，以个人或小组为单位，经过明晰问题、调查研究、信息整理、成果展示等一系列过程，完成知识验证，并实现能力提升、认识深化与拓展。[2]开放性作业是指让学生在较宽泛的条件和环境中自主完成的非统一性和非标准作业。[3]

探究性作业和研究性作业的范畴比开放性作业大。探究性作业和研究性作业不仅

---

① 王强. 也谈思想政治课探究性作业的设计 [J]. 中学政治教学参考, 2018 (11): 31-33.

② 方军. 单元"综合探究"研究性作业探索 [J]. 中学政治教学参考, 2014 (Z1): 80-82.

③ 祝玉芬. 政治课教学中设置开放性作业的探索 [J]. 教学与管理, 2004 (33): 51-52.

注重探究性和研究性，也注重开放性。而探究性和研究性的区别，只需明晰相关名词的内涵特征，明确其价值和策略即可。二者最终指向中学教育教学实践，以培养学生的学科核心素养为目标。

探究性作业也属于训练、考试的一种，同样需要命题者或评价者依托生活材料设置一定的情境，被评价者综合运用学科知识执行特定的任务、解决相关的问题。在新版课程标准的引领和要求下，探究性作业设置的目标也必然是培养学生的学科核心素养。探究性作业的最高评价标准也是学生是否达到相关的学科核心素养水平。

二、问题价值

1. 符合学生学科核心素养培育的方向

学生的思想政治学科核心素养需要通过整个高中阶段的系统化、科学化培育。因此，学生的学科核心素养不是一两节课就能培育成功的，而是需要教师长期积极的引导，而且离不开教师的课堂教学实践和课后作业及评价。

本文论及的探究性作业不同于常规的陈述知识类或者阐释材料类作业，对学生的学科知识综合运用能力、材料归纳概括能力、探索研究能力和团队合作能力等都有一定的要求，而以上能力要求在本质上也是高中思想政治学科核心素养的要求。例如，学科知识综合运用能力、探索研究能力属于科学精神的范畴，因为科学精神就是在认识世界和改造世界的过程中表现出来的一种精神取向。课程标准认为，具有科学精神素养的学生，应能够用马克思主义基本立场、观点和方法，观察事物、分析问题、解决矛盾。同时，课程标准指出，我国公民的公共参与，就是有序参与公共事务，用于承担社会责任，积极行使人民当家作主的政治权利。而学生的团队合作能力就属于广义的公共参与范畴，学生通过分工协作，共同完成一定的目标或任务。因此，科学合理的探究性作业的内容和目标，在本质上应符合思想政治学科核心素养的目标维度。教师在实施探究性作业的过程中，要注意对思想政治学科核心素养目标的评价。

2. 符合新高考的评价发展趋势

随着新版课程标准推行，各省陆续实行新高考制度。已经进入新高考试点的省市的高考考查内容必然会对后续实施新高考改革的省市有一定的参照意义。重庆市思想政治学科高考从 2016 年开始采用全国卷Ⅱ，其中的最后一道主观题属于开放性试题，一般是 4 分。2016 年的题目是"借鉴十八洞村经验，就推进精准扶贫提出两条建议"，2017 年的题目是"班级举行主题班会探究批判性思维与创新精神的关系，请围绕主题提出两个观点"，2018 年的题目是"班级举行'学习袁隆平，放飞青春梦想'主题班会，请列举两个发言要点"，2019 年的题目是"新中国成立 70 年来，千千万万的劳动者不断为中华民族精神增添新的时代内容。请写出其中两种精神的名称"，2020 年的题目是"就'青年学生如何助力乡村振兴'提出两条思路"，从以上试题可以看出，历年高考命题思路高度统一，但随着新高考逐步启动，试卷结构、题目数量和考查形式都有所变化。关于最后一题的考查形式，有一种说法是效仿山东等地的"小论文"式开放性试题。例如，2020 年山东思想政治高考试卷最后一题就是以"新时代全球治理的中国贡献"为题，撰写一份发言稿提纲。另外一种推测是不会直接效仿，"小论文"试题对西南地区考生考查难度较大。

所谓的"开放性试题"必然离不开知识性，但是这类题目不论是全国卷的典型问题，还是新高考省市的难度更大的开放性试题，都有一定程度的探究性价值，都在考查学生基于材料、知识的政治认同、科学精神和公共参与等学科核心素养。

3. 符合未来常规教学的发展方向

当前由于教学时间、教学内容等因素的限制，高中思想政治课的常规教学很少涉及探究性教学任务和探究性作业，但是由于探究性作业是高中思想政治学科核心素养培养的路径，其目标和评价标准符合学科核心素养的内容，符合新高考的评价方向，因此这应该是高中思想政治课常规教学的发展方向。因为学科教学一方面是培养学生的学科核心素养，另一方面是引导学生通过选拔性考试获得进入优秀大学的机会。基于以上两方面，常规教学必然要加大探究性作业教学的力度。

这个价值维度的完成，需要教师在日常教学中思考探究性作业的具体目标、具体内容、任务操作方式以及评价标准。这对教师的能力要求较高，所以教师要对探究性作业进行深入研究，保证探究性作业的科学性和指向性，以真正达到培养学生学科核心素养的目标。

问题解决

一、贴近生活与依托知识相统一

高中思想政治学科的探究性作业，本质上是对经济、政治、文化、哲学和法治等社会性、常识性问题进行研究和探索。社会性和常识性问题来源于生活。高中思想政治学科知识代表着本学科适合高中生学习的阶段性知识，同样是来源于生活、服务于生活的。所以不论何种类型的探究性作业，其内容的选择都应来源于、贴近于学生的生活。但是生活的内涵外延相当广泛，所以探究性作业又必然需要依托高中思想政治学科的知识，以其作为出发点和基点，围绕学生的当下生活和未来发展来设置。

二、学生主体和教师主导相统一

关于教师和学生主体地位的探讨，需要落实到具体的问题情境中才能真正明晰教师和学生在教学中的地位。探究性作业的目标设置、内容安排、路径选择以及评价标准制定均需要教师来完成，教师要在这个过程中起主导作用，科学设计探究性作业的目标、内容、路径和评价标准，以便学生后续顺利实施探究和完成作业。而探究性作业的具体操作和完成，需要学生作为主体进行独立思考和合作探究，其目的是培养学生的学科核心素养。因此，在整个探究性作业的设计和完成过程中，学生主体和教师主导是统一的。

三、独立思考和合作探究相统一

探究性作业绝大多数都需要小组和团队合作，分工完成任务。探究性作业的设置目的和价值指向是培养学生学科核心素养。教师在设置探究性作业时，要有一定的生活广度、理论深度和探究难度，不仅需要学生进行团队合作，而且需要学生合理分工和深度参与。每一位学生都要承担一定量的任务，也可以根据个人的知识基础与能力水平选择适合自身的探究任务，独立思考。

四、指向明确和评价开放相统一

新课改的教育教学必然以学生为主体，探究性作业的设置也要以学生为中心。教师要考虑学生的知识基础和素养情况，围绕学生设置探究性作业的问题。教师在设计探究性作业时，必须将作业内容陈述清楚，要求明晰，以便学生有组织、有方向地进行探究，这样的探究才有意义和价值，才能真正有效培养学生的学科核心素养。同时，评价不应该只拘泥于单一的评价主体和评价标准，而是要建立多元化评价体系，以提高学生的多维学习能力。

五、试题分析示例

1. 新高考开放性问题的设置与答案组织范例

【试题】巴蜀中学 2021 届高考适应性月考卷（五）第 18 题（2）

材料： 新征程上，我们要把浦东新的历史方位和使命，放在中华民族伟大复兴战略全局、世界百年未有之大变局这两个大局中加以谋划，放在构建以国内大循环为主体、国内国际双循环相互促进的新发展格局中予以考量和谋划，准确识变、科学应变、主动求变，在危机中育先机、于变局中开新局。

浦东开发开放 30 年的历程，走的是一条解放思想、深化改革之路，是一条面向世界、扩大开放之路，是一条打破常规、创新突破之路。展望未来，我们完全有理由相信，在新时代中国发展的壮阔征程上，上海一定能创造出令世界刮目相看的新奇迹，一定能展现出建设社会主义现代化国家的新气象！

——摘编自习近平总书记 2020 年 11 月 12 日在浦东开发开放 30 周年庆祝大会上的讲话

问题： 请从材料中选择两个使中国"富起来、强起来"的关键词，运用所学"生活与哲学"的知识，结合材料，写出以"新征程、新发展"为主题的发言提纲。（9分）（要求：①围绕主题，形成总论点和分论点，内在逻辑一致；②论据充分；③学科术语使用规范；④字数在 200 字左右）

【试题分析及答案】（9分，关键词 2 分，发言提纲 7 分）本题主要考查在新征程上如何实现新发展的政治认同。以"改革""开放""创新""解放思想"等为关键词；以"唯物论""辩证法""认识论"有关知识，如"意识的能动性""联系观、发展观、辩证否定观"等为理论逻辑；以"新征程、新发展"为主题要求，并结合材料，阐明所选关键词与主题的联系；以"改革重新上路，开放永不止步，做强创新引擎，变中谋划全局"等为基本观点。观点正确、言之成理、逻辑严密。

等级	等级要求	分值
水平4	观点鲜明，能明确表达自己的见解；紧扣主题，综合展开论述，或就某点深入分析；知识运用准确、贴切；逻辑严密，条理清晰	7~9
水平3	观点比较明确，能表达自己的见解；能扣住主题展开论述，或能就某点分析；知识运用比较准确、贴切；逻辑性较强，有条理	4~6
水平2	观点不明确；论述不能集中指向主题，罗列知识；知识运用不正确；论述缺乏逻辑，条理性差	1~3
水平1	应答与试题无关；或重复试题内容；或没有应答	0

根据以上试题分析和相关要求，编制参考答案如下。

关键词：开放、创新

总论点：扩大开放，驶向新征程；敢于创新，谋得新发展

内外联动，处理好联系多样性，扩大开放。当今我国面临复杂严峻的国内外形势和环境，我们要研究好内部、外部条件以及有利、不利等各种条件，一切以时间、地点和条件为转移，构建以国内大循环为主体、国内国际双循环相互促进的新发展格局，推动我国驶向新征程。

树立创新意识，深化改革，推动新发展。在新时代的历史方位上，我国面临不同方面、不同程度的困难和问题，我们必须敢于突破与实际不相符合的成规陈说，敢于破除落后的思想观念。注重研究和剖析新时代的矛盾，聚合各方智慧，寻求新思路和新方法，实现国家的飞跃式发展，建设社会主义现代化国家。

2. 新教材探究性教学课堂案例

"新能源汽车产业背后的有效市场和有为政府"课堂实录

师：我们国家拥有全球第一大新能源汽车市场，从最开始的起步到后来的成长壮大，背后有怎样的推动力呢？

探究一：政府有为

师：

1问：政府为什么要补贴新能源汽车产业？

2问：为什么补贴现在要退坡？

视频资源21-1

生：从国家层面讲，重振经济需要战略性新兴产业（如新能源产业）支撑，节约资源和保护环境的要求，维系能源安全和经济命脉，所以国家支持和补贴新能源汽车行业。从产业讲，新能源汽车产业属于新兴产业，初期发展困难、成本高，需要补贴和支持，弯道超车。

师：政府对新能源汽车产业提供政策支持，对其他行业也是如此吗？

生：不是。

师：为什么？

生：新能源汽车产业有其本身的特殊性和重要性，比如它是战略性新兴产业，是我们国家的汽车产业战略发展方向，所以需要专门的有针对性的政策支持。

师：我国的这种宏观调控有什么特点呢？

生：根据产业本身的情况和价值决定是否给予政策支持，不是对所有产业一刀切、同等对待。

师：就如同学们所说，我们的宏观调控、政策支持不是对所有领域大水漫灌，而是对重点领域和关键环节有针对性地喷灌、滴灌。这就是宏观调控中的定向调控方式，这样一来就更加科学有度了。

师：我们看第二个问题，为什么补贴现在要退坡？

生：第一，新能源汽车产业已经发展成熟，可以适时减少补贴。第二，持续的补贴，汽车价格人为降低，增大了车企的需求。但这个需求是过度依赖政府的政策达成的，不是车企通过自身的技术创新和成本降低达到的，一旦没有补贴，这些需求就是虚假的，所以持续补贴不利于新能源汽车产业健康发展。第三，因补贴出现的骗补等很多问题，导致补贴退坡。

师：我们刚才探讨的第一个问题，补贴新能源汽车产业的主要原因是节能环保、经济发展需要、产业处于起步期等。现在又因为新能源汽车产业和市场发展趋于成熟，政府补贴等产业政策开始逐步退坡。

师：大家可以看出我国产业政策的宏观调控，除了刚才讲的定向调控，还有什么样的方式呢？

生：根据产业发展的情况和形势来判断和给予政策支持，是灵活多变的、实时的。

师：这在我们国家的宏观调控方式中叫作相机调控。前面提到的定向调控和现在探讨的相机调控，都是整个宏观经济区间调控的深化和发展。

总结：让宏观经济运行保持在合理区间，要健全以国家发展规划为战略导向，以财政政策、货币政策和就业优先政策为主要手段，投资、消费、产业、区域等政策协同发力的宏观调控制度体系，增强宏观调控的前瞻性、针对性、协同性，实施科学、适度的宏观调控。

探究二：市场有效

师：随着新能源汽车产业补贴的退坡，时间来到2018年，特斯拉进入中国，对于国内汽车企业和整个新能源汽车产业来说，到底是"机会来了"还是"狼来了"？

生：对于国内车企来说，一方面是狼来了。国产特斯拉肯定会对一些没有核心技术的车企形成一定的挤压，也会淘汰一些不具竞争优势的产品及车企。另一方面是机会来了。国产特斯拉将倒逼一些国产车企的技术以及整个国内新能源汽车产业进行升级、聚焦技术研发、优化产品和服务等。

视频资源 21-2

对于新能源汽车产业来说，是机会来了。产业本身就需要活力和发展，只有企业之间你争我赶，相互竞争，才能促进我国整个新能源汽车产业的发展。

师：在短时间内，很多国内车企的确会遭受冲击，市场份额也会相应减少。但从长期来看，可以推动中国整个新能源汽车产业追求科技创新和转型升级。

师：各位同学刚才提到的国产特斯拉和国内汽车企业之间是怎样的关系？

生：竞争关系。

师：在这种竞争关系里，部分竞争力弱的企业会被淘汰。这种现象好不好？为什么？

生：好，竞争力不强的企业会被淘汰，留下的都是竞争力强的车企，这是市场经济的一般规律，有利于整个新能源汽车产业的发展，实现资源优化配置。

师：对，这就是市场经济的竞争机制的意义所在。

结论：市场竞争能够引导资源流向效率高的领域和企业，推动科学技术和经营管理进步，实现优胜劣汰。

师：为什么特斯拉能频频降价？

生：成本降低、供过于求、为了竞争和赢得更多市场。

师：特斯拉是在上海生产的，实现了国产和规模化量产。也就是大家所说的成本降低了。特斯拉就是以成本来定价，通过降价的方式占据更多的市场。这样一来，势必会影响国内车企的市场份额，导致国内部分车企出现供过于求的局面。请用传导路径来呈现供求关系的变化是怎样影响企业生产的？

生：供过于求→价格下跌→获利减少→减少产量。

师：传导路径，我们也可以换一种形式，由于供求与价格这两个因素在经济现象里是因相互影响而产生效应的。因此我们可以做一个闭环的传导路径。哪位同学可以画出这个闭环图示？

师：大家看下图，在这些传导路径中，一直有几个机制贯穿其中，是哪几个？

生：价格、供求等机制。

师：其实还有我们之前讲的竞争机制。这几个机制在市场经济之中互动，最终达到的效应是什么？

生：资源配置。

师：大家看下图，哪个地方表示在市场的调节下资源实现了配置？

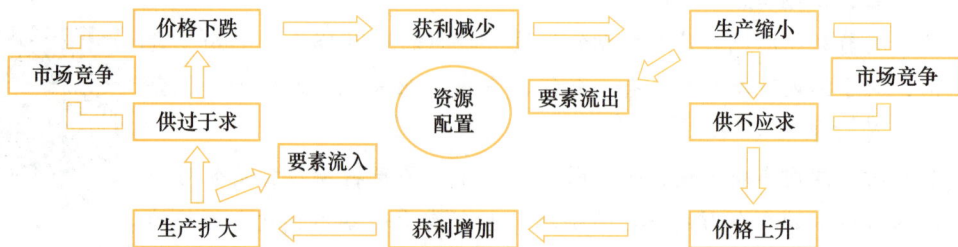

价格机制、供求机制及竞争机制互动图示

生：生产缩小和生产扩大意味着要素资源的流出和流入，以实现资源配置。

师：这就是在价格、供求和竞争机制的互动之下，整个市场实现了资源配置。我们今天讲的新能源汽车产业，除了有效市场这只无形的手，还有哪只手？

生：政府这只有形的手。

师：也就是有为的政府——科学的宏观调控。请看下图。

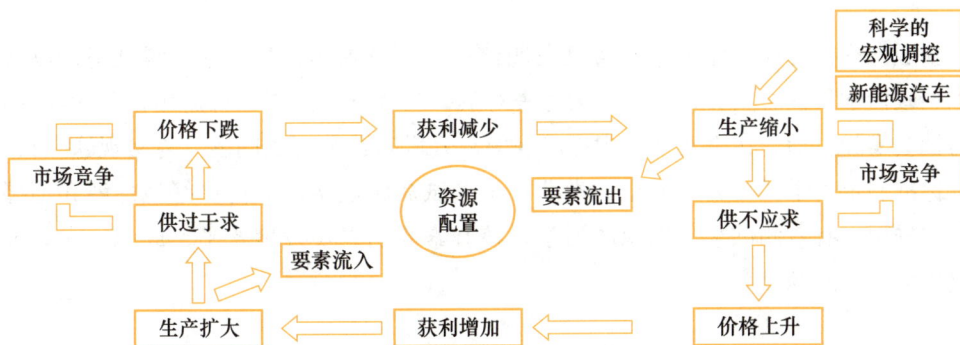

有效市场与有为政府互动机制

在新时代中学思想政治教育教学实践发展中，高中思想政治教师可从新高考和新教材的角度，统一把握好贴近生活与依托知识相统一、学生主体和教师主导相统一、独立思考和合作探究相统一、指向明确和评价开放相统一等四对关系，设计指向学科核心素养的探究性作业，将高中思想政治学科核心素养更有效地落实到中学思想政治课程教学全过程，更好地推动学生政治认同、科学精神、法治意识和公共参与素养的提升与发展。

新版课程标准在"学业水平考试命题建议"部分指出，学业水平考试坚持以学生的思想政治学科核心素养发展水平为考查对象，考查学生能否综合运用相关学科内容，参与社会实际生活，在真实情境中提出问题、分析问题和解决问题。为实现这一目标，课程标准制定了学科任务导向型的学业水平考试命题框架。如何更好地理解和把握这一命题框架，有效测试学生思想政治学科核心素养的真实发展水平，成为广大教师需要解决的关键问题。

问题分析

一、问题的提出

新版课程标准规定，思想政治学业水平考试命题框架，以学科任务导向为标志，由关键行为表现、学科任务、评价情境和学科内容等四个基本维度构成，目的在于有效测试思想政治学科核心素养的真实发展水平。教师在命题时普遍坚持"素养"立意，期望能够有效测试学生思想政治学科核心素养的真实发展水平，但是对学科任务导向型的学业水平考试命题框架的理解和把握还存在一些不足。

1. 对四个基本维度的关系把握不准

由于思想政治学科核心素养的真实发展水平不可直接观测和度量，新版课程标准强调创设真实情境，设计具体的任务活动，引发学生的行为表现，从而借助这些行为表现推断学生思想政治学科核心素养的真实发展水平。部分教师在认识和把握评价框架时习惯重点关注学科任务，忽视对情境、学科任务和学科内容的融合性把握。也有少数命题者将情境当作问题的引子，不能为分析问题、解决问题提供有效的信息支撑，出现情境与学科任务"两张皮"。学科核心素养水平固然是依据学科任务的完成质量来推断的，但是教师若将环环相扣、彼此关联的四个关键要素割裂理解，不利于对思想政治学业水平考试命题框架进行深入、清晰的认识和把握。

2. 对评价情境与教学情境混淆不清

评价情境和教学情境作为学科评价的重要实现方式，都致力于落实学科核心素养的培育，关联学生的生活实际，但二者的区别也是显而易见的。对此，不论是学科教研员还是一线教师，都要对此有充分的理性认识。从评价实现方式来看，评价情境注重结果导向，教学情境注重过程导向；从培育学科核心素养角度来看，评价情境注重评价学科核心素养发展水平，教学情境注重引发相关行为表现；从关联学生生活实际来看，评价情境强调情境的新颖性、复杂性，教学情境更强调包容性。

二、问题的价值

1. 有效促进学生发展的需要

思想政治学科任务导向型的学业水平考试命题框架以有效测试思想政治学科核心素养的真实发展水平为考查目标，这注定该命题框架下的试题命制不同于以往的试题评价。它不仅关注学生的必备知识与关键能力，更强调学生在完成相关学科任务时所外显出来的关键行为表现及其所蕴藏的学科核心素养发展水平。如果说"知识立意"是命题理念的 1.0 版本，"能力立意"是 2.0 版本，那么学科任务导向型的学业水平考试命题框架则致力于兼容已有版本，并升级至"价值引领、素养导向、能力为重、知识为基"的 3.0 版本。因此，在新一轮课程改革的深入推进时期，准确把握关键行为表现、学科任务、评价情境和学科内容四个基本维度的关系，不仅有利于理解学科任务导向型的学业水平考试命题框架，还能促进学生可持续发展。

2. 有效导向教学的需要

如今依旧有人说，考什么就教什么、学什么，不考便不教、不学。由此不难发现，一方面，部分教师在课堂教学中还存在机械重复等应试型教学，不少学生在学习中也采用死记硬背、机械刷题等低效方式；另一方面，考试对教学的引导作用是显著的。思想政治学科任务导向型的学业水平考试命题框架下的试题命制进一步突出评价情境对展示学科核心素养发展水平的价值，关注学生能否在真实情境中提出、分析和解决问题。这就倒逼教师必须转变课堂教学观念与方式，以发展学生学科核心素养为目标，引导学生从"解题"到"解决问题"转变，从"做题"到"做人做事"转变，体现教学与评价的一致性，从而为学生的终身发展奠基。

🖨 问题解决

一、明晰关系，准确把握命题框架的基本维度

为了有效测试学生思想政治学科核心素养的真实发展水平，新版课程标准主张制定以学科任务导向为标志，由关键行为表现、学科任务、评价情境和学科内容等四个基本维度构成的思想政治学科任务导向型的学业水平考试命题框架。这四个基本维度作为考查学生学科核心素养的真实发展水平的有机统一体，彼此之间的关系如图 22-1 所示。

关键行为表现作为学科核心素养的外显表现，是学生在评价情境中运用学科内容完成特定学科任务的过程中展现出来的。学生的关键行为表现是评价学科核心素养的真实发展水平的有效依据。在试卷测试中，这些关键行为表现主要体现为学生的解题过程和最终答案。

学科任务是将学生不可直接观测与度量的学科核心素养外显为可观测行为表现

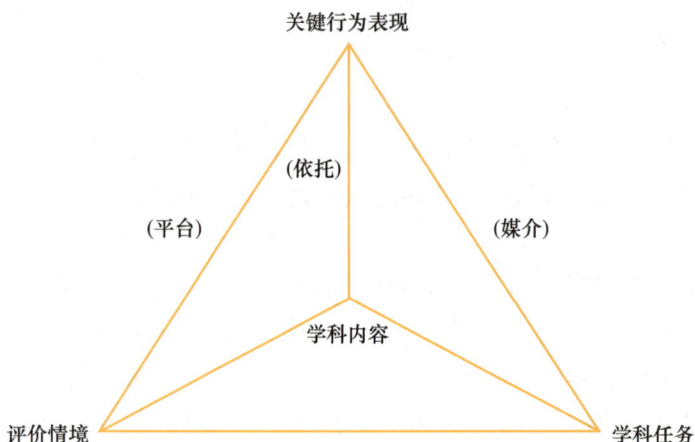

                关键行为表现

              (依托)

    (平台)   (媒介)

              学科内容

  评价情境   学科任务

图 22-1   四个基本维度之间的关系

的媒介。新版课程标准将思想政治学科任务的基本类别界定为描述与分类、解释与论证、预测与选择、辨析与评价，分别对应"是什么""为什么""怎么办""做得对不对"。

　　评价情境是学生运用学科内容、执行任务、展现学科核心素养发展水平的平台。新版课程标准指出，思想政治学科核心素养就是看学生能否运用学科内容应对各种复杂社会生活情境的问题和挑战。学科任务的执行需要以具体的真实情境作为背景和依托，学科内容也只有与具体的问题情境相融合，才能体现出的素养意义，反映真实的价值观、品格和能力。

　　学科内容是印证和考查学科核心素养的真实发展水平的依托。学科知识的积累是造就学科素养的条件；学科素养的形成是学科知识积淀的结果。从某种意义上说，学科核心素养是学生在学科学习过程中内化于心的学科知识的沉淀。考查学生学科核心素养的真实发展水平需要教师引导学生整合相关学科内容以应对特定问题情境，执行特定学科任务，获得确认水平的证据。此外，零散的、碎片化的学科内容考查并不能有效地评价学生学科核心素养的真实发展水平。

二、聚焦素养，梳理关键行为表现

　　学科核心素养是学科育人价值的集中体现，是学生通过学科学习而逐步形成的正确价值观、必备品格和关键能力。思想政治学科核心素养主要包括政治认同、科学精神、法治意识和公共参与。从信号发送博弈视角看，学科核心素养评价本质上就是通过可观测信号推断不可观测信息。由此，评价者可以通过学生可观测的行为表现特征等各种信号推断其学科核心素养的真实发展水平。也就是说，学科核心素养虽不可直接观测和度量，但可以运用外显的关键行为表现来推断学生某个学科核心素养真实的发展水平。思想政治学科针对每个学科核心素养都精心构建了子维度，并围绕每个子维度描述其关键行为表现。政治认同素养包括道路、理论、制度、价值观四个子维度，科学精神素养包括理性地解释事物、做出理性的价值判断和做出理性的行为选择三个子维度，法治意识素养包括规则、程序和权利义务三个子维度，公共参与素养包括公德、公益和社会责任三个子维度。以政治认同为例，其关键行为表现如表 22-1 所示。

表 22-1　政治认同素养及其关键行为表现

素养	子维度	关键行为表现			
		简单情境问题	一般情境问题	复杂情境问题	具有挑战性的复杂情境问题
政治认同	道路	引证走中国特色社会主义道路的成功事例	用中国近现代史证实只有社会主义才能救中国	比较世界各国发展道路，论证只有中国特色社会主义才能发展中国	回应各种封闭僵化或改旗易帜的主张，阐述走中国特色社会主义道路的坚定信念
	理论	表述马克思列宁主义、毛泽东思想、邓小平理论、"三个代表"重要思想、科学发展观、习近平新时代中国特色社会主义思想是中国共产党的行动指南	明确马克思主义中国化最新成果	结合改革开放的实践，阐述马克思主义中国化最新成果的时代特征	辨析各种错误思潮的影响，阐述马克思主义中国化最新成果
	制度	叙述宪法对我国根本制度的规定；认同中国共产党是中国特色社会主义事业的领导核心，认同伟大祖国、中华民族、中华文化、中国共产党和中国特色社会主义	分析具体事例表明中国特色社会主义制度的显著优势；运用具体事例展现中国共产党依宪执政、依法执政的方式	对照西方主要国家说明中国绝不能照搬其政治制度模式；着眼于中国共产党的先进性和纯洁性，阐述全面从严治党的意义	跟进全面深化改革的进程，坚持中国特色社会主义制度不动摇；立足新时代、新征程，阐述中国共产党是最高政治领导力量
	价值观	解释国家层面的价值目标	结合奋斗历程，解释中国特色社会主义道路、理论、制度、文化的价值表达	论述社会主义核心价值观体现文化自信的意义	洞察不同价值观的影响，揭示其根源，阐明社会主义核心价值观是当代中国精神的集中体现，凝结着全体人民共同的价值追求

需要说明的是，表 22-1 只是依据新版课程标准对政治认同素养关键行为表现做了一个宏观梳理。在具体命题操作过程中，教师可以聚焦某一个学科核心素养，结合学

科内容，联系现实生活，围绕典型情境微观梳理关键行为表现。

三、明确指向，恰当选择学科任务

学生的行为表现是在完成具体学科任务的过程中展现出来的。因此，为了获得预期行为表现，需要确定和选择恰当的学科任务。基于学科性质和育人价值，思想政治学科界定了四个基本的学科任务类别，即描述与分类、解释与论证、预测与选择、辨析与评价，为设计不同类型试题提供参考。不管选择哪一类学科任务，教师在设计具体学科任务时，都要坚持积极价值引领，并与学科任务、学科内容相契合。正所谓能够有效测试思想政治学科核心素养发展水平的试题，必定是指向学科核心素养及其关键行为表现，实现学科任务、评价情境、学科内容三者有机融合的试题。同时，还要确定具体学科任务的含义和指向，不能引起歧义，以提高推断的准确性。四类基本学科任务的任务描述及影响任务难度的因素如表 22-2 所示。

表 22-2　四类基本学科任务的任务描述及影响任务难度的因素

	描述与分类	解释与论证	预测与选择	辨析与评价
任务描述	按照某个维度对真实社会生活情境中的事物或问题的性质、特征、表现进行描述、比较和分类	对真实社会生活情境中的事物或问题，运用学科技能与方法分析原因，探究不同变量之间的关系；运用理论和实证材料对探究结论进行合乎逻辑与科学要求的论证和检验	结合具体的社会生活情境，运用科学的方法和原理对行为、问题的结果或影响进行分析与预测；根据约束条件和决策目标设计出合理可行的方案；比较不同方案的优劣利弊并进行合理选择	结合具体的社会生活情境，根据某个维度对事物的作用、价值与功能进行分析和评价，辨识事物之间的关系；合理运用相关理论和方法，对不同观念与立场、不同利益诉求进行辨析、辩护和辩驳
影响任务难度的因素	对情境及其分析维度是否熟悉，情境本身的复杂程度与不确定程度，是否要求从多种维度展开分析	对情境是否熟悉，情境本身的复杂程度与不确定程度，解释的材料的类型，对学科方法的掌握程度，情境中变量的多少，对论证与检验方式的掌握程度	对情境是否熟悉，情境本身的复杂程度与不确定程度，决策目标的复杂程度与相互关系，决策面临的约束条件的数量，对分析方法的掌握程度	对情境是否熟悉，情境本身的复杂程度与不确定程度；矛盾与冲突的复杂程度，是否要求从多种维度展开分析

【案例】2021 年普通高等学校招生全国统一考试文科综合全国乙卷第 39 题

当前，世界百年未有之大变局加速演变，和平与发展仍然是时代主题，但国际环境不稳定性不确定性明显上升。

为反制有关外国实体危害中国国家利益，2020 年 9 月，中国商务部公布《不可靠实体清单规定》。为阻断外国法律与措施"不当域外适用"对中国企业和公民的影响，2021 年 1 月，中国商务部公布《阻断外国法律与措施不当域外适用办法》。

2021 年 3 月，十三届全国人大四次会议《全国人民代表大会常务委员会工作报告》提出，加快推进涉外领域立法，围绕反制裁、反干涉、反制长臂管辖等，充实应对挑战、防范风险的法律"工具箱"，推动形成系统完备的涉外法律法规体系。

结合材料并运用政治生活知识，说明中国为什么要加快推进涉外领域立法。

答案：1. 必要性

（1）当前，保护主义、单边主义、霸权行径仍在逆流而动，扰乱全球治理，威胁我国合法权益与世界和平稳定。

（2）面对霸权国家频繁以"法律手段"实施单边制裁和"长臂管辖"肆意危害我国家安全、侵害国家及公民利益，我国的涉外法律体系尚未建立起全面防备体系和有效阻断机制。

（3）作为世界第一贸易大国和第二大经济体，我国的涉外法律体系在维护国家及公民海外利益方面还有诸多不足。

2. 重要性（意义）：

（1）加强涉外领域立法有利于维护国际秩序、促进国际合作。

（2）加强涉外领域立法有助于促进对外开放、维护国家利益。

（3）加强涉外领域立法，将极大助力于推进全面依法治国、构建人类命运共同体，并为"一带一路"倡议提供驱动力。

案例分析：本题以百年未有之大变局背景下中国加快涉外领域立法为情境，从政治生活角度考查学生能否用敏锐的眼光透过现象看本质，从而树立法治观念，提高参与社会主义法治建设的自觉性和主动性。本题属于"解释与论证"类问题，要求学生能够调用当代国际社会的相关知识，结合材料从国际竞争、国家利益、国际秩序和我国的外交政策等角度解释和论证中国加快推进涉外领域立法的原因，从而在润物细无声中引导学生树立法治意识，确立政治立场，形成法治思维，这背后蕴藏着命题者对学生行为表现的预期。

四、注重"两性一化"，精心构建评价情境

考试命题中所谓的"情境"即"问题情境"，指的是真实的问题背景，是以问题或任务为中心构成的活动场域。[①] 学科任务的执行和学科内容的运用需要以具体的真实的情境作为背景与依托。这里涉及的"具体的真实的情境"，并不意味着将实际发生过的具体事件原封不动地搬到试题中作为评价情境，而是强调评价情境应与社会现实生活相联系，并具有足够的可信性。基于知识应用和产生方式不同，情境可分为两类，即生活实践情境和学习探索情境。前者与日常生活以及生产实践密切相关，考查学生运用所学知识解释生活中的现象、解决生产实践中的问题的能力；后者源于真实的研究过程或实际的探索过程，涵盖学习探索与科学探究过程所涉及的问题。

核心素养要应对的是带有典型性、普遍性的问题和挑战。要使学生的应答展现真实的素养水平，在创设评价情境时需关注典型情境的复杂性、新颖性和结构化。新版课程标准指出，在确定情境的复杂程度时，可从多个角度考虑。一般来说，情境涉及

① 教育部考试中心. 中国高考评价体系说明［M］. 北京：人民教育出版社，2019.

的行为主体越多，主体之间的相互作用越强烈，决策要实现的相互竞争的目标越多，影响决策及其结果的因素越多，情境的不确定性越大，立场观点或价值观、利益越多样且相互冲突越大，情境所蕴含的价值、功能、作用越丰富多样，情境的复杂程度越高。情境的新颖性是相对于高中生的生活经验及理解能力而言的，即该情境对他们而言是否熟悉，是否常见，是否能够被理解。[①] 需要注意的是，评价情境要突出新颖性，但也应该是高中生能够理解的，同时兼顾地区和城乡差异，尽量避免使用学生不熟悉的术语。情境的结构化就是对源于真实生活的情境进行有针对性的建构，保留关键的事实与特征，剔除无关紧要的细枝末节，创设信息支持充分的情境。

【案例】 山东省 2020 年普通高中学业水平等级考试·思想政治第 17 题

关于治理高空抛物坠物的"呼"与"应"

民有所呼

近年来，高空抛物坠物危及人民群众人身财产安全的事件时有发生。社会公众强烈呼吁各方彻底整治高空抛物坠物。

某智库针对社区治理进行的一次网上"微调研"显示，在应对高空抛物坠物等问题上，30.03%的人认为社区采取过有效措施；26.40%的人认为社区虽采取过相关措施，但大都流于形式；39.60%的人表示所居住的社区并未采取相关措施。

法有所应

第一千二百五十四条 禁止从建筑物中抛掷物品。从建筑物中抛掷物品或者从建筑物上坠落的物品造成他人损害的，由侵权人依法承担侵权责任；经调查难以确定具体侵权人的，除能够证明自己不是侵权人的外，由可能加害的建筑物使用人给予补偿……

物业服务企业等建筑物管理人应当采取必要的安全保障措施防止前款规定情形的发生……

发生本条第一款规定的情形的，公安等机关应当依法及时调查，查清责任人。

——摘自《中华人民共和国民法典》

治理高空抛物坠物是全社会的共同责任。结合材料，运用政治生活知识，说明社区居民应如何参与社区的高空抛物坠物治理。

答案： 提高自身道德素养，拒绝高空抛物坠物；积极参与民法典学习宣传，增强法治意识；主动参与社区治理，为社区治理建言献策；勇于监督，对违法行为、社区治理、执法工作进行监督。

案例分析： 就评价情境来看，该题通过引入"高空抛物坠物治理"这一真实的社会生活实践情境，考查学生综合运用政治生活相关学科知识和关键能力应对复杂问题的水平。近年来，高空抛物坠物危及人民群众人身财产安全的事件时有发生，社会公

[①] 韩震，朱明光. 普通高中思想政治课程标准（2017 年版 2020 年修订）解读［M］. 北京：高等教育出版社，2020.

众强烈呼吁各方彻底整治。根据情境提供的信息，我们不难发现，在以往的高空抛物坠物治理中，涉及人大、政府、公民、社区物业等多个行为主体，各行为主体间的相互作用和立场、观点、利益冲突强烈，该评价情境具有较强的复杂性。同时，该评价情境的主题、材料和设问在呈现方式上遵循从"民有所呼""法有所应"到"我有所行"的过程，按照发现问题、分析问题、解决问题的设计思路，引导学生在思考各类社会主体该如何作为的同时，进一步思考作为社区居民与其他社会主体之间如何实现治理上的良性互动，以有序参与社区的高空抛物坠物治理。这种结构化情境既为学生思考高空抛物坠物治理保留了关键的事实与特征，又提供了充分的信息支持。此外，高空抛物坠物能被高中生所理解，学生在完成"说明社区居民如何参与社区的高空抛物坠物治理"这一学科任务时能够有话可说、有话愿说，从而有助于学生在该情境中愿意真实地展现自己的学科核心素养发展水平。

五、关注结构，明确考查学科内容

学科内容是印证与考查学科核心素养发展水平的依托。新版课程标准明确提出，核心素养并不见之于孤立的、碎片式的学科知识和技能的习得，而是见之于能否综合地、系统地运用学科知识和技能应对来自真实生活的问题。教师要想有效引发学生的预期行为表现，就必须根据学科内容之间的内在关联，梳理相关学科的基本概念、基本原理和基本方法，明确学科内容的考查范围和形式。

【案例】2021 年普通高等学校招生全国统一考试文科综合全国乙卷第 38 题

甲企业是我国知名民族品牌汽车制造商，2008 年推出首款新能源汽车。经过多年努力，甲企业目前已拥有电动汽车核心零部件动力电池、电动机、电子控制系统等方面的自主专利，成为国内唯一一家掌握"三电"核心技术的新能源汽车企业。

甲企业最初在生产中坚持"垂直整合"模式：自行研发生产零部件，自行组装整车，自主开发汽车软件系统。甲企业由于坚持产业链自供体系，难以在细分市场保持优势，其新能源汽车销量增速远低于行业平均增速。2017 年，甲企业开始打破垂直一体化传统，聚焦核心技术与整车生产业务，引入优秀供应商，采取电池对外供应、部分零部件向外采购、边缘业务剥离等策略。2018 年起，甲企业逐步全面开放汽车的 341 个接口数据、66 项控制权限，向全球开发者提供一个多维的"供应链开放平台"，与供应商共同研究硬件整机集成与软件生态的本土化解决方案。

结合材料并运用经济生活知识，分析甲企业从垂直整合模式向供应链开放模式转型的经济动因。

答案：① 企业要制定正确的经营战略。甲企业原有的垂直整合模式在生产经营过程中已经暴露出相应问题，难以在细分市场保持优势，企业竞争力下降；甲企业从垂直整合模式向供应链开放模式转型，是基于提升企业核心竞争力、提升企业产品销量的需要而做出的正确的经营战略。② 甲企业从垂直整合模式向供应链开放模式转型，由全面出击、力量分散到聚焦核心技术与整车生产，由完全封闭、完全自我研发到有舍有得，引入优秀供应商、采取电池对外供应、部分零部件向外采购、边缘业务剥离，实现了企业经营效益最大化和企业核心资源合理配置。③ 企业经营要充分利用国际国内两个市场、两种资源，促进国际合作，提高参与国际竞争的能力。甲企业从垂直整合模式向供应链开放模式转型，向全球开发者提供一个多维的"供应链开放"平台，与供应商共同研究硬件整机集成与软件生态的本土化解决方案，充分利用全球供应链，提升企业核心竞争力。

案例分析： 本题引入我国知名民族品牌汽车制造企业生产经营从垂直整合模式向供应链开放模式转型这一真实社会生活情境，以考查学生获取、解读和分析信息的能力以及综合能力，主要属于"解释与论证"类问题。此题考查的学科内容是"企业经营成功的因素"，围绕这一主题，可以以"企业经营"为中心，从内外部因素进行全面系统的梳理整合。具体包括企业自身的硬件（如技术、管理、规模等）、企业自身的软件（如经营战略和企业信誉形象），以及企业外部的市场环境和经济形势，如国家宏观调控、经济全球化等知识。从不同维度不同层面梳理可以使知识内涵得到拓展和深化，知识体系结构明确。但是，高考考查学科内容的结构化并非简单套用知识模板，其中包含了知识的综合性，要求学生能够综合运用所学学科知识、思维和方法，从不同视角发现、分析和解决问题。因此，本题还需要学生从试题情境中对劳动生产率、比较优势、集成创新等基本概念的描述性说明中理解和把握其内涵，进而从不同角度解析甲企业生产经营战略转型的经济动因，而非简单套用已有的知识模板。

六、凸显差异，合理划分评价等级

科学合理的评分标准有利于更好地评估学生核心素养发展水平。特别是开放性试题，教师在制定评分标准时更要兼顾共同性与差异性。共同性体现为有共同的基本立场、观点和价值观，以及共同的评价尺度。

视频资源 22-1

差异性体现为在共同评价尺度的框架中，采用不同视角，运用不同素材，采取不同思路，表达不同见解，提出不同的问题解决方案等。通过这种有差异性的解题过程与思维过程划分评价等级，可以判断学生在特定情境中完成学科任务的质量，推断学生学科核心素养发展水平。

【案例】2019 年普通高等学校招生全国统一考试文科综合能力测试（北京卷）第 41（3）题

2019 年北京世界园艺博览会的主题是"绿色生活，美丽家园"。

山峦层林尽染，平原蓝绿交融，城乡鸟语花香。这样的自然美景，既带给人们美的享受，也是人类走向未来的依托。实现人类文明与地球生态共生共赢，我们应该

——追求人与自然和谐

——追求绿色发展繁荣

——追求热爱自然情怀

——追求科学治理精神

——追求携手合作应对

建设美丽家园是人类的共同梦想。在上述五个"追求"中任选一个，从哲学角度谈谈如何建设"美丽家园"。

答案要点：可以从规律、联系、矛盾、价值观等角度回答。

视频资源 22-2

评分参考：

等级水平	等级描述
水平 4	观点鲜明，能明确表达自己的见解；紧扣问题，深入分析；知识运用准确、贴切；逻辑严密，条理清晰
水平 3	观点比较明确，能表达自己的见解；能扣住问题展开论述，知识运用比较准确；逻辑性较强，有条理
水平 2	观点不明确；论述不能集中指向问题，罗列知识；知识运用不正确；论述缺乏逻辑，条理性差
水平 1	应答与试题无关；或重复试题内容；或没有应答

案例分析：评分量表将学生作答的等级水平分为四级，其核心是综合运用课堂所学，根据试题的约束条件和目标设计出合理可行的方案，即任选一个"追求"并从哲学角度谈谈如何建设"美丽家园"，对学科内容、试题情境及二者的逻辑关系提出了不同层次的要求。当然，在命题实践中还可以根据特定试题的具体情况，对学科任务的完成质量提出更为细致的不同层次的要求。

综上所述，在新课程改革不断深入推进的时代背景下，教师应从准确把握命题框架的基本维度、梳理关键行为表现、恰当选择学科任务、精心构建评价情境、明确考查学科内容和合理划分评价等级入手，深入理解思想政治学科的学业水平等级性考试命题建议，准确领会思想政治学科考试由"知识能力立意"评价向"价值引领、素养导向、能力为重、知识为基"评价的转变，从而助力高中思想政治育人方式变革，落实立德树人根本任务。

221

新版课程标准颁布以来，学科核心素养在考试中发挥着越来越重要的作用。学业水平等级性考试试题作为培养思想政治学科核心素养的重要资源，明确学科核心素养在试题中的体现，解读出试题中蕴含的学科核心素养，对中学思想政治教学有一定的指导意义。因此，如何准确理解试题中蕴含的学科核心素养，如何找到解读试题中蕴含的学科核心素养的教学策略，成为目前要解决的关键问题。

🔧 问题分析

一、问题提出

学科核心素养是学科育人价值的集中体现，是学生通过学科学习而逐步形成的正确价值观、必备品格和关键能力。学业水平等级性考试试题作为培育学生学科核心素养的重要资源，深入挖掘试题中蕴含的学科核心素养有利于高中思想政治学科教学的发展，进一步落实立德树人的教育目标。但对其解读还存在一些不足。

教师是学科核心素养解读的主导者，具有指引作用。但是现在还有很多教师不够重视学生学科核心素养的培育，仍是以原有经验和做法去教，只知道学科核心素养概括为政治认同、科学精神、法治意识和公共参与，不理解其深层次含义，不会在试卷讲评中去解读，更不会深入挖掘试题中蕴含的学科核心素养。即使少数教师能够解读试题中蕴含的学科核心素养，也存在认识不到位的现象。例如，直接指出某题涉及某个学科核心素养，或者为了适应新课改提出的要求，生搬硬套。

学生是教育的主体，而思想政治课堂是培养学生学科核心素养的主要阵地。有些教师一味地关注分数，不了解新高考的要求，更不知道高考评价体系是什么。许多学生只会刷题，不会用批判性思维去思考试题中所蕴含的学科核心素养，还认为核心素养只是一种说法，跟自己没有太大关系，自己只要会做题将来就能考上好的大学。

二、问题的价值

中国高考评价体系创造性地提出高考命题理念从"知识立意""能力立意"向"价值引领、素养导向、能力为重、知识为基转变"的理论基础与方法论基础。[①] 高考各科的关键能力与必备知识，是以学科素养为导向进行界定的。[②] 因此解读试题中蕴含

---

① 教育部考试中心. 中国高考评价体系：2020 年版［M］. 北京：人民教育出版社，2020.
② 教育部考试中心. 中国高考评价体系：2020 年版［M］. 北京：人民教育出版社，2020.

的学科核心素养能够进一步把握新高考的方向，找准高考复习策略。

普通高中学业水平等级性考试切实发挥了选拔和育人导向功能。在"一体四层四翼"的评价体系下，等级性考试以小切口、大立意的特点对高中生应具备的基础知识和学科核心素养进行全面考查。因此，解读试题中蕴含的学科核心素养，不是仅仅为了应试，而是可以帮助教师更好地了解思想政治学科核心素养的深层次含义，并深刻思考如何培育学生的学科核心素养，让学生了解其重要意义，从而更好地落实立德树人根本任务。

三、问题的体现

以近两年山东卷为例，山东省 2020 年普通高中学业水平等级考试思想政治试题与 2019 年普通高等学校招生全国统一考试综合（全国卷Ⅰ），深刻体现了思想政治学科核心素养，体现了《中国高考评价体系》对"一核四层四翼"的总体要求。且四大学科核心素养是不可分割的整体，它们之间相互联系、相互作用，共同在试题中发挥评价的作用。2020 年山东卷与 2019 年全国卷Ⅰ相比，山东卷采取的是"3+1+2"模式，历史、地理和思想政治三科不是合卷，而是单科考，且试题结构、分值分布都发生了很大改变，具体分析如表 23-1 所示。

表 23-1   2019 年全国卷Ⅰ与 2020 年山东卷题型及分值

题型及分值	2019 年全国卷Ⅰ	2020 年山东卷
选择题及 分值	选择题（12—23） 48 分	选择题（1—15） 45 分
主观题及 分值	主观题（38—40） 52 分	主观题（16—20） 55 分

两套试卷对学科核心素养考查情况的分析如图 23-1。

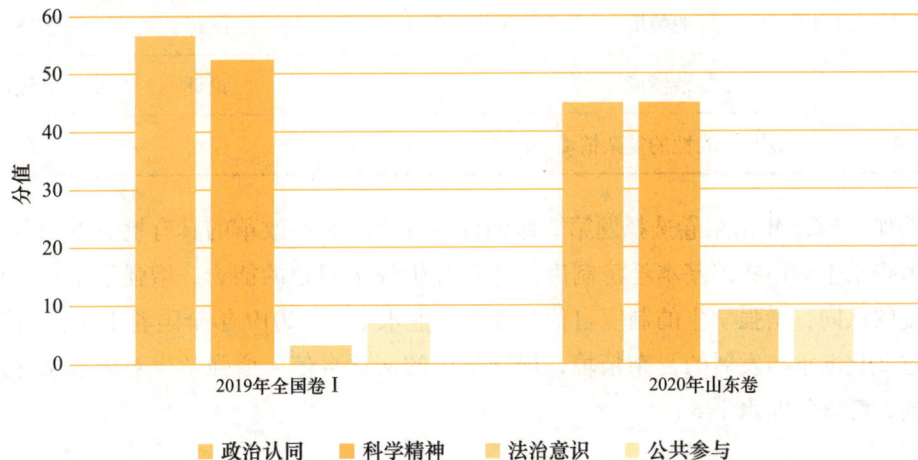

图 23-1   2019 年全国卷Ⅰ和 2020 年山东卷学科核心素养考查情况

从图 23-1 可以看出，两套试卷着重对政治认同、科学精神素养进行考查，具体分析如下：

1. 对政治认同素养的考查情况分析

政治认同作为高中思想政治学科四大核心素养之首，大多数题都会体现。高考题对其考查着眼于认同我国的道路、理论、制度、文化，增强"四个自信"。2019 年全国卷 I 和 2020 年山东卷考查政治认同素养的题量及所占分值数据如表 23-2 所示。

表 23-2　2019 年全国卷 I 和 2020 年山东卷高考试题考查政治认同的题量及所占分值

题型及分值	2019 年全国卷 I	2020 年山东卷
选择题及分值	8 道（16—20）32 分	10 道（3—8, 10, 11, 15, 18）30 分
主观题及分值	2 道（38, 39）26 分	2 道（18, 20 题第 2 问）17 分
总分值	58 分	47 分

由表 23-2 可以得出，两年试题对政治认同素养的考查基本占据了总分值的一半，由此可见，高考对政治认同素养的考查是重点，主要目的是增强学生对社会制度和意识形态的认可和赞同。且以政治认同及其表现水平为主要维度研制了学业质量标准（表 23-3）。

表 23-3　思想政治学科政治认同素养评价

水平	情境类型	政治认同	关键能力	学业评价
1	简单情境	1-1	描述	
2	一般情境	2-1	阐释	合格性
3	复杂情境	3-1	论证	等级性
4	具有挑战性的复杂情境	4-1	探讨	

例如，2020 年山东卷选择题第 3 题创设了混合所有制改革的具有挑战性的复杂情境，考查学生运用我国基本经济制度的知识分析现实问题的能力，增强学生对社会主义制度的认同，增强学生的制度自信，考查学业水平 4。2019 年全国卷 I 选择题第 19 题通过文化继承与发展的复杂情境，增强学生的文化自信，增强学生对国家文化发展的认同，考查学业水平 3。

2. 对科学精神素养的考查情况分析

我国公民的科学精神，就是在认识世界和改造世界的过程中表现出来的一种精神取向，即坚持马克思主义的科学世界观和方法论，能够对个人成长、社会进步、国家发展和人类文明作出正确的价值判断和行为选择。解读学业水平等级性考试中的科学精神素养，可以更好地让学生运用马克思主义哲学的观点和方法观察事物、分析问题和解决问题。从 2019 年全国卷 I 和 2020 年山东卷高考试题可以看出，试题对科学精神素养的考查占比较大。具体分值情况如表 23-4 所示。

表 23-4　2019 年全国卷 I 和 2020 年山东卷高考试题考查科学精神素养的题量及所占分值

题型及分值	2019 年全国卷 I	2020 年山东卷
选择题及分值	7 道（13—15，20—23）28 分	6 道（1，2，9，12—14）18 分
主观题及分值	1 道（40）26 分	3 道（16，19，20）29 分
总分值	54 分	47 分

由表 23-4 可以得出，考查科学精神素养的选择题由 7 道减少到 6 道，主观题由 1 道增加到 3 道。虽然分值有所下降，但呈现出对主观题的考查趋势。2019 年全国卷 I 第 13 题通过考查价格变动对经济生活的影响，引导学生用联系的、发展的观点分析社会经济现象，培养学生的科学精神。2020 年山东卷主观题第 19 题通过辩证分析物质与意识的关系，引导学生提高辩证思维能力，形成正确的价值观。

3. 对法治意识素养的考查情况分析

我国公民的法治意识就是尊法学法守法用法，自觉参加社会主义法治国家建设。青少年正处于成长的关键时期，且十三届全国人大三次会议表决通过了《中华人民共和国民法典》，并于 2021 年 1 月 1 日起施行。因此对高中生而言，解读等级性考试试题中蕴含的法治意识，可以促进学生综合素质的发展，让学生在实践活动中知法学法守法用法，进而推动我国法治体系建设。2019 年全国卷 I 和 2020 年山东卷考查法治意识的题量及所占分值如表 23-5 所示。

表 23-5　2019 年全国卷 I 和 2020 年山东卷高考试题考查法治意识的题量及所占分值

题型及分值	2019 年全国卷 I	2020 年山东卷
选择题及分值	1 道（18）4 分	无
主观题及分值	无	1 道（17）9 分
总分值	4 分	9 分

与政治认同和科学精神素养的考查相比，法治意识素养的考查在这两张试卷中的占比较少。但分值由 2019 年的 4 分提高到 2020 的 9 分，题型结构也由选择题转向主观题。2019 年全国卷 I 第 18 题通过展现中国在国际社会中的责任与担当，以和平方式解决国际争端，引导学生深入理解法治是先进的国家治理方式，只有采用法治才能让社会更和谐，生活更美好，才能有效培养学生的法治意识。2020 年山东卷第 17 题设置了

具有挑战性的"民有所呼，法有所应"的情境，引导学生在社会生活中学法守法，并积极宣传民法典，帮助身边的人增强法治意识，懂得依法治国对国家治理体系与治理能力现代化的意义。

4. 对公共参与素养的考查情况分析

我国公民的公共参与就是有序参与公共事务，勇于承担社会责任，积极行使人民当家作主的政治权利。现在大部分学生只重视分数的高低，缺乏有序参与公共事务的积极性，长此以往会使学生的社会责任感缺失。学生时代是培育公共参与素养的黄金阶段，学业水平等级性考试要求学生能够面对复杂情境或具有挑战性的复杂情境，有序参与公共事务，并了解和掌握参与公共事务的途径及要求，增强社会责任感，推动社会进步。2019 年全国卷 I 和 2020 年山东卷都涉及对公共参与素养的考查，具体考查情况如表 23-6 所示。

表 23-6　2019 年全国卷 I 和 2020 年山东卷高考试题考查公共参与素养的题量及所占分值

题型及分值	2019 年全国卷 I	2020 年山东卷
选择题及分值	2 道（16、17）8 分	无
主观题及分值	无	1 道（17）9 分
总分值	8 分	9 分

公共参与作为思想政治学科核心素养之一，在近几年的高考试题中主要与其他素养融合在一起进行考查。例如，2019 年全国卷 I 第 16 题通过公民依行使政治权利、自觉履行政治义务、参与政治生活的事例，增强学生的制度自信，培养学生的政治认同素养，以及有序参与公共事务的公共参与素养；2020 年山东卷第 17 题通过居民应如何参与社区的高空抛物坠物治理，考查学生的法治意识和公共参与素养，有利于引导学生在社会生活中尊法学法守法用法，促进学生自觉参与社区治理。

问题解决

一、以基础知识为本，解读试题中的学科核心素养

要想更好地解读试题中蕴含的学科核心素养，需要加强对基础知识的学习。高考围绕学科主干内容，加强对基本概念、基本思想方法的考查，杜绝偏题怪题和繁难试题，引导教学重视教材，夯实学生学习基础，给学生提供深度学习和思考的空间。[①] 基础知识是解读学科核心素养的关键，离开基础知识，解读试题中蕴含的学科核心素养就成了无源之水、无本之木。

---

① 教育部考试中心. 中国高考评价体系：2020 年版 [M]. 北京：人民教育出版社，2020.

1. 紧扣教材，把握考点

学业水平等级性考试试题的命制离不开教材，更离不开对考点的把握，主要通过考点设置情境考查教材知识，从而考查学生的学科核心素养水平。

【案例】2019 年全国卷Ⅰ第 12 题

近年来，提高供给质量是供给侧结构性改革的主攻方向，全面提高产品和服务质量是提升供给体系的中心任务。为此，国家开展质量提升行动。从劳动价值论看，开展质量提升行动，是因为（　　）

① 商品的质量是衡量价值的天然尺度

② 商品的质量决定了商品的交换价值

③ 商品的使用价值是价值的物质承担者

④ 商品的质量与商品的使用价值密切相关

A. ①②　　　　　　B. ①③　　　　　　C. ②④　　　　　　D. ③④

案例分析：

第一步：教师引导学生找出本题的考点，即考点"货币的本质"中的"商品的基本属性"。

第二步：学生回忆教材中关于商品的基本属性的相关基础知识。

商品的基本属性是使用价值（物质承担者）和价值（本质属性），二者是对立统一的。

第三步：教师进一步追问"商品的质量是指使用价值还是价值?"

学生思考并得出答案：商品的质量指的是商品本身的优劣好坏，是指商品的物理属性，即使用价值。因此开展质量提升行动是为了提高商品的使用价值，对消费者有利，有利于满足人民对美好生活的需要。由此可以解读出本题所蕴含的政治认同素养。

2. 引导学生整合知识点，构建思维导图

在传统教学中，教师一讲到底，对于基础知识也是要求学生死记硬背，学生只是记住了基本概念和基本理论，不能理解知识与知识之间的联系，不能形成知识网络图。这不利于学生适应现在的新高考。且学业水平等级性考试试题并不是简单地只考一个考点，而是需要学生掌握知识与知识之间的联系。教师在课堂上引导学生构建思维导图能使学生从被动接受转为主动思考，激发学生的学习兴趣，加深学生对知识的理解，提高学生的思维能力。

【案例】2020 年山东卷第 12 题

毛泽东指出："世界上只有唯心论和形而上学最省力，因为它可以由人们瞎说一气，不要根据客观实际，也不受客观实际检查的。"这告诉我们的是（　　）

① 唯心论和形而上学都以认识和实践相脱离为特征

② 客观事物是认识的对象和检验真理的标准

③ 真理的本性在于主观和客观相符合

④ 不以理论为指南的实践是盲目的实践

A. ①③　　　　　B. ①④　　　　　C. ②③　　　　　D. ②④

案例分析：实践和认识的关系、认识的特征或发展过程，是学业水平等级性考试的核心考点，也是考频最高的考点。具体思路如下：

第一步：引导学生看选项，利用基础知识排除错误选项。实践是检验真理的唯一标准，理论有正确和错误之分，错误理论对实践的发展起阻碍作用，因此可以排除选项②和④。

第二步：整合认识论知识，并构建相应的思维导图（图 23-2）。

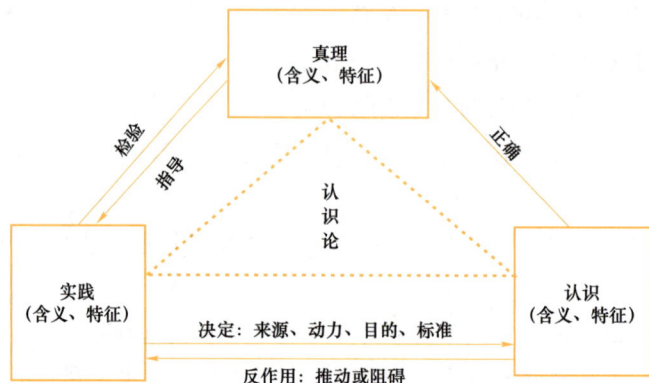

图 23-2　认识论的思维导图

第三步：结合试题情境，得出正确选项。以此让学生准确把握真理的客观性，坚持真理，更好地解读试题中的科学精神素养。培养学生的辩证思维能力和创新意识，引导学生树立正确的世界观。

本案例以毛泽东同志对唯心论和形而上学的批判为情境，揭示了唯心论和形而上学的错误在于脱离实践，没有实现认识与实践的统一、主观与客观的统一。教师讲授时，就可以让学生构建认识论的思维导图。真理是标志主观同客观相符合的哲学范畴，是人们对客观事物及其规律的正确反映。由此可以得出唯心论和形而上学都不属于真理。从思维导图可以看出实践是认识的基础的四点表现，进而得出实践才是检验真理的唯一标准。引导学生从思维导图得出，认识对实践具有反作用，正确的认识对实践有促进作用（科学理论对实践具有巨大的指导作用），错误的认识对实践有阻碍作用。因此不以正确理论为指南的实践是盲目的实践，选项④错误。对于此题，学生结合思维导图，调动和运用所学哲学知识，可以更好地分析、论证问题。

二、研读课程标准和高考评价体系，分析历年高考试题

1. 认真研读新版课程标准和高考评价体系

分析课程标准中关于学科核心素养的解读，从课程目标、素养水平、学业质量上认识政治认同、科学精神、法治意识和公共参与，并阅读与之相关的书籍或者一些专家学者的观点。教师通过阅读大量的资料，对学科核心素养有更深的掌握，这样在试

卷评讲过程中才能更好地解读出思想政治学科核心素养。

2. 分析近几年高考试题

通过分析近几年高考试题发现，无论是试题结构还是分值分布都发生了重要的变化。教师要在这二者的变化中，找出规律，解读其中蕴含的学科核心素养，并应用于教学中，以便更好地达到立德树人的教育目标，引导学生树立正确的世界观、人生观和价值观。

【案例】

1. （2020年山东卷第16题）结合材料，运用经济生活知识，完成下列任务：

（1）本是竞争对手的各方，为什么要聚合经营？

（2）聚合经营的企业如何以"正和博弈"的思维开展竞争？

2. （2019年全国卷Ⅰ第15题）某民营上市企业的资产负债率高达80%。因面临市场占有率持续下降、融资困难等经营困境，2019年该企业主动引入战略投资者并出让35%的股权。该企业此举的目的是（　　　）

案例分析：教师在讲授时，第一步要讲这两道题考什么。结合高考评价体系"一核四层四翼"引导学生找出这两道题要考的内容——企业的经营与发展。第二步要讲清楚为什么考。引导学生进一步了解企业经营的目的以及成功的因素。第三步讲这两道题是怎么考的。山东卷第16题，从社会生产领域选取现实案例设置情境，引导考生在观察"聚合经营"这一经济现象的基础上，分析企业选择聚合经营的原因，要求考生运用所学经济学的基本原理和思维方法，坚持辩证的思维方式，从企业经营的目的、聚合经营的优势、竞争压力激发创新活力等角度进行多角度思考和综合论证。而全国卷第15题也是考查企业经营的相关知识，让学生通过解读和分析材料，利用理论知识解决实际问题并得出正确选项。第四步，带领学生结合试题情境及选项解析正确答案。

2020年山东卷通过新颖的设问方式，促使学生主动思考，发现问题并解决问题，培养学生的学科核心素养。

三、创设试题情境，了解出题立意

考查学生的核心素养发展水平，需要以具体的真实情境作为执行特定任务和运用学科内容的背景与依托。高考试题的命制都是以情境为素材的，试题情境也是解读学科核心素养的载体，选取适当的情境，有利于实现培养目标。但能解读出试题中的学科核心素养并不是一蹴而就的，教师要在平时的教学中引导学生在情境中提升思维能力。

1. 引导学生解析生活实践情境

【案例】

民法典被誉为"社会生活的百科全书"，与百姓生活息息相关。关于民法典中的高空抛物问题，教师的解读环节如下：

环节一：播放漫画视频《高空抛物，害人害己》，以案例的形式呈现，激发学生的学习兴趣，同时让学生知道高空抛物的危害。

环节二：课件展示与高空抛物有关的材料。例如，高空抛物造成人身伤亡和重大财物损失的严重后果以及高空抛物者的恶意程度，可能涉及犯罪和追究刑事责任的问题。

环节三：以小组为单位，结合《政治生活》的主体内容——公民、政府、党等从不同的角度解读其中蕴含的知识点，确定一名中心发言人，展示其观点。

环节四：教师小结，以《政治生活》为例，其中涉及的知识点有两个，一是以人民为中心，维护公民的基本权利；公民要坚持权利与义务相统一，自觉履行遵守宪法和法律的义务，养成遵规守纪的习惯。二是从立法机关角度看，立法机关反复调研、倾听民意，坚持科学立法、民主立法、依法立法。

在日常教学中，如果教师经常引导学生解读生活实践的情境，那么学生在高考中遇到类似的情境时，就可以在解题过程中明白遵纪守法的道理，积极有序地参与公共事务管理，从而提高法治意识和公共参与素养。

2. 引导学生关注时政情境

思想政治学科的高考试题有一个重要的特点是与时政紧密联系，基本都是引用近一年的热点素材。而且在新高考模式下，开放性试题的占比越来越高，设问形式新颖，考查学生的深度思考能力。因此，为了更好地解读试题中蕴含的学科核心素养，了解出题人的立意，教师在选取平时练习的素材时，要注意结合当下的热点问题，采取不同的方式提高学生深入分析的能力。例如，每一节课的前5分钟，由学生播报时政新闻，让学生了解国内国际大事件。一方面，可以提高学生自身对时政知识的了解；另一方面，可以提高其他同学的学习积极性。有条件的学校，教师可以引导学生每周观看《新闻联播》《时政新闻》，或者借助报刊、网络等途径拓展时政知识，这样有助于提高学生对政治知识的理解能力。又如，以小组为单位，展开讨论。在试题讲解过程中，遇到相关的时政素材时，教师可以引导学生利用素材进行讨论，同时与课本知识相结合对相关事件进行解读，促进学生发表不同的看法，进行思维碰撞，以提高理论联系实际以及分析、解决问题的能力，培养科学精神素养。教师以时政新闻的独特魅力调动学生的积极性，让学生主动参与进来，可以培养学生的公共参与素养。

四、打造优质的试题讲解微课

随着教育信息技术的发展，教育与信息技术的融合度不断加深，以微课为代表的数字化教学资源迅速发展并在高中学生中广泛传播和应用。为了更好地解读试题中蕴含的学科核心素养，教师可以开发优质的试题讲解微课，并以二维码形式呈现，供学生扫码观看，帮助学生理解试题的解题思路，引导学生深入思考，培养学生的学科核心素养。

视频资源23-1

微课这种方式，不仅可以使学生的学习不受时空限制，还可以加深学生对知识的理解。同时，把相同考点的题型放在一起，举一反三，能够进一步引导学生坚持用马克思主义的科学世界观和方法论来分析并解决问题，解读出试题中蕴含的学科核心素养。

五、建立以学业水平等级性考试试题为载体的学科核心素养培训体系

为了更好地解读出试题中蕴含的学科核心素养，教师除了要加强对学科核心素养的了解和仔细研究高考试题以外，还可以建立以学业水平等级性考试试题为载体的学科核心素养培训体系。学校可以采取"引进来"和"走出去"相结合的模式对教师进行培训。一是把相关的专家学者请到学校，以讲座的形式对教师进行培训。为了提高讲座的针对性，可以事先设置调查问卷，了解教师真正需要什么，还可以让优秀教师上一堂试卷讲评课，让听课教师探讨日常教学中该如何解读试卷中蕴含的学科核心素养。二是选派相关教师去校外参加培训，然后由参培教师回到学校给其他教师传达相应的培训心得，使其他教师也能进一步了解关于学科核心素养解读的相关知识。

思想政治课程旨在培养学生持续发展的正确价值观、必备品格和关键能力，而解读学业水平等级性考试试题中蕴含的政治核心素养，能使学生积极应对新高考，也可以为教师进行日常教学提供教学参考。教师应该在把握试题规律的基础上，坚持以学生为主体，引导学生从试题情境中解读出学科核心素养，从而实现立德树人的教育目标。

读者意见反馈

为收集对教材的意见建议,进一步完善教材编写并做好服务工作,读者可将对本教材的意见建议通过如下渠道反馈至我社。

咨询电话　400-810-0598

反馈邮箱　gjdzfwb@pub.hep.cn

通信地址　北京市朝阳区惠新东街 4 号富盛大厦 1 座　高等教育出版社总编辑办公室

邮政编码　100029